爭霸大業

中共掌控世界的戰略佈局

INSIDE CHINA'S GLOBAL STRATEGY

THE FINAL STRUGGLE

Ian Easton
易思安

顏涵銳——譯

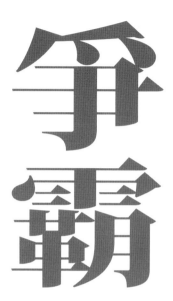

For Mia, Kelly, Grace and Katie

目錄

書評

易思安《爭霸大業：中共掌控世界的戰略佈局》是所有關心自由世界未來的人都應該閱讀的書。此書不僅深具說服力，同時也對中共想要制霸全球的蠻橫野心有深入的探討。

——邁可·龐佩歐
CIA 前局長、前國務卿

易思安是美國新一代中共研究學者，他有能力自行分析中國內部文件，這讓他打破前人視北京戰略計劃為空洞、抽象的既定概念的見解，而得以從中抽絲剝繭。《爭霸大業》一書讓我們看到北京的野心不限於某一地區——而是全球性的，其影響之深遠，不只民主將遭受其害，美國數百年來的國家主權原則也難逃其魔掌。

——博明
美國前副國家安全顧問、美國保衛民主基金會中國計劃主席

中國共產黨有哪些目標，又要用什麼方式達成這些目標？易思安這本新書想要藉由檢視許多不同類型的中文資料、書籍，

包括官方聲明和從未被譯為英語、只在中國內部流通的文獻去回答這兩個問題。易思安的結論並不樂觀，也有爭議性，但應該好好被參考並且做充份討論。」

——范亞倫（Aaron L. Friedberg）
普林斯頓大學政治學與國際事務教授
《誤讀中國》（Getting China Wrong）作者

易思安這份嚴謹卻易懂的研究中，對中國要讓現有全球體制易主的野心，下了權威且不容質疑的判斷，而這個解讀讓人毛骨悚然。書中他節錄、剖析大量權威性中文資料，用這些資料讓中國共產黨追求霸權的野心原形畢露。書中易思安將各種資料穿插比對呈現，讓讀者閱不釋手。《爭霸大業》一書是對政治圈和百姓的一記警鐘，喚醒眾人應在全球舞台上迎戰中國的挑戰，不能再渾渾噩噩過日子了。

——吉原恆淑
美國戰略與預算評估中心高階研究員
《紅星照耀太平洋》共同作者

易思安此書對於中國意識形態和野心的剖析不僅重要，更讓人為現況感到憂心，中國的意識形態和野心，是其對美國和美國在全世界民主盟友威脅的主要關鍵。易思安在書中分析、引用中共和解放軍外流資料和公開資料明明白白地告訴我們，美國應該在這方面研究上做更大量投資的原因。《爭霸大業》

一書是中國戰略研究經典中一本重要著作，也是任何想要瞭解如何對抗中國、如何獲勝的人都不能錯過的一本好書。

——柯莉（Kelley Currie）
國際人權律師
前美國國務院全球婦女議題無任所大使

易思安此書深入說明了為何「中國現時在世界舞台上不再對美國屈意奉承的原因」——也詳述了美國該如何處理此事的方法。

——石宇（Isaac Stone Fish）
《美國第二》作者

易思安此書對於中國共產黨全球野心和戰略的分析與說明，是任何珍惜美國式自由和迫切需要美國式自由的人一定要讀的一本書。易思安在本書中不只將習近平思想翻譯成淺顯易懂的文字，還抽絲剝繭了與中國這一黨專政國家跟軍隊相關的產業，在美國社會和基礎建設中盤根錯節的情形。書中從習近平對馬克思思想近乎崇拜般的虔誠，談到中共在 2019 年決定要將「全球治理體系」打造成中共的樣子。《爭霸大業》本書詳述我們該如何先發制人，其所敲響的警鐘絕對不能忽略。

——賈桂琳・狄爾（Jacqueline Newmyer Deal）
長期戰略集團執行長兼董事長

對於中國共產黨日漸嚴重的威脅，少有人比易思安做得更用心。在他最新著作中，他用淺顯易懂又讓人信服的方式告訴我們中共是如何運作，以及中共所想要完成的世界改造工程。《爭霸大業》一書是每個有志於捍衛自由世界的人都應一讀的好書。

——麥克·蓋拉格（Mike Gallagher）
美國眾議員

習近平所希望打造的這個反烏托邦的世界新秩序，在易思安詳盡的分析下，警醒了我們，在面對中共這一龐大計劃時，我們沒有輸的本錢。

——卜大年
《中國噩夢》作者

關於本書特定用語

中國共產黨深知，自己的許多政策和想法只要智商還可以的人看到都會覺得不堪入目，甚至感到害怕，所以它發明了一套高明的手法來包裝這些字眼——不把話講得太明白，讓全世界和中國人都摸不透。這套手法採用平淡、官僚口吻、或是好聽的詞藻來取代一些會讓人不舒服或不好說得太白的詞。比如，人類史上最大規模的強制性墮胎、節育和殺嬰行動就被中共官方美其名稱為「一胎化政策」。

對於北京當局所採用的這些美化名詞，美國方面的中國觀察家往往會沿用。許多世上知名新聞從業人員、學者、政治人物也不例外。在提到史上最嚴重人為饑荒時，這些人往往採用中共當局說法將之美化為：「大躍進」。他們也沿用中共說法，稱毛澤東為「偉大的舵手」，或「毛主席」，卻罔顧死在他手中的人數遠超過希特勒的事實。

這許多專家在描述中國事務時，未能選用呈現事實的字眼，卻沿用中共美化的說法，這點出了一個非常嚴重的問題。不要忘了，這些專家，全都是具備極高教育水準、擁有博士學位、被訓練來從事批判性思考、對於遣詞用字往往字字斟酌的人。這些人如果提及納粹大屠殺時，絕不可能採用納粹自己的美化字眼。那為什麼提及中國時，卻要一再受到中共的影響？

或許這些中國研究專家是自我審查後的結果，因為他們想要展現自己具有這方面的專業水準和政治素養。知識份子往往會在用字遣詞上盡量符合同儕期待，以求在表達和思路上貼近學術圈的標準和專業規範。但也有可能，他們是出於貪婪的動機：他們想要因此被人認為是北京方面消息靈通人士，讓人以為他們有門路可以進入中國市場，藉此獲取金錢方面的利益。又或者他們只是怕誤踩北京當局紅線，畢竟紅線究竟在哪也不清不楚。姑不論其原因，但我們必須認清，用詞所造成的傷害是不動聲色、悄悄深入人心的。它會敗壞思想。喬治・歐威爾（George Orwell）一九四〇年代所寫下的警告，至今依然顛簸不破。[1]

夠格的中文專家能夠解讀中國政府或軍方文件字面的涵意。但更厲害的語言專家則深明光是字面翻譯並不足以理解這些文件，純粹字面上的解讀毫無意義。後者這類專家，為了避免這類純就字面解讀造成的誤判，他們會盡力闡明文字背後真正意涵。除了分析、詮釋並說明外，他們也會針對一些特殊詞句加以解碼，一一抽絲剝繭。而因為往往同一個詞會出現多種不同的譯法，這時他們也會一再斟酌，然後才給出最適合的翻譯。

本書中，我會盡量將中共文件中所用的那些專用術語翻譯成清楚、淺白的英文，並且指出這些詞一般採用的英文譯法。而當我引用了中共原始的美化詞藻時，我也會說出我個人認為其真正涵義為何。

閱讀本書之前的提醒

本書要談的是中國共產黨的全球大計，說的白一點，就是它要如何佔領世界的計劃。但對於中國而言，「佔領世界」這樣原本帶有衝動或是火爆性的字眼，並不是大家所想的那樣。許多人一看到佔領世界這個詞，腦海中浮現的，往往就是大軍踢著正步，大搖大擺走進被其攻佔的各國首都。還有大批軍隊入侵、大隊的戰車、殺人不眨眼的突擊隊在地圖上攻城掠地。又或者像電影《紅潮入侵》（*Red Dawn*）所演的那樣，成千上萬的共產黨空降部隊降落在沉睡的美國鄉鎮之中。

固然中國的確有打算以上述這種方式侵略島國台灣的計劃——以大膽的突襲和傳統的軍事力量取勝。但除了台灣以外，中共並不打算以這種武力方式奪取全世界。中共的領導人也知道，這招行不通。想要以迅雷不及掩耳的方式靠武力入侵他國，不論計劃得多詳盡、隱密，終究還是會走漏風聲。而風聲一旦走漏，敵國就會有機會集結，起而反抗。不論中國人民解放軍發兵有多神速，美國和其盟邦都會有充份時間集結、反擊並贏得戰爭。

北京當局因此有更縝密的計劃，其程度絕對遠超過二戰文獻或好萊塢電影所能記載。中共把這個計劃稱為「最後的鬥爭」，是要以長時間不引人注意的方式、全球規模上，將其自認為比他國優越的體制複製到世界各國去。這個方式，理論上絕對行得通。當您將本書閱畢後就會發現，習近平這群人不僅聰明絕頂，還邪惡到了極點。你甚至會發現，除非發生重大意外，不然中國還真有成功的希望。要是美國人再這樣不自覺、自鳴得意、沾沾自喜、將來某天我們（或是我們的下一代）一覺醒來時，會突然發現風雲變色，美國已經落入暴君的掌握中再也無法自拔。到時候連怎麼死的都不明不白。

我之所以撰寫此書，一開始原是為瞭解中國與美國競賽所擬定的長期戰略，尤其是想透過中國政府和軍隊的正式官方文件去加以剖析。這原本只是學術研究上的目的與興趣，隨著時間的轉移，卻逐漸有了不同的方向。隨著研究演進，個別資訊逐漸統整，一幅完整的圖像逐漸拼湊而成，這才把筆者狠狠打醒，從此深感不安。

對於中國這套長期戰略，筆者的解析雖然還不算完整，但卻已經讓我看到再這樣發展下去，所可能出現的各種恐怖結局，將會是一個極權統治的世界秩序，而且其發生的時間點，就在不遠的將來。我所看到的，是一個我原本所未曾預期到的恐怖故事，遠比我原本預估的要更可怕。今天，當我從辦公室窗戶望向華府綠意盎然的郊區時，實在很難想像，美國所進行的這場民主實驗將會有一天面臨災難性的失敗，沉入歷史的汪洋之中。但是，在中國的統治者眼中，他們所看到的卻是一個與我們眼中全然不同的未來。

關於2049計劃研究所

2049計劃研究所（The Project 2049 Institute）是專注於在印太地區推廣美國價值和安全利益的非營利研究機構。我們專長於使用中文來源的開放資源研究，好提供政策辯論的高層次訊息，並將之推廣給大眾。我們的核心任務是要創造並散播能讓印太地區更和平繁榮的知識。

2049計劃研究所坐落於維吉尼亞州阿靈頓，由榮譽所長薛瑞福（Randall Schriver）和美國空軍退役中校石明凱（Mark Stokes）共同創辦於二〇〇八年。我們是依美國內地稅法501(c)(3)條免稅的機構。作為一個獨立、無黨派的組織，我們的研究專注於提倡人權和國家安全。

前言

現在我們終於看清楚這個時代最終極的戰略挑戰是誰了。對美國和其盟邦、友人而言，中華人民共和國這個威脅之巨大，空前絕後。在近代歷史上，從未有一個一黨專政的極權獨裁政權，能夠在世界舞台上行使這麼巨大的權力和影響力。中國坐享西方的優惠貿易協定，掌管國家級在背後操作的龐大間諜網，讓它在經濟和科學上都得以超越前蘇聯。

中國人民為國家所賺得的這筆財富，原本可以用來創造一個更公平、富足的社會，讓他們的公民權獲得保障，享受社會的多元性，但是中國共產黨卻完全無意於此。中共反其道而行，反而讓我們看到他們以民族為理由，對數百萬人無情的虐待和迫害。同一時間，它也讓我們看到，中國統治者正在發動一百多年來所僅見、全世界最大規模的承平時期擴張軍備行動。

因為中共體制一貫的文過飾非、散播假訊息，導致新冠疫情肆虐全球，未能及早獲得控制，看到這情形後，只會讓我們衷心希望這樣的「中國方案」不要在世上任何一個國家獲得立足之地。別忘了，我們跟中共可是正處於主義論戰之中。本書將會讓大家看到，中共正在以意識形態摧毀自由開放的國際秩序，試圖代之以依其模樣打造成的中央化政權。雖然，當前美國的國力以及潛在優勢還是相當巨大，但在這場獨裁主義擴散之戰中，我們究竟有無勝算，卻依然情勢未明。但當下在許多美國人心目中，卻都沒有想贏得這場戰鬥的鬥志。

本書付梓的過程中，中國政府正投注大筆金錢興建核子武器，軍事化國際海域與地區，也在從事種族滅絕。北京當局同時還在暗助俄國入侵烏克蘭，中國軍隊也以武力在脅迫威逼台灣。習近平主席一方面忙於打造瘋狂的個人崇拜，另一方面則試圖將全球網際網路的未來納入他的控制之中。在此當下，卻不見華盛頓當局對我們該採取什麼方法、途徑、目標達成共識。就連一個與中國進行戰略競賽的完整主軸也始終沒有整理出來。

一個健全、自由的社會，遭遇到風險越大的危機，就需要有更多明辨是非的想法，也更想要摸清對手意圖。但當下的美國，在面臨中國問題時，卻似乎走上了完全相反的道路。從好萊塢到長春藤頂尖學府，從矽谷到華爾街，美國上下全都面臨了中國方面的壓力，而不得不跟進中國熱、進行自我審查，和採用不為人察覺的思想管控。本書的目的就在告訴大家，美國應該多加嚴厲檢視中共計劃、意圖和行動，絲毫鬆懈不得。然而，當前美國各界對這方面的認知，卻還是充滿著巨大的差異，這個問題如果放任不管，將會是導致滅亡的嚴重後果。

大家都知道，當民主和自由受到侵蝕時，最好的解方就是攤在陽光下。因此，本書的揭露就是希望透過瞭解中共，推動大眾在這方面的認知，在政策考量時以為參考，並給予決策高層方向，以共同凝聚塑造出一個普世價值與個人自由得以茁壯的未來，讓集權無法肆虐。

2049計劃研究所

主席薛瑞福（Chairman of the Board, Randall G. Schriver）

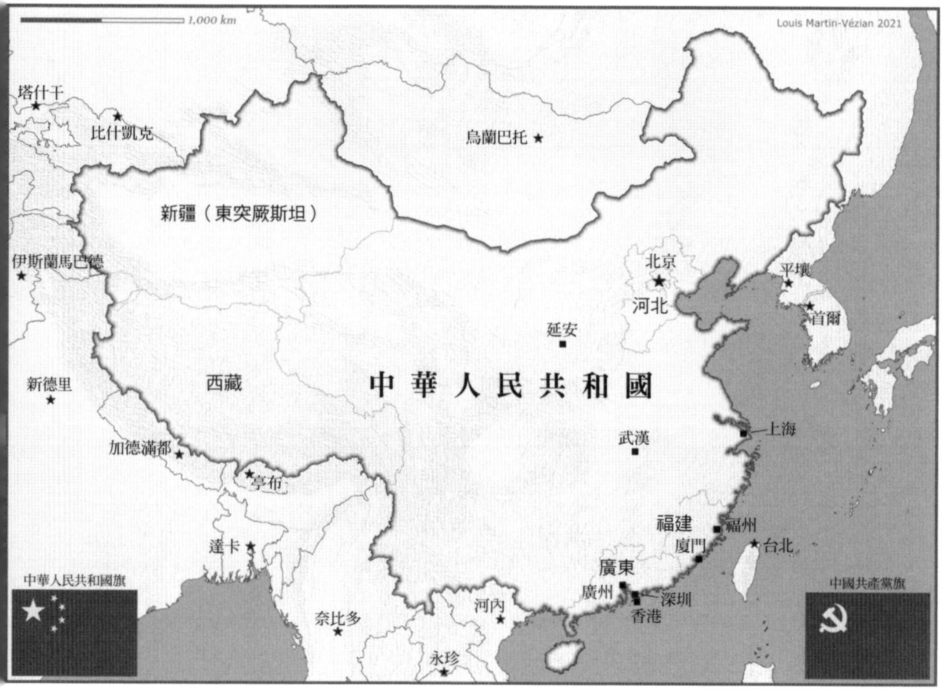

中華人民共和國（*Louis Martin-Vézian* 繪製）

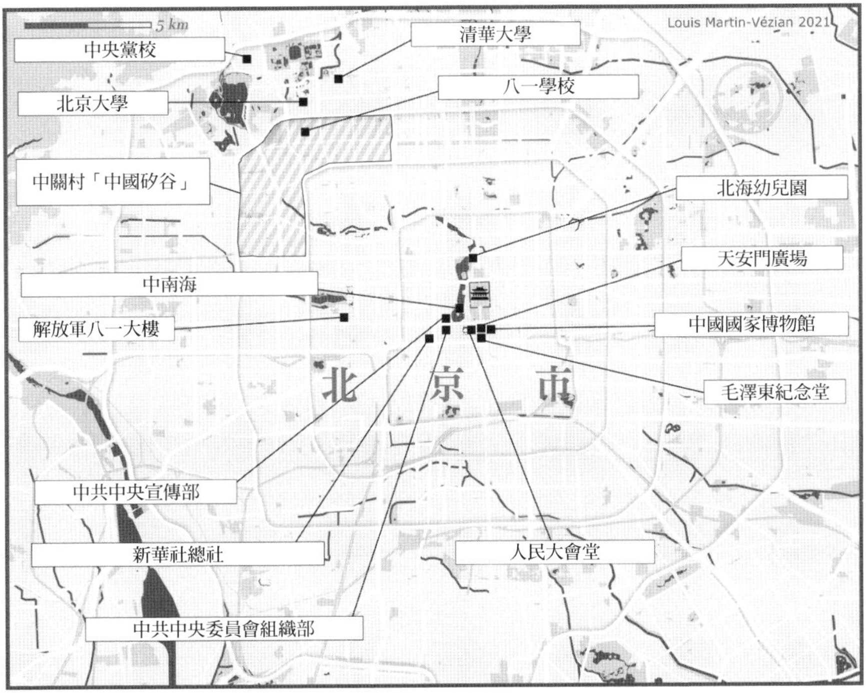

習近平的北京（*Louis Martin-Vézian* 繪製）

第一章　花圈與無線電對講機

這個正是二戰獲勝最大的秘密，同時也是世上最大的秘密……但卻少有人相信就是它……而且，幾乎所有相關的主要政權也都不知道關鍵正在這裡。[2]

這是美國愛國精神的終極展現。二〇一九年十二月七日，美國史上最大型的退伍軍人遊行開始了。這是一個具有紀念性的日子。因為這一天正是偷襲珍珠港七十八週年紀念。

這一天緬因州呂北克（Lubec, Maine）這個小鎮風勢很強，該鎮是美國位置最東的小鎮，祈禱儀式就選在破曉時分進行。之後一支由雪佛蘭卡車組成的漫長花車車隊出發了，這些卡車上，都裝點了美國國旗和成千的紀念花圈，他們將會進行為期一週的花車繞境之旅，熱熱鬧鬧地往南朝向華盛頓特區前進。[3]

這個遊行隊伍會蜿蜒經過六個州，在一些中學、退伍軍人場所、戰爭紀念碑、消防隊、美國退伍軍人協會，以及購物中心稍事停留。之所以舉辦退伍軍人紀念遊行，有三個重要目的。首先，是要懷念那些過世的美國英雄的英勇事蹟。第二則是要向那些正在為防衛美國、為美國服務的人們表達敬意。第三個目的則是要讓下一代的美國年輕人瞭解自由的可貴。

所以遊行隊伍每到一處，都會舉辦儀式，會對來參觀遊行的人講歷史故事，並且帶領他們一起祈禱，讓人重溫過往的回憶，並且為那些過去感到榮耀。[4]

美國金星母親協會（Gold Star Mothers）全國會長摩娜・甘恩（Mona Gunn）擔任這個車隊的典禮官*。在她的眼中，接下來這幾天深具意義。因為隊伍將會途經阿靈頓國家公墓（Arlington National Cemetery）——她先生的長眠之地。

她的兒子謝隆・路意斯・甘恩（Cherone Louis Gunn）在情人節誕生，於維吉尼亞海灘（Virginia Beach）長大。謝隆個性大方、討喜，長大後也步上父親和祖父的腳步，投身美國海軍。下部隊後，他成為通信兵，在美國海軍艦隊最優良的艦艇上擔任通信員，在工作上有非常出色的表現。[5]

在先後前往墨西哥灣和北卡羅萊納州外海進行一連串實地操演訓練後，謝隆與艦上弟兄一同被派往海外進行一項讓許多友人殷羨不已的任務。在書面上，這趟任務簡直就是海軍的美夢成真：夏末來到波光灩瀲的地中海中航行。任務一開始時，的確真的是如夢似幻一般。但到後來，美夢卻成了惡夢。

最後的航程

二〇〇〇年十月十二日當地早上十一點十七分，謝隆所屬軍艦停泊在一座外國漁港進行加油作業。他所服役的這座海上鋼鐵碉堡原本該是堅不可摧的。這是一艘飛彈驅逐艦，也就是說該艦能朝遠在一百海里外的美軍敵人連續發射戰斧巡弋飛彈，在視距外精準命中目標。

這樣的驅逐艦，只要拿出地圖，請艦上作戰官擊中任何一個敵方建物，他能夠精準到請你指出要讓飛彈從哪個窗戶進入，並讓彈頭在該建物造成什麼樣的破壞效果。

但這艘驅逐艦的功能，不僅只有發射戰斧飛彈。該艦還配備有防空、反艦飛彈、反潛魚雷、機砲，以及讓敵人聞風喪膽的艦砲。而要是這些武器都還無法在遠距離將敵方大卸八塊、

＊編註：以慈善目的成立的會員制團體，分會遍及美國各地，協會成員都是在軍人服役時於戰爭中犧牲者的母親。

摧枯拉朽，那該艦還配備有兩門方陣近迫武器系統（Phalanx CIWS）：這是架設在旋轉式平台上的全自動火神式機砲，其效果就如殺手機器人一樣（方陣近迫武器系統也被美軍暱稱為R2-D2，也就是電影《星際大戰》中的機器人）。

該艦的軍備不但高度智慧化，也極具殺傷力。該艦的戰情中心（Command Information Center, CIC）內的資料庫，不斷跑出大量的數據。這個戰情中心就是全艦的大腦：這座非常隱密的戰情室，特意經過強化，足以抵擋核武、生化和化學武器的攻擊。在這個戰情中心裡，艦上軍官可以研判即時情資報告和機密層級衛星、雷達、聲納陣列以及無線電監聽站所傳來的最新資訊。

除此之外，該艦還配備有其他防禦系統，它可以從戰情中心的電子戰終端機發送訊號摧毀入侵者。另外還會用一些干擾彈、誘餌，以及魚雷等反制手段，混淆攻擊方目標。必要的時候，該艦還可以快速躲避敵方攻擊。不像多數大型戰艦，這艘驅逐艦使用噴氣式燃料，能夠以三十浬的速度乘風破浪前進。[6]

但在這一天這一刻，該艦的驚人船速和高科技防禦系統全都沒發揮保護作用。該艦當時已經下錨，而敵人則已經接近到讓該艦無法以自動化武器阻擋攻勢的距離。要是該艦能提早預警的話，這種時候，最好的防禦手段應該是由甲板上的士兵以機關槍掃射。

但因為飢腸轆轆的官兵當時全都擠在餐廳排隊領午餐，一邊聊天一邊挑選菜色。而同時間在甲板上的水兵執勤了一整個早上，也已經渴了。當時的空氣乾燥又沉悶，飄著與所有海港同樣的氣味：海鹽、死魚、柴油。冰涼的含糖飲料（裝在公用水瓶裡的軍用級酷愛Kool-Aid飲料）是美國海軍艦艇在世界各地都一定配備的清涼飲料。對那些正在休息的士官兵而言，看到這些飲料，肯定非常高興。

但這時，有一艘玻璃纖維小船悄悄地接近了這座海上碉堡，開船的是兩名當地人。他們笑著對船上正滿腹狐疑看著他們的美國水兵們揮手以示安全。但說時遲那時快，火光大起，兩人瞬間消失無蹤。緊接著，在電光火石之間，該艦的廚房化為烏有。[7]

這兩人是自殺炸彈客，謝隆所服務的船艦是科爾號（USS Cole, DDG-67）。

前往阿靈頓墓園的路

該起攻擊事件一週後，謝隆躺在一副覆蓋美國國旗的棺木中，備極哀榮下葬。葬在他隔壁的，是他的艦上同事李察．卡斯帖羅（Richard Costelow），他是三個孩子的父親，也已經在同一天稍早前入土為安。那起恐攻的火藥，炸穿了科爾號的鋼造船身，導致十七條原本擁有光明未來的生命就此斷送。在秋天溫暖的空中，葬禮的禮槍齊發。謝隆生前原想要在退伍後投入維吉尼亞州警局工作，這個夢想卻永遠不可能實現了。[8]

十九年後，在謝隆母親所帶領的全美車隊中，一群正裝州警走在車隊兩旁，一路隨行，他們代表的是非常嚴謹的秩序和紀律。而在一旁隨行在側的，則是一群平常很難跟他們有交集的重機騎士：分別是愛國者衛隊騎士組織（Patriot Guard Riders）、美國愛國騎士團（Patriot Riders of America）、滾雷機車團（Rolling Thunder）。這些強悍、粗線條的騎士，幫助州警共同保護遊行隊伍和其裝備的安全。

這些參與的重機騎士，很多本身都是參戰老兵。其他人則是身上帶著曾在美國鄰近地區參戰所留下的傷痕。他們的制服沒什麼特別，但是很有氣勢：藍色牛仔褲、汗衫、黑色皮夾克背後繡著美國國旗、軍徽、裡頭繡著「為捍衛我們的人挺身而出」之類的字句。這些人可不是好惹的。也因此，整個遊行過程，都沒聽到有人來找麻煩。

全美花圈組織（Wreaths Across America）是一支非營利的組織，東至佛羅里達州卡納維爾角（Cape Canaveral）西至加州的米拉瑪市（Miramar），全美數千個墓園和紀念場所的花圈擺放儀式，都由他們負責協調。該組織起源於一九九二年由一名緬因州的花圈製造商莫若・伍斯特（Morrill Worcester）所發起的一次紀念巡禮，那年他一個人用卡車載了五千個花圈擺放在阿靈頓國家公墓，以表達對美軍陣亡將士的感謝之意。

多年下來，伍斯特的紀念巡禮發展成全國性的運動。每年到了同一個週六，全美五十個州和多個海外的墓園，就會舉行相同的花圈致敬儀式。而當中，前往阿靈頓國家公墓的遊行車隊就是最主要的代表活動。整個活動最高潮的一刻，則是要將一個花圈擺放在無名戰士墓上（Tomb of the Unknown Soldier），這座墓至今都由身著禮服的持槍陸軍官兵負責駐守。[9]

但二〇一九年這一年，遊行車隊卻出現了問題。他們完全不知道的是，車隊的行蹤，完全被一家科技公司所掌握，而這家科技公司則與美國的敵對外國勢力有關連。這是因為，該科技公司捐了四十五部無線電對講機給全美花圈組織，這每一部無線電對講機，都和雲端伺服器連結，讓參與遊行的卡車司機、警察、重機車隊、員工能夠即時通話，進行協調作業。據該公司的新聞稿，其雲端伺服器內建軟體讓它能夠即時追蹤這些裝有衛星定位（GPS）的無線電對講機，一路從緬因州到華盛頓特區。[10]

乍看之下，這家公司所提供的技術似乎是遊行最佳的選擇。愛國者衛隊騎士組織的成員，一定會愛上其官網首頁的設計：黎明時分芝加哥知名的城市天際線，圖像逐漸退去後，畫面轉為一名正在踏上黃色校車的學童。上面疊著一行字寫道：「更好的學校安全通訊」。另一個畫面則是美國地圖，上頭則佈滿了數位對講機和連接的線條。[11]

捐贈這些無線電對講機的公司海能達（Hytera）自己的網站則經過精心設計，將之營造成和其他通訊業者沒有兩樣。網站上強調其擁有全球銷售網、研究室、地區分公司等，並且很自豪地宣稱：「海能達是全世界成長最快的通訊業者……從里約奧運、網球美國公開賽、以及美洲杯帆船賽這類的大型活動到海上鑽油平台、公用事業公司、足球場、學校、醫院和美國各地的旅館，海能達的專業無線電對講機系統擁有超越現代職場期待的專業。」[12]

全美花圈組織會樂意接受海能達的無線電對講機贊助原因很簡單，因為海能達的產品深獲業界一流公司的信賴。海能達供應全美各地的第一線應變人員各種高科技通訊器材。海能達的產品也被美國各地方和州政府所採用，也是全美監獄的控制樞鈕所在，這些監獄的無線電通訊和遠端遙控是管理員用來移動犯

海能達美國網站頁面設計的描繪圖（圖 Grace Young）

人、關閉門鎖和維持周圍安全時所仰賴的重要器材。[13]

海能達旗下有兩家子公司，諾賽特（Norsat）和賽普樂（Sepura），分別供應衛星通訊設備和情蒐部門所使用的秘密監視器材給五角大廈，以及與美國緊密合作的盟邦如英國政府。[14]海能達旗下另一家公司 PowerTrunk 則提供服務給喬治亞州的各公用事業公司、明尼蘇達州的煉油廠、德州的化學工廠、紐約州地鐵、紐澤西州運輸主管機關等。[15]

Teltronic S.A.U. 這家公司最早是被一家英國公司收購，破產後又被海能達併購，現在則負責多倫多、墨西哥市、巴塞隆納、諾丁罕——為求獲得最好的措施，還包括馬來西亞全國——的公共運輸網通訊服務。[16]所有當代民主社會攸關生死的通訊設備，幾乎都操縱在海能達的手裡。但究竟是誰在背後推動著這家科技公司，讓他獲得這麼多國的政府所信賴呢？

雙胞網站

多年來我長住在離阿靈頓國家公墓不到幾條街的地方，當時一直不解，是誰在每年聖誕節時都在公墓放上滿滿的花圈。直到二〇二〇年初的某一天，我無意間看到海能達新聞稿，當中它宣稱自己參與了全美花圈組織的退伍軍人遊行。這讓我開始詳閱並探知該遊行的種種。最後，終於讓我知道花圈是打哪來的。

但我也因此意外發現，原來，海能達網站背後，藏有一般人不知道的秘密。在那看似只是在吸引美國人注意，講述如何滿足需求和用途的網頁之外，有一個可以下拉的語言選單。當中的中文選項可以通往海能達的中文頁面。那是理所當然的啊，因為海能達就是中國公司。我立刻點了進去不停往下看，然後就發現該企業截然不同於美國網頁的另一個面向一一呈現在我電腦畫面上。一般網頁內容只要滑鼠輕點幾下就可以加以修改，所以筆者為了證明自己看到的內容不是出自憑空杜撰，在重複拜訪該網站多次後，決定將之截圖存證。而在數月後再次拜訪該網頁時，它依然原封未動：令人毛骨悚然的數位化細節。

海能達的中文網站讓我們知道，原來英文網站上只呈現出其公司美好的一面，而其邪惡的一面，則只保留在中文網站上。也就是說，該公司有一部份或許很具有美國特性，也呈現出對美國的愛國心。但是海能達公司集團卻和世上最強大反美政治勢力，也就是中國共產黨有著連結。海能達是中國軍方和國內安全等單位部門所信賴的供應商。[17]海能達受到中國政府信賴的程度，已經到了讓該公司被中國公安部挑選作為幫中國建造、運作大型監視系統最主要零件的供應商。[18]

在海能達中文網頁上，我看到的是一張又一張展示著穿著制服的公安人員，坐在監控中心看著一整排的電腦終端機上不斷載入影片的工作照片，這些終端機上的影片全是來自海能達大數據分析設備所拍攝、錄製和處理過的影像。[19]在我眼前所呈現的這個系統，正是中共採用先進科技來追捕民眾，把那些被其視為國家敵人的男男女女逮捕歸案的工具。而在中國許多被其治安警察所逮捕的人犯，其實都未曾犯過罪行，至少就美國人的理解而言，稱不上是罪行。

但在中華人民共和國，要被判這種罪行很簡單，只要禮拜天上個教堂，那你就犯罪了——特別是上了沒有向政府登記，也未獲政府核可的地下教會，但中國政府卻是一個公開的無神論政權。

展現海能達中文網頁所說明服務的描繪圖（圖 Grace Young）

在這裡，要是你練的太極拳門派不對（法輪功）也可能會犯法；要是沒有獲地方家庭計劃委員會核可生育也可能會觸法；遵循達賴喇嘛的教誨也會觸法；提倡法治精神、或是言論自由權力也都會觸法，會成為中共政權眼中國家敵人的罪名名單列下來一大串。在中國寫作、出版、販賣像本書這類的書籍，也有可能被列入該名單中。

殘酷的系統

中國共產黨究竟是什麼呢？本書接下來的描繪中，大家會瞭解到，這是一個極權政治組織，有著九千萬黨員，其中多數都不會對外承認其為黨員。近年來，中共進行了一項秘密計劃，圍捕數百萬維吾爾族人（藏人、基督徒和其他族群也有，但數目不詳），將他們送往不同地點的大型集中營。[20]許多城鎮因此被清空，幼童被迫與母親分離，送進國營孤兒院中，並被教導要蔑視維族傳統。[21]

根據美國國務院的調查，中國政府所建立的殘酷迫害體制使用了強迫勞動、洗腦、系統性強暴、節育、侵入式生育控制，以及其他殘酷手段和不尋常的懲罰方式。[22]一項司法研究發現，北京正在進行種族滅絕，而且也違反了聯合國一九四八年殘害人群罪公約（Genocide

Convention）中所有的條款。[23]而儘管這些行為讓人感到恐懼，但中共對人權的侵害，對許多中國人而言，其實都有種歷史重演的似曾相識感。因為中共建黨以來，就一再使用謀害人命的肅清行動以及全面性侵犯無辜族群的手段，來達到廣泛社會控制的目的。這次不同之處只在於這個行動屬於一個更大型國家恐怖機器之下的一部份，也正象徵了全中國和全球所面臨的一個長期轉變。中國官方早已表明，他們決心要達成新型態的社會改造，要採用毛澤東想都想不到的科技來達成其目標。[24]

中國一黨專政的當前領導人習近平正在建構一個他前任領導人都無法達成的體制：採用人工智慧科技讓人民全變成機器人。理論上，在中國日漸複雜精密的控制組合手段下，任何個人自由、思想自主，不管多細微，到最後都不會被國家所允許。[25]

這種歐威爾主義式的體制（Orwellian system），中國美其名稱為「社會信用體系」、「智慧城市」和「城市大腦」。中國政府採用大數據分析，以極具侵入性的方式，將每個個人對馬列意識形態的認同度，以及對於其共產政權的忠誠度量化成表格。它使用監視器和偷偷植入受歡迎手機的APP、社群媒體、電腦、電視，甚至餐廳飯桌裡的尖端演算法，監督每位中國公民和全世界其他有利害關係的個人（包括美國），[26]再將這些數據資料送往中共所控制的伺服器農場儲存，並將之輸入給超級電腦，由其加以處理分析。[27]

海能達公司的中文頁面竟然以身為嚴厲迫害人民的政府體系的重要打手自豪，還很自負地稱自己是中國國家安全機關珍貴的資產。或許也正是這個原因，讓海能達被列入美國政府二〇一九年「實體清單」的黑名單之列，與中共所控制的其他通訊與影像監視公司華為、中興通訊（ZTE）、海康威視（Hikvision）以及浙江大華（Dahua）並列。[28]美國聯邦政府將海能達以及其子公司和分公司都視為對美國國家安全的威脅，並且以「維護公共安全、政府機構安定、重要基礎設施實質安全檢視，以及其他國家安全目的」為由禁止使用該公司產品。[29]之後又經過進一步評估後，美國聯邦通訊委員會（Federal Communications Commission）下令美國運輸業者「卸除並汰換」所有其通訊網路所使用的華為和中興器材，並提供資金補貼納稅人，以利其進行更換。美國聯邦通訊委員會並宣佈，發現海能達「對美國國家安全存在難以接受的風險」，並指出美國可能駁回對該公司器材的授權。[30]

即使海能達以後不能再獲得聯邦政府合約，該公司依然能夠在美國商用市場販售，其開設在加州、伊利諾、佛羅里達等州的辦公室和實驗室也依然可以持續營運。因為這些關係讓該公司得以持續發給中國籍人士綠卡赴美，也還能持續聘用美國技術專家，前者更被其在美國的競爭對手摩托羅拉系統公司（Motorola Solutions）指為被海能達挖角的商業間諜。[31]

二〇二〇年二月十四日，在經歷十四天於芝加哥聯邦法院的馬拉松式審判後，海能達終於獲判有罪，該案成為美國史上最大宗的科技竊案。摩托羅拉系統公司獲賠七億六千四百五十萬美金，所有該公司所申報的損失都獲得法院判賠。[32]代表摩托羅拉系統的控方律師布蘭登・布朗（Brandon Brown）提出的主張如下：

此竊案規模與程度之巨大是前所未見，海能達竊取成千上萬摩托羅拉的機密文件，以及數百萬條原始碼為己用，藉以開發出在市場上競爭的同類型產品。他們將大量原始碼原封不動挪用到自己產品，另外也全面性變造這些原始碼，將之偽裝成與摩托羅拉的原始碼不一樣的程式碼，所以當摩托羅拉在測試海能達的無線對講機時，始終未能察覺真相。[33]

但海能達的生命力非常強韌。即使長久以來被告、又被美國政府列入黑名單，它至今依然對美國各地校園、小型企業和工廠銷售產品。該公司一些忠實的美國客戶更從不吝惜大聲說出對該公司的支持，無視於其敗訴判決，反倒直斥聯邦政府將其列入黑名單一事「荒謬」。[34]

至於海能達那些子公司是否還能繼續取得美國政府的合約，則不得而知。比如說，在英國，該公司依然提供「Airwave」無線電網路系統，供英國全國各地的緊急救援服務使用。[35]海能達旗下分公司賽普樂在其網頁上持續表示：「我們的系統在全球各地都有人使用：組織犯罪調查、反恐、軍事、反毒、重大弊案調查，以及反間諜單位都在使用。」[36]二〇二一年，賽普樂公司更贏得巴西政府大型合約，得以供應該國軍隊、警方、邊防等單位的通訊系統。[37]

對海能達而言，在美國遭遇的這些挫折多半都只是一時的。在新冠疫情肆虐之前，川普總統似乎有意要讓眾多中國科技巨頭重回中美貿易協議更廣泛的清單之中。而目前雖然這個可能性已經越來越低，但拜登總統或是未來的總統，卻還是有可能走回頭路重開大門。[38]而且就算美國政府對海能達持續打壓，該公司也還是能夠仰賴全球市場，以及美國境外有力客戶的支持。

但為什麼華府會有管制使用海能達產品的想法呢？這樣難道不是仇外心態、反競爭作法、或是市場扭曲嗎？難道這不是與美國長久以來所主張且一再受惠的全球化浪潮背道而馳嗎？本書所查閱的中國政府和軍方內部文件顯示，美國政府犯了一個非常讓人震驚的錯誤。但這個錯誤卻不是基於國家安全相關單位過度恐慌所造成的。

海能達一案不應視美國政府過度反應，而應將之視為美國政府過度自負的研究個案。現在回頭去看，一個如海能達這種背景的中國科技公司，竟然可以在美國國內獲許營運，真的是讓人不敢想像。更讓人震驚的是，當初被其鑽了進來的那些法律漏洞，儘管已經被發現，至今多年卻依然還是沒有獲得改善，讓大量其他中國類似的企業，因此得以深植在美國重要基礎建設之中。[39]而華府方面完全沒有採取任何措施去阻擋海能達伺服器對全美花圈組織退伍軍人遊行車隊的追蹤，正好讓我們看到中國全球戰略是多麼地成功。

對於讓中國科技公司進入美國市場方面，有很多理由都足以讓美國國安官員應該要更加提防。首先，我們要從中國政府做生意的方式來看相關的問題。

影子公司

中華人民共和國的法規明令像海能達這類的公司一律必須將公司資訊與中共分享，包括秘密警察、情報部門等。[40]例如中國國家情報法就規定，所有中國公司（也包括所有中國公民）只要政府有需要，都必須配合政府情報活動。而且，該法還要求所有中國公司不得向客戶和商業合作對象揭露這類活動——這些人都是被他們利用的對象——所以這些人也就始終不知道自己遭到中國情報組織秘密監視。[41]

在中國開立的公司並不像美國公司一樣獲得法律保障，擁有獨立運作的權力。只要中國政府和其間諜一聲令下要他們收集並分享情報，他們依法無法拒絕。[42]中國公司和中國公民的權力，只有中共點頭時才存在，因為中共的地位高於法律，法律是遂行其意志的方法。[43]

就法律的觀點而言，中國政府和私營企業之間的區隔，是名存實亡，只能靠想像。中國公司（以及在中國營運的外國企業）都受黨委員會（簡稱黨委）所控管，這些黨委的意見凌駕於企業董事會之上。根據中共自己的書面文件顯示，黨委權力之大，和對企業影響之深，若以為在中國公司董事會的決定對公司營運有實質影響，那真的是大錯特錯。這種錯誤想法，純粹是用西方價值和作法來臆度中國公司所造成的誤解。

在中國，所有企業領導團隊中都安插了共產黨員，這些人的黨員身份都秘而不宣，也不會告知其他人其黨組織關係。不只這樣，其實在中國**所有**組織內部，都被要求成立黨委，黨委成員都必須經過身家調查，私生活所有細節都要被監督，並且還要徹底檢視其過去的背景，從宣誓效忠「鐵鎚與鐮刀」開始，到之後所有的一切都難逃監控的命運。[44]

簡單點說就是，在中國任何私人企業，都算不上是真正的私人企業。這些企業都由中共成員來主導、管理，以確保其企業與黨的利益理念沒有衝突。中國企業必須效忠於政府，而非效忠其股東或是獲利之神。[45]

中共對中國市場的鐵腕，以及商業事務的不斷干涉，對於私人企業當然不全然有利。但是它完全不在意。因為這有利於其政權，而他們相信只要對共產黨有利，就是對國家有利、對民族有利、對整個社會有利。政府希望中國企業能夠擔任政府在商業領域的支部，但成本卻要企業自己支付。而且就算國家的干涉到最後弄倒這些企業，企業也必須順從北京當局的命令。出於貪婪或是信奉亞當・史密斯原理（Adam Smithian）不服從政府命令的例子並不少見*，但這可是要承受嚴重後果的。

欺騙中國政府的公司，往往會突然被商場同業所擊潰或者瞬間倒閉，這些經營人（不論是真的犯罪或是政府嫁禍於他）則會被消失——可能是入獄或是遭到虐待、被灌改變心智的藥物，甚至被處死。中共有數不盡的威逼手段可以讓中國境內所有人和公司行號就範。[46]這意味著，任何美國人，只要有個人私密或是敏感訊息是連上中國電子系統的，都有數據保密上的風險，也可能會被中國治安警察和情報單位竊取使用。這造成的危害，不只是該美國用戶本身，還會波及到美國整體經濟競爭力和國家安全。[47]

* 譯註：亞當・史密斯的經濟學原則就是，政府應盡量不要干預或完全不干預經濟。

軍方不法獲取資訊管道

根據中華人民共和國法規，中國通訊產業相關公司行號都必須在產品上安裝軟體和硬體，以便中國人民解放軍得以從遠端遙控進入產品加以使用。[48]近年來，全中國上下所有過去和軍方沒有關係的公司，也被要求在公司內部設立單位，負責生產特別為解放軍量身打造的規格。[49]而實質上，這就讓這些表面上宣稱是民營的企業，全都開門讓軍隊聯絡官進駐，照他們的意思做事。

解放軍可不是一般的軍隊。這是中國共產黨的武裝分支。沒有人民解放軍，中共政權就撐不下去。解放軍的職責始終是要向中共政權效忠，而不是向中國憲法或是中國人民效忠。它在中國握有非比尋常的權力，而且還因為其特殊地位逐漸擴張到全世界，讓它擁有極大的政治和商業影響力。解放軍兩百萬現役軍人是地球上最大規模的軍隊。也可能是人類史上單一最大、最複雜的情報收集組織。[50]

這有很大的關係，因為任何個人或是敏感訊息，只要和中國電子系統有連結，就有安全的疑慮，可能被中共竊取使用，其傷害的不只是美國用戶，因為他們會成為勒索或敲詐的對象，同時讓美軍也會受到傷害。美國國防部給國會的報告是這麼說的，中國有能力動員「所有其社會和經濟所有相關面向，以圖競爭和戰爭用途；」在中國所謂的軍民融合意味著「中國民間經濟和軍隊經濟之間沒有清楚的界線存在。」[51]

所以，一旦日後中美有戰事，五角大廈可能會遭受到來自美國重要核心地帶的網路攻擊，因為那些地區的電子設備已經受到敵軍滲透了。想想要是美國愛國衛隊騎士組織成員知道他手中的無線電已經落入中國軍隊的掌控，而對方正要前來攻擊他的組織成員，那會做何感想。或許有人會覺得這麼講太異想天開了，但這正是北京當局所想要在國外打造的電子網絡，而且他也已經成功打造了許多這類網絡了。[52]

贏家和輸家

而允許中國當局從企業身上取得軍方所需資訊的那些法規和政策，也同樣給予共產黨權力得以決定一家企業的生死存亡。[53]根據中共內部文件顯示，一些國營企業和受中共青睞的「國家重點龍頭」私人企業，都會獲得大批競業限制合約，以及來自中央和地方政府公庫的金流資助。這些企業還會獲得國家的優惠補助，包括土地、辦公室空間、水、電、瓦斯等。他們也享有稅賦減免。同時還能到紐約、倫敦、香港等價值數千億美金市值的證交所掛牌上市。[54]

除了金錢上的助力外，這些公司也能享有中國超級獵人頭仲介——中共中央委員會組織部從國際上招來的頂級人才，中組部在矽谷、波士頓、紐約市、牛津、東京、台北等全球科技金融中心都設有人才招募辦公室。[55]中國政府還會把先進科技資訊分享給這些中國企業，而這些資訊往往是政府情報部門透過非法手段，像是賄賂、敲詐、間諜等方法所取得。[56]

北京當局所器重的這些重點龍頭企業，都能享有中共中央宣傳部的全力推捧，並被官媒機器捧上天。這些企業的總裁更能獲得《中國日報》（*China Daily*）、新華社、中國環球電視網（CGTN）的採訪，或者能像阿里巴巴總裁馬雲那樣，前往西點軍校演講談領導力，[57]一些主流媒體社論更會說盡他們好話，甚至美國前國會議員也會在華府為他們說項。[58]而他們的產品也一定會出現在暢銷韓劇像是《愛的迫降》，或是好萊塢賣座大片《變形金剛：黑月降臨》（*Transformers: Dark of the Moon*）裡。[59]

這些公司的大名會出現在網路上、公路看板上，以及舉行足球比賽的大型運動場館牆上。他們的產品也會成為沃爾瑪（Walmart）、目標百貨公司（Target）固定上架商品，也會成為百思買（BestBuy）黑色星期五商品，還會登上亞馬遜「網購星期一」（Cyber Monday）。[60]然後你也會好奇，怎麼這些店家有辦法用這麼低價促銷這些最先進的名牌電子產品。

你所不知道的是，這些企業讓外國市場充斥大量低價、高品質電子商品，躋身產業龍頭背後有什麼內幕。你也不會知道他們開了哪些秘密委員會以得到國家補助，又和軍方談了什麼條件，還有他們和中國國安局情報員之間的連結，以及他們對工廠工人的苛刻虐待，還有非法取得交易秘密，以及利用集中營勞力，還有對於環境保護規定的無視，這些你都不會知道。

如果說中共控制的企業享有美國和其他國際競爭者所沒有的不公平優勢，那真的是太輕描淡寫了。這些中共擁立的企業精英，享有不正當、不受法律管轄的權力，讓他們可以和任何競爭者較勁，跟對方削價競爭。他們過去有太多不良紀錄，全都是違反了中國政府當初加入世界經貿組織（WTO）時所做的承諾，卻又完全沒有受到國際貿易法的罰則和罰金。

中國在二〇〇一年加入世貿組織時，該組織被交付要改造中共龐大經濟體，使其遵從西方貿易規範的重責大任。但沒想到，世貿組織反而縱容中國主導的掠奪式貿易手段。中國企業從那之後就獲得許可，可以將那些獲得龐大補貼生產的貨品出口到全球各地，充斥市場。但中國國內市場，卻依然被北京當局牢牢掌控，不輕易對外開放。外國公司若想進入中國市場，就要同意交出其核心科技，並將其生產線轉移到中國，允許中共在其公司成立黨支部，從內部監管其運作。這些安排的目的，都是為了要扶植中國企業，削弱其競爭企業，讓中國企業得以滲透到美國對手的公司裡，將之摧毀後再取而代之，奪取其市佔率。[61]

看看摩托羅拉公司（Motorola Inc.）吧，這家公司原為美國通訊巨頭，後來因為和對手競爭市場慘賠數十億美金後，被迫一分為二。聯想（Lenovo）其創辦人畢業於中共軍事學校、原是政府官員，他後來接手摩托羅拉移動器材事業，將聯想打造成世上第一大手機經銷商。[62]併購摩托羅拉的交易讓聯想得以用摩托羅拉的品牌和商標在美國行銷其電子產品。（這家被中國人併購的公司全名是摩托羅拉行動技術公司 Motorola Mobility。至於摩托羅拉系統公司 Motorola Solutions 則還是美國公司。）[63]

或者我們來看看ＩＢＭ。二〇〇五年，聯想買下ＩＢＭ旗下知名的電腦品牌 ThinkPad 以及其個人電腦產線，從而成為全球第一個人電腦銷售商。[64]聯想沿用 ThinkPad 這個品牌，到二〇一四年時，又進一步收購了ＩＢＭ旗下的伺服器業務。[65]不然也可以看看奇異公司（General Electric, GE）。二〇一六年時，奇異將旗下擁有百年歷史的家電品牌出售給中國競爭者海爾家電（Haier），這是中國國營產業。[66]海爾家電接手後並未更改奇異招牌，反而將自己整個產線都更名為奇異家電，繼續沿用奇異品牌和商標。[67]

美國企業進軍中國市場，最後卻落得品牌被中國企業接管，這會產生什麼影響呢？而聯想和海爾這類的中國企業，有沒有可能變成解放軍轄下的分支企業呢？想瞭解中共軍事化中國企業程度有多深，那可以讀一讀解放軍正式教材中所提到的軍民融合部份。在其內部文件中訓令中國軍官要「結合教育、宣傳與其他方式來讓社會充斥正確軍民融合概念與國防意識……讓這些想法深入到所有中華民族的骨髓中。」[68]

這麼一來，美國人在美國購買這些由中國企業所製造的電子設備時，他們其實是將錢送給敵對勢力的商業支部。他們其實是在向被中國政府和軍隊所控制的企業購買商品，而這些企業卻能夠做些一般正常企業所無法想像得到的事。比如說，許多中國企業完全不用管盈收，至少短期內不用管，因為他們是政府的分支部門。[69]只要他們削價競爭贏了對手、壟斷了市場、達到全球壟斷地位（或者和其他中國企業巨頭共同壟斷），那自然就會有獲利了。而中國政府到時候也就能夠將他們的收益拿去，再投資到其他重點栽培的企業，以及投資到情報工作和軍事硬體上。

在北京當局（以及不知情的國際客戶）的協助下，中國重點龍頭企業將美國和全世界的外國同業一一打趴在地。接下來幾頁大家會看到，中共所控制的電子產品，深植於各地的重要基礎建設之中，所有你想像得到的地方，舉凡美國最長隊伍的退伍軍人遊行所用的無線電網路等都用了它的產品，這所造成的影響極其深遠。但通訊科技和商業競爭不過是其無孔不入的冰山一角。在這下面，還有更大的問題沒有浮現，這個問題很少人提及，但卻可能會決定未來世界的樣貌。

第二章　必須知道的事

資本主義必然消亡、社會主義必然勝利。[70]

——習近平

在為美國國防情報局（Defense Intelligence Agency, DIA）二〇一九年的《中國軍力報告》寫的前言中，羅伯・艾胥利二世將軍（Robert Ashley Jr.）寫道：「國防情報局——以至整個美國情報人員——持續被問到，『關於中國我們須要瞭解到哪些部份？中國對世界的未來有什麼想法，其在未來的角色又是什麼？北京當局的戰略意圖是什麼，這對華府又有什麼影響？』」[71]

他的這段話事後證明是真知灼見。二〇一九年美國政府終於決定，必須要讓美國民眾瞭解中國共產黨對美國國家安全的威脅。不只如此，美國政府也決定，因為中共的威脅實在太大，所以必須要一再將此訊息傳達給民眾，直到這個觀念被充份接納為止。

而為了回答艾胥利將軍的問題，副總統麥可・彭斯（Michael Pence）和華府上下官員，也開始進行一場大型的教育大眾活動——一場自從一九八〇年代冷戰最後十年以來，規模最大、整合最多資源的資訊震撼彈。他們在各地連續舉辦演講、聽證會等，類似活動在全美各地開花，紛紛以婉轉的「中國的挑戰」（China challenge）一詞向全美人民報告。[72]

五角大廈首席戰略顧問薛瑞福（Randall Schriver）在當時舉辦的一場記者會中就說：「中國想方設法要破壞美國軍隊的優勢，還想要增強並掌握對美軍的影響。它用大量的資源來支持其野心，這些資源讓其擁有將此野心付諸實現的實力和人力。」薛瑞福續道：「面對中國對國內持續的迫害，我們非常擔心。共產黨正在使用其國安勢力將中國境內的穆斯林送往集中營進行大型的監禁行動。」[73]

接下來的幾個月間，國安顧問、聯邦調查局局長、司法部長、國務卿、國土安全局局長等人全都參加了一系列重要的中國相關演講活動。[74]副國家安全顧問博明（Matthew Pottinger）當時更以中文發表了兩場演講，談及與中國的戰略競爭，兩場演講都在白宮舉辦，目標聽眾則是美籍華人和中國海外人士。[75]

數十年來，美國政府致力於和中國合作，以幫助它融入全球經濟。現在華府的首席國安領導人卻公開向美國人民示警，讓大家知道之前與中共攜手合作的政策已經失敗。為了保護美國，他們強調美國人民現在有必要看到中共這個政權的真面目，視其為戰略對手。這是一場殊死戰，事關戰爭與和平。世界秩序——甚至西方文明本身——都岌岌可危，而且也沒有把握美國能贏得這場戰爭。

這麼大幅度的對中政策全盤改變，也促使學術界湧現大量資源，分別全力探討中美戰略競賽的歷史、結構和理論架構。但中國政府官員對於此一議題的看法，以及中國全球戰略真相為何，卻依然存在著極大的不確定性。[76]習近平和中共高層如何看待超級強國間的競爭？他們對中國未來究竟懷抱著什麼樣的壯志？他們是否將之量化記錄？有的話，又如何評量成果？而情勢越來越明顯告訴我們，美中戰略競賽並沒有一個固定的樣貌，而且這個發展，將會成為二十一世紀歷史走向的主軸。[77]至於這個競賽的發展則或多或少有賴於中國領導人的野心、計劃和觀點。

強化對於中國權力高層普遍心態的瞭解，悠關著美國的國家利益。美國在中國研究上最大的挑戰，至今依然是該如何避免將自己的假設投射到一個行為模式、思想習慣都與我們有著極大不同的對手上。除非能做到這一點，否則我們將始終無法理解中國行動的原因，也無法正確做出回應，更無法擬定明智的戰略。這一來我們會頓失方向，任由命運擺佈。這是美國史上最艱難也最危險的外交政策，若想要成功渡過這場考驗，我們必須要能夠看到這些戰略對手的心裡，瞭解他們對自己的看法、他們對我們的看法、還有他們對其他所有事物的看法。

我們要知道他們的想法、感受，以及他們未來可能會有什麼變化，控制他們行為的哪些創傷和慾望，又有什麼籌碼可以和他們抗衡。他們的弱點和偏好為何？又有哪些長處藏而未用，外人最好避其鋒芒。當然，國家不是單一個體在運作。政府也不能被當成一個理性（或不理性）的個人來理解。官僚和組織間的互動也有很大的影響。雖然，在共產獨裁政權裡，遠遠不是這回事，但還是或多或少有些影響——而且，可能遠超過我們的預期。

未來會變成怎樣呢？影響的變數實在多到數不完，但想法可能會是其中最重要的領域，因為理念會控制行動。瞭解一個敵對超級強國的理念絕對是必要的。能有這份瞭解，有辦法去預測對手未來的行動，以及其在各種不同狀況下所可能有的反應。政策代表了政府領導人認為其國家在世上應享有什麼地位的構想。政策影響了領導人在擬定整體戰略時的邏輯和方向，而整體戰略則是將各種形式的力量協調整合加以運用來推動政策。[78]

詳閱中國政府的計劃文件，並聆聽其領導人的演講，應該可以讓我們得知中國未來打算如何和美國及美國盟邦競爭的許多作法。[79]具有可信度的來源對習近平願景的描述，就可以做為我們一窺未來的時光機器。最低限度上，這些來源可以讓我們看到中共心裡在想什麼，而這是我們沒有其他管道能夠獲得的。有一大批以簡體中文書寫的文件，足以讓我們分析中國全球戰略；可惜的是，有很多關鍵原始資料至今還是無人加以檢視。[80]

隨著中美關係越趨緊張，雙方的誤會和錯誤機會就越可能發生。政治暴力事件，不論是實質上的或是心理上的，都可能會失控。所以，比起以往，美國現在有更大的必要好好瞭解中共。他們每次行動之間是否有一道中心的意識形態持恆不變？那些官方文件對共產黨的世界觀和未來的目標揭露了哪些？從習近平的演說中，我們知道他想要改變世界。[81]但我們卻還不完全清楚他是怎麼看待那個目標，中共又怎麼進行其戰略，而這對美國和其他自由民主國家又會有什麼樣的影響。

板塊移動

美國的對中戰略目前正在進行重大的板塊移動，有如非洲搬到澳洲一樣。這是美國外交政策史上非常巨大的變動。這個變動是被習近平大權獨攬所激發。在二〇一七年十月中共第十九大時，習取消了原本中國已經半正式的任期制。他將自己個人意識形態（習思想）寫入中共憲法中，並且拒絕任命繼任人選。這所有的舉動，只要是單一發生就已經夠出人意外了，將所有相加在一起，更是讓人震驚。

習的大權獨攬，可以說是過去四十年來中共一貫以高層領導人之間的共識為統治基礎的重大轉變。自從毛澤東在一九七六年過世以後，這是第一次有一個握有至高無上權力的獨裁者憑著個人魅力和野心，透過大舉的肅清和個人崇拜，鞏固了個人統治的合法性。[82]中國軍隊在東海、台灣海峽以及南海霸道橫行，再加上在太空和網路的破壞性行為，都讓美國的官員斷定中國已然成為戰略競爭的對手。[83]

華府首度感受到這股改變的震波，是在二〇一七年十二月發佈的《國家安全戰略》報告（*National Security Strategy*），該報告直陳：「中國……意圖形塑一個與美國價值、利益背道而馳的世界。中國想要在印太地區取代美國，並擴展其國家主導的經濟模式的影響力，進而扭轉該區域秩序來支持它。」[84]就是這份評估從根本打破了過去數十年來的美國對中政策。過去四十年來，華府一直選擇配合北京當局，希望共產黨能夠獲得自由化，最後更能在政治改革過程中被取代，而這個過程也將推動美國利益。當時主流的想法是，隨著中國繁榮壯大，也會變得更和平，也更有意願要接受美國所領導的自由化國際秩序。但這份《國家安全戰略》報告卻以悲觀的看法總結了這個假設，「結果是錯的。」[85]

目前還看不出來，美國政府是否會持續進行這種目標未定的戰略競賽。根據中國研究專家孟沛德（Peter Mattis）所說：「美國對中戰略的這次轉向，並未具體正式定下在政治方面的戰略。」[86]孟沛德主張，雖然在新的對中政策定下來之前，要去討論整體戰略和各種目標都嫌太早，但短期之內，還是有很多方面可以進行，以強化美國在與中國競爭時的實力。[87]他更終結道：「美國方面在此的討論已經到了某種程度，認為應該針對如何才能夠瞭解中國共產黨和中國，以及如何才能加強美國競爭力等想法開始成長並討論。」[88]

在華府還在研議中國對美挑戰的程度並對其對中競爭戰略形成共識的同時，美國的領導者也必須要問一個關鍵的問題，那就是中共打算如何達成其目標。習近平和他的首席顧問如何看待這個中美戰略競賽？而他們目前又在進行哪些工作，以達成未來的目標？

中國研究領域的演變

冷戰時期，中國研究這個領域產出了一小群頂尖的權威人士，他們的作品對中國研究領域產生了深遠的影響。[89]之後從一九九〇年代後期開始，對於中國實力快速竄出頭的興趣日增，許多美國分析家開始專注在對中戰略方面的研究。[90]當時這些人相信，中國政府的主要目標是要維持其驚人的經濟成長，因為這個目標，讓其會試圖避免武器競賽以及戰略競賽，和任何可能會對貿易有負面影響的衝突。

當時多數西方學者都主張中美兩國的利益重疊，或者大致上是相輔相成。就中國崛起挑戰美國影響力的程度而言，許多人認為合作將導致信任的建立和相互善意的交流。[91]一名深具影響力的美國學者在當時就主張，「管理美中關係中安全層面的任務可分為兩方面：（一）找出雙方可合作的領域並加以發展……（二）掌控台灣問題。」[92]

有兩名美國專家寫道：「冀望與中國展開平等合作關係或許是奢望。但這場競賽能夠受到限制卻是絕對有可能的……畢竟這樣的合作有這麼多可能的利益存在……實在有太充份的理由值得為這個結果共同努力。」[93]在當時，雙方實力的差距，以及美中關係看似正面的發展，讓多數美國人都難以想像北京會願意為了達成其全球性的野心，而放棄天大的好處。[94]但是，還是有少數幾位美國人持不同觀點。他們預見美國和中國終究還是會在國際事務那廣泛的生態體系中出現競爭。他們認為，中國的極權統治者遠比一般人所理解的更野心勃勃，也更強韌。而北京當局也只會在其實力允許的範圍內，追求其利益，且往往是抱持零和心態。

一九九九年，美國空軍少校石明凱*出版了一本書震驚了分析學界，該書中他主張中國正進行快速擴充兵力以挑戰美軍。「中國國防工業界已經開始集中全力於戰略現代化計劃，以因應二十一世紀戰事需要，」他這麼寫道。他指的是中國軍隊在彈道飛彈和巡弋飛彈的研究領域，太空戰和網路戰、無人系統、以及核武器打擊等方面。[95]石明凱因為在中國擔任特別任務武官而曾獲得中情局頒發「年度情報員獎」（spook of the year）。他在書中寫道：「多數美國方面的人民解放軍觀察界對於中國軍力現代化的能力存疑。有一個辦法可以幫他們看到真相，那就是不要專注在解放軍的缺點，轉而仔細且清楚地去檢視解放軍現在和未來的實力。」[96]

中國研究專家白邦瑞（Michael Pillsbury）曾為五角大廈工作，他也主張中國政府要比多數人所以為的更追求戰略競賽。[97]他的研究顯示中國的領導人對於強國和高人一等的地位非常著迷，這些領導人不斷在打探其他競爭對手和夥伴的實力，目的是要預測自己和對方作戰獲勝的實力。[98]二〇〇五年羅伯．卡普蘭（Robert D. Kaplan）主張：「中國海軍已經整軍待發要推進太平洋——一旦成行，很快就會和美國海、空軍短兵相接，後者則必然不肯輕易從亞洲主要大陸棚撤退。其結果可想而知：就是長達數十年冷戰的重演……中國是對美國所代

---

* 編註：過去台灣也曾稱石明楷。他的作品《中共戰略現代化》（*China's Strategic Modernization: Implications for the United States*），由國防部史政編譯局翻譯出版。

表的自由國家最主要的威脅。」[99]此話一出引起眾人不安。

詹姆士・曼恩（James Mann）二〇〇七年著作《中國幻想：資本主義為何無法為中國帶來民主》（*The China Fantasy: Why Capitalism Will Not Bring Democracy to China*，暫譯）一書主張，華府的中國政策的基礎極為薄弱。此言可謂先見之明；儘管有了合作和貿易，北京當局卻沒打算要在政治上革新，也沒有朝正面的方向改善，共產黨也沒有因此變得搖搖欲墜、四分五裂。他寫道：「要是中國政治體制始終維持原先的一黨獨裁，那表示美國自從一九八九年以來向美國人民所保證的對中政策利多，都只是一場騙局——也就是說，他給了一個錯誤的前提，稱和中國貿易與『交流』將能夠改變中國的政治體制。」[100]曼恩成功地預言，指出中國雖可能完全融入全球經濟，卻將始終維持不民主的體制。而為了能夠持續當政掌權，中共政權將會增加其壓迫的程度。[101]

范亞倫（Aaron Friedberg）二〇一一年的著作《競逐霸權：中國、美國和亞洲控制權之爭》（*Contest for Supremacy: China, America, and the Struggle for Mastery in Asia*，暫譯）中，指出當中國能夠變得富強卻又始終維持一黨專政，那就表示它形成了一個越來越大的戰略挑戰，也是對長久以來一直以為中國會走上相反道路的美國人一個認知上的挑戰。范亞倫寫道：「打從尼克森和季辛吉以來，美國政界領袖、外交官和中國專家就強烈傾向要『強調正面特質』……

他們普遍傾向對於一些根深蒂固的問題和兩方始終的歧見採取理解和忽視的態度。」[102]范亞倫的結論是：「中國不是美國的盟友，也不是可以信賴的朋友；中國是一個逐漸變強且重要的國家……而在其當前的領導階層之下，其利益和目標不時會與美國本身的利益和目標發生牴觸。」[103]

石明凱、白邦瑞、卡普蘭、曼恩、范亞倫等人的主張，雖然都已獲得近來所發生的事件證實，但這些言論在發表當時，卻是充滿爭議甚至被指是惡意中傷。畢竟多數美中關係觀察家都不敢相信，中國統治者能夠在增強國力並維持國際競爭力的同時，可以不用針對政治上任何結構性的改革。他們也不敢相信，北京當局會從事軍事行動並進行族群滅絕的行為，像是建設集中營，並拆散少數族裔的家庭，破壞其文化和宗教信仰等行為。

如果過去的歷史給了我們什麼教訓，那就是中國日後會一再做出讓美國領導階層和人民意外的事。想要減少這些意外所帶來的危害，並掌握機會推進美國利益，就需要美國人持續深化對中國共產黨政策制定的瞭解，尤其是加強那些目前還在萌芽階段、尚屬粗淺或甚至還未存在的知識領域。

瞭解中國的新源頭

近年來對於中國戰略的學術性論述增加了；這大幅提升了我們對於美中戰略競賽瞭解的素質。[104]分析師們向國會提供了證據，也發表報告，揭露中國打算如何整合經濟、科技和軍事競賽的手法。[105]有些學者更檢視北京當局的政治戰和大外宣行動。[106]其他人則致力於讓大眾得知習近平外交政策的代表作「一帶一路」戰略（OBOR，被稱為一帶一路倡議）。[107]還有其他人則是貢獻了對於中國在先進網路空間、外太空、以及人工智慧等發展上的科技研究。[108]中國驚人的擴充軍備手段，以及背後推動這個動作的種種因素，也成為美國研究人員非常感興趣的主題，他們的研究紛紛論及中國的軍事戰略方式，以及未來衝突所可能採取的型式。[109]

中華人民共和國是否真像白邦瑞在他的著作《2049百年馬拉松》（*The Hundred-Year Marathon*）中廣為人知的主張那樣，真的有一個秘密戰略打算超越美國呢？[110]還是中國主要只是想專注在維持國家成長和穩定，增加其控制周邊事件的能力而已？[111]共產黨是否計劃要超越美國這個問題，是在杜如松（Rush Doshi）出版了《長期博弈》（*The Long Game: China's Grand Strategy to Displace American Order*）一書後，眾人才看得清楚。杜如松詳盡的研究清楚指出中國領導人擬定一套完整的戰略要在全球實力的競賽上與美國競爭。而且，中共長久以來也制定了一套政策，要在許多不同領域上增進中國的競爭實力。[112]

接下來，則是習近平和其顧問的世界觀，以及打算如何改變這個世界。我們依然不清楚，這群北京權力核心的人心裡在想什麼、說了什麼，以及做了什麼。雖然沒有太多公開資料能幫我們瞭解中共內部的計劃，但倒是有一整個系列中文書寫的文字資料，可以讓我們加以鑽研，從而拼湊出中國官方的心態。

《人民日報》是其中之一，這是中共官方的報紙，該報建立了一個專門收集習近平相關資訊的可搜索資料庫。[113]這個資料庫收錄了數百則他的演講、寫作和語錄。[114]許多習近平的書寫都提及國際競爭。[115]習在對最高層講話時，往往都是語意含糊、沒有結構，但卻提供了很多重點，並點出一些重要的政策，隨後這些政策都會交由底下官員去落實。國務院是中共主要治理單位，通常也會發表長期計劃和戰略文件，[116]並由中國國家級、省級、市級、地方層級政府去實施。[117]中共一些組織，如中央委員會組織部和中央宣傳部也都會發表各自的計劃文件。[118]這些文件一旦發表，政府各層級官員和國家所培植的學者就會分別在一些共產黨認可的刊物上撰寫他們的分析並加以闡述。這些文獻處處可見一些可以洞悉其意圖的方向，特別是會把一些難懂的行話和術語解碼。

最要緊的當然就是中共在這背後真正的意圖，以及這些意圖對我們會有何影響。但北京那極機密的會議中心裡究竟講了什麼、決定了什麼，我們怎麼可能確知呢？一開始，可以聽聽中共的說法，把這些領導人說的每個字都當一回事來看待。那麼中國官員所寫所說的，究竟代表的又是什麼意思呢？

在這方面，最容易取得的來源是中國的宣傳文獻。這一類的材料一向因為對於整體情況能夠提供的資訊不多而讓人頭痛。所幸，中共許多部門和單位都會各自加以闡明，並且在網路上發表很多細部的報告。只要有耐性，就可以拼湊出完整的意圖。習近平自己也有很多文字和談話的內容，有些還非常的坦白。本書就從一些他以往從未被人翻譯過的談話和書寫中得到相當多的資訊。

更多幫助的則是一些新的原始素材現在都可以取得了，包括中國軍方在談中共全球戰略的內部文件。這些文件現在終於可以第一次被揭露——再加上一些以往沒有被公佈的消息，都讓人看到北京當局如何散播其想法並將之付諸行動。

《人民日報》網站的習近平專題（圖 Grace Young）

第三章　不良意圖

習近平思想必須深入學習貫徹。這是整個黨和國家最重要的政治任務。[119]

——中宣部

一個國家的發展過程中，會有一些時刻劃分了過去和未來，這些時刻會點出這個國家存在的必要性，以及這個國家的意圖，還有其未來的走向。在二〇一八年五月四日，中國就邁入了這樣一個時刻。這一天全國都興高采烈，北京當地更是如此。這是刻意塑造出來的，要讓中國從此跟過去區隔開來。

人民大會堂被刻意裝點來迎接這個盛大的場合。綴著金色流蘇的大紅旗高掛在鑲木牆上。大大的中文字寫出這場大會的主題，每個字都寫在十幾公尺平方布幅上。三千名中國各界高層在台下座無虛席，人民大會堂中充滿著期待。

台下這些人來自各個領域。軍方將領坐在舞台下方事先規劃好的區域，每個都帶著像是要踏上閱兵場的銳利表情。板著張臉的這些將領，因為缺少了機關槍而像缺了甚麼似的。他們很有紀律地等著，但看得出來不能久耐，一種壓抑著軍威的氣氛，原本雄壯的嗓音也收斂著，疾言厲色都為這典禮暫時而收斂了起來。

在他們附近的軟墊椅子上，則坐著共產黨前輩革命黨員、老眼昏花又一臉倦容，他們皺巴巴的套裝肯定滿是樟腦丸和痠痛藥水味。對這些老黨員而言，這是驕傲的一刻，讓他們暫時可以逃離煩人的看護和退休生活一味的看電視、泡茶和麻將，但卻也不是多輕鬆的活兒。這些人早年都經歷過辛勞，換成現在年輕人，肯定都會叫苦連天。人生就是不斷的鬥爭，這道理他們比誰都清楚。他們現在坐定座位上，準備要和瞌睡蟲還有無力的膀胱對抗以維護自己的尊嚴。

革命志士旁邊則坐著其他各世代的代表：中年在職官員，這群人體力旺盛。這些都是各部門和委員會的首長；管理中國平民百姓、繁文縟節官僚系統的主管。按慣例，他們光滑的桌面上都擺著紅色鉛筆，以便他們展開馬拉松式的筆記記錄。這些人都忙到不可開交。因為一黨專政的巨輪絕對不能停下來，而推動這巨輪的工作就在他們肩上。他們要負責擬定預算、管理人事、協調各方報告、施行計劃、打電話、看郵件、參加會議、還要交際應酬——

這整個體制從上到下那麼多人、那麼多事、那麼多話，都靠他們來維持運作。

同時在座的還有看護這個體制的護衛，他們負責會場的維安。綁著黑色領帶的壯漢站在大會堂各個角落、掃視著會場、警覺地盯著每個入口。在場所有人都知道，在他們看不到的地方，還有一群幹員正坐在指揮中心緊盯著監視器上傳來的畫面，另外還有大批重裝戰略小組則散佈會場四處，神情自若卻隨時準備要擊斃任何威脅到在場領導人安危的人。

這會場裡更是充滿著讓人喘不過氣來的位高權重之氛圍。光看在場那些衣著光鮮的大使，這些人都是手中大筆輕輕一揮所簽下的條約，就足以讓遠在地圖角落的任何一個國家都分崩離析。另外也有一群人，他們的滔滔雄辯帶領中共從派系內鬥和社會紛亂中走出來的政治人物，這時他們的政治權力也在會堂中低語著。場上還有那些讓能源產業、工業產業、電信網路順服北京當局意志的億萬巨富，從他們手腕中也閃著無比的權力。場上另外還有一群負責偵訊、審判、決定國家敵人命運的檢察官、法官，從他們嚴厲的眼神中，也透出著權力。

會場中還有一個特別的角落，坐著這個國家的智囊團。其中有不拘小節的教授、好幻想的理論家、垂垂老矣的作家，這些人都是知識份子。會場中有些領導人看不起他們，但也有些人尊敬他們——甚至敬畏他們——因為他們腦中所擁有的智慧。只有這些人，才能針對中共的未來，講出真正的大道理來。只有他們才能在腦海中將北京當局那些難以駕馭、自我矛盾的意識形態翻轉過來，想出新的道理好讓矛盾解釋得過去。也只有他們才能夠用英文寫下那許多巨著，還上 TED Talks 演講，讓全球富豪全都拜服在中國的腳下。

會場上另一角則坐著一群年輕人，他們是下一世代的代表：戴著厚重眼鏡、閃著興奮眼神的學生，每個都看似剛被人從北京大學充滿霉味的圖書館臨時拉來——或者是從清華大學的數據農場被找來一樣。這些人到現在雖然無足輕重，但有一天他們會叱吒風雲。在場的領導人都希望，有一天這群青年中有哪一位會為他們送終，並繼承他們的遺志，讓他們的一生奉獻永垂不朽。沒有這些下一代，那一切都將毫無意義。這些孩子象徵了未來，連接著永恆。

最後也最不重要的（雖然還是不可或缺），就是一小群外國貴賓代表。這些是老白人，就坐在正中間，他們沐浴在眾人的目光焦點之下，因為中宣部的盛情款待而讓他們的信心增強。中共知道要怎麼款待這些人。不管是來自帝國的代表、好誇張的國家代表、逢迎的買辦、還有典禮的氣氛等等——總是能處理得賓主盡歡恰到好處。就算是最實際和最不虛華的訪客也難以抗拒這頂級的招待。每一個都會樂陶陶地回到自己的國家，開心的忘了原來自己的模樣，對中國滿口稱羨讚美。[120]雖然有些人回到現實世界後不久會恍然大悟，但多數人卻從此被中國洗腦。

最後，當所有人都就定位、一切都安排妥當後，典禮開始了。樂隊奏出歡欣鼓舞的革命歌曲。全場起立，所有人朝向前方，注視著他們前來的唯一原因。

獨裁者

習近平大步走上舞台，掌聲如雷響起向他襲來。他樸素的穿著——深藍色西裝、白襯衫、格紋領帶——和在場來賓相差無幾。但他和其他人之間有一個巨大的差距存在。他可是集中國最高領導人——中國共產黨中央委員會總書記、中華人民共和國主席、中央軍委主席等職於一身。光這些頭銜還不足以讓人瞭解他集結了多少權力在身上。六十四歲的習近平在這之前，就已經超過中國過去所有領導人，一手包辦了許多官方要職，比之古代的皇帝可謂有過之而無不及。

習是領導核心、三軍統帥，另外還兼數個新成立超級委員會的主席，這幾個委員會都是由他從無到有一手創立的。這些國家組織讓他可以決定中國許多重要政策，從國家安全、經濟、網際網路到任何大事。習成為絕對的獨裁者，是自從四十年前毛澤東過世後中國所僅見。習跟毛一樣，深知如何心狠手辣、如何肅清政敵，以及如何發動大型的運動好將自己權位推向新高。

近年來習近平更在自己身上建立個人崇拜，並主導一系列慘無人道的整肅異己行動，且不管對方是否異己，只要遭到懷疑，就遭到整肅，而這整肅行動打算要永遠持續下去。習極為自大，至今完全沒有指派繼任人選，也將所有可能在他生前取代他的人全都鏟除。他任內的招牌手段就是加強中共鐵腕，對社會所有層面都加以打壓，同時還擴張中國在全球各層面的影響力。

習的穿著打扮非常樸素，意在讓人感覺他和黨還有人民站在一起。但這只是他塑造出來的假象。他鶴立雞群、一枝獨秀，所有人都不能強過他。

跟在習後面的，是一隊阿諛奉承、諂媚逢迎的官員以及未來競爭者：這群人是中共政治局最有力的一群。當擴音系統播放中國國歌時，全場起立。這一類場合中，習一貫只開口對嘴不會真的跟著唱。他有很重的菸癮、輕易不開金嗓，所有的精力都要用在接下來那段冗長又激烈的演講。[122]

對習而言，這一刻可以說是他一生苦難努力得來的成果結晶。他恪盡職守、也逼著別人恪盡職守（許多人甚至送上了自己的性命）後，他終於集結了中國史上最多的權力。過去的他，受盡了侮辱——從小到大，即使當上了政府高官也還是免不了——但卻從未喪志。他不計代價一定要贏的決心和毅力，獲得了無以倫比的回報。這一刻當他目光掃向那些急欲討好他的人臉上時，他心裡可能正在讚嘆命運的轉折竟然如此之大。他這一生從未享受如此多的擁護和愛戴。

艱苦前半生

如果習近平的那許多傳記可信的話，那他心裡應該是留下很多傷疤。但外人都看不到這些傷痛，就連他的另一半或是醫生也都無從得知。看不到是因為這些傷疤都是心裡的疤，撕裂了他的靈魂和內心。習主席的前半生過得並不順遂。而且很多時候，人生對他還相當的殘酷，遠比一般人過得辛苦。

習出生於一九五三年六月十五日，父親是習仲勳。習仲勳是抗日英雄，在中共建國初期任高官，之後被毛手下疑心病極重的情報頭子康生攀誣構陷，只能去職下放，擔任家庭煮夫——父代母職。父親被下放時習近平還是個孩子。[123]父親的失勢，讓習近平也從雲端跌落谷底。成長階段他都只能穿兩個姐姐齊橋橋和齊安安穿過的舊衣舊鞋，全是女生的款式，姐姐也從母姓，而不從父姓。[124]

習近平母親齊心是八路軍出身，後成為忠貞的共產黨員，在中央黨校工作。習近平幼年時她並不在身邊，但因為她這份黨校工作，讓習近平得以享有特殊待遇，包括得以寄讀北京市中心的北海幼稚園，然後又進了八一小學，這是以解放軍成立紀念日為名的小學。他同學都是來自中國各地的權貴家庭，包括當時的主席劉少奇的孩子。[125]

養尊處優的童年，日後成了他的負擔。父親仕途翻黑讓他在學校成為眾矢之的，在這種培養中共政二代成為未來國家領導接班人的學校裡，他更成了眼中釘。他究竟在學校遭到多少霸凌很難說。但很有可能，學校同學都效法那個罵他是黑幫子弟的體育老師，對他不假辭色，極盡羞辱之能事。[126]

習十二歲時中國又出現另一波政治鬥爭，他父親再次遭到杜撰罪名誣陷。習仲勳在隆冬之際被逐出北京，下放到鄉間的勞改營，消失在習近平的生活中，開始在勞改營接受思想改造。[127]習家的生活蒙上了陰影。母親連同姐姐妹妹、弟弟全都被逐出這個從小長大的家門。無家可歸的一家人從此在北京流離失所，一個地方搬過一個地方。[128]

失去了父親，也失去了學習的模範，習近平同時也失去原本高官子弟養尊處優的生活條件：保母、蘇聯製進口車配司機、家庭廚師、還有特別糧食配給——在當時全中國有數千萬人死於饑荒，這樣的糧食配給相對奢華。[129]但接下來發生的事，更讓習近平的人生從此轉了個大彎。

在毛發起的「文化大革命」期間，激動的紅衛兵闖進他們住的地方抄家。過程中他同父異母的姐姐習和平（他父親第一段婚姻所生）被「迫害至死」——這是中共的官僚術語，可能暗示她遭到暴徒姦殺，或者為了抵抗或逃走而自殺。[130]當時習近平身在何處並不清楚，至於他有沒有出手相救姐姐也不得而知。

習近平的母親據說事後帶著一家人住到她工作的中央黨校，這是新中國的聖地，外人不得侵犯，一家人就暫時住在校園裡。但不久齊心就為了自保而出賣了自己的長子。毛的共產黨意識形態視家庭牽絆為人性的大罪，所以必須要將之抹除。在一次示威過程中，習近平被人抓起來遊街並趕上台去，讓台下瘋狂的群眾——他媽媽也在內——一同加以羞辱斥責。他在台上看著台下母親公開否認母子關係，看著母親高舉拳頭跟著一旁迫害他的群眾高喊「鬥倒習近平！」[131]這時的他才只有十五歲。

沒多久後，習近平就被迫搬離首都北京，下放到延安鄉下貧瘠的山坡地去*，過著窮苦殘酷的勞動生活，延安是中國共產黨在一九三〇和一九四〇年代的革命基地。習近平在這裡頂著烈日鏟屎挑糞，還要挑煤炭和做各種雜務，睡臭味薰天的黃土炕子。這裡沒有毛坑，只

* 譯註：習這段時期現在被中共美稱為「知青歲月」，下放地點是在梁家河文安驛。

用桶子當茅廁。[132]夜裡躺在黃土炕上總是不能安睡，因為身上爬滿跳蚤和蝨子。[133]他一度逃跑，一路跑回北京，最後還是被人抓到，送回勞改營。一度他還被迫挖壕溝，這是連像他這樣結實的青少年都會叫苦連天的勞力活。[134]之後他被送回延安，被迫繼續勞力工作，住在難以成眠的黃土坑中。

習的官方傳記以下面這段話總結了他成長階段的漫長夢魘：「在文化大革命期間，他遭到公開羞辱，也飽受飢餓之苦，無家可歸，甚至一度入獄。」[135]這之後習的政治信仰慢慢出現改變。他不斷研讀毛澤東的著作，堅持一定要取得共產黨員資格，官方多次駁回他的申請。據說他前後一共被拒超過十次，[136]最後是在不斷用當時不易吃到的炒蛋和饅頭拜託當地黨委書記，才獲准入黨，因為在那個年代只有玉米粥和糙米飯可以吃。[137]他的美食攻勢奏效了，雖然頂著習家這不光彩的姓氏，但上頭總算同意讓他入黨，這讓習之後得以免於被流放到更偏遠的地區。七年後，他終於獲准回到北京，並進入清華大學，[138]但他的苦難卻還沒有結束。

習在清華接受黨的安排，修讀化學工程，在獲得化工學位後，成為工農兵學員。這之後他的日子開始有了起色。毛澤東過世，習的父親在鄧小平主政下獲得平反，習仲勳再次回到中共高層。很快的，習近平靠著家中人脈娶了出身好家庭的老婆，擁有寬闊的住處，還在解放軍最高層的中央軍委辦公廳佔了肥缺。[139]他的第一個上司是中共政壇的大人物：耿飆將軍，當時中國的國防部長。但在擔任耿秘書三年後，他再次遭遇困境。他被命脫下軍裝，離開北京。耿飆得罪了鄧小平，再和他有牽連可能會連累到習自己。[140]再一次，習近平面臨了下放的命運。

雪上加霜的是，習的婚姻這時也岌岌可危。一九八二年，他雍容華貴的妻子柯玲玲棄他而去，這種打擊不管對哪個國家的男性都不小，更何況是在極為保守的中國。[141]柯玲玲想赴光鮮亮麗的倫敦，因為她父親正在那邊擔任中國駐英大使，等著她的是已開發國家充滿機會和享受的生活。就算她愛過習近平，卻也不是那種刻骨銘心，會讓年輕女孩子拋下一切不顧的那種愛情。畢竟習近平只是個低階官員，家中又被劃為黑五類。感覺上就是個會將一生虛擲在當個稅吏和執行「一胎化政策」（人類史上最大型的強制墮胎、節育和殺嬰行動）。這麼不體面的離婚，加上他原本就不風光的過去，讓他更加臉上無光。[142]

習的下一位頂頭上司是共產黨河北省省委書記高揚，高揚非常不喜歡習近平，對他的升遷更是處處刁難。[143]習最後只能在離北京數百英里外的貧窮小鄉村裡，在艱困的環境中工作，睡辦公室、吃食堂煮的公家飯。[144]這之後他的工作帶他來到中國南邊不發達的福建省，這邊常有颱風、貪污醜聞，還有黑道橫行。這是對習近平這個世故的北方人再一次的文化震謚。[145]

在第一段婚姻慘痛結束五年後，愛神再度眷顧習近平。習近平與彭麗媛梅開二度，彭是位有著模特兒般身段的前解放軍文藝兵，後成為專職歌手，是位擁有驚人嗓音的明星。但伴隨著這樣的幸運而來的缺點，在接下來二十年間，習始終活在這第二任妻子的盛名陰影下。彭是全中國注目的焦點，電視上的超級巨星，唱過的歌人們琅琅上口。而習只是個沒沒無名的官僚，未來在哪裡都不知道。和老婆比起來，習真的可憐透了。[146]

有很長一段時間，習一直一個人待在南方，而老婆則在各處巡迴演唱。他的正式傳記說他會打長途電話給她，在上床前跟她問好，「不管時間多晚。」[147]每一晚都會給她打電話：總是在她唱完北京央視轉播節目後，或是在她為參與天安門大屠殺的士兵演唱後，或是在她以中國文化大使身份，到光鮮亮麗的國外藝術祭表演過後。[148]二十年間，他們聚少離多，分隔在搭火車要四十八小時的兩地，一個在南一個在北。[149]他是什麼感受，又對兩人未來是否擔心，我們都不得而知。他的傳記中對這些私事絕口不提。倒是提到他常常待到很晚，看電視運動節目，又喜歡喝喝小酒，[150]或許這就是他排遣寂寞的方式。

一九九七年習參選中共中央常委，但沒能得到應有票數。[151]這之後他繼續焚膏繼晷，耐心地等待幸運降臨。好多年後，他又再次參選。二〇〇九年，他原本內定要成為中共軍委副主席，卻又神秘地被旁人取代。[152]在他不斷失意的仕途中，這不過是再一次的不得意。

最後終於在二〇一二年，在被指派為胡錦濤接班人、辛苦地栽培許久後，在第十八大全國代表大會前，經歷了一番內鬥，他在最後關頭險勝，成為中國國家主席，這之後黨內展開一場腥風血雨的內鬥。中國政壇大老、軍方高階將領，連情報頭子都反對習接任，打算扶植自己屬意的人選。之後連續好幾個月的密謀串連，一直到習近平用冷血的手段鞏固自己的地位。這之後一連串的逮捕行動在中國就此展開。[153]

習終於來到眾人之上，卻還是沒辦法感到安心。因為被他下獄的人之中，有一個是中央辦公廳警衛局的負責人，這是負責中共最高領導人包括習和其家人安危的貼身保鏢。習近平將這名可疑的叛徒和所有相關人等一併換掉，讓坊間流傳起一則傳言，指習是因為擔心被政敵在他茶中下毒。[154]如果說習這人疑神疑鬼，那也是其來有自。

長年的艱難處境讓習瞭解到，一個人一旦失勢下場會有多慘，任人宰割又多不是滋味，人為刀俎我為魚肉又是多麼不堪。他比任何人都清楚，大權在握比什麼都重要。他早已練就鐵石心腸，原本一派天真、理想滿腹的他，早已學會喜怒不形於色。一路走來，他是匍匐著爬到這個權力巔峰，死也要攀住這個位置不讓人給踹下來。

而中國共產黨則是他的權力源頭，是滋養他、扶持他的依靠。中共的所有權力，現在全部流向他了，上天下地的權力都在他身上。他和中共的大權成了你中有我、我中有你的密不可分。他深知這權力已經擁有了他，也可以要了他的命，所以他唯一的辦法就是把它握得更緊。權力對他而言就是一切。他說什麼都要緊緊握在手上，一分一毫也不能放鬆。

馬克思狂熱

這一天在人民大會堂上所舉行的典禮，並不是要歌誦習近平。這是要歌誦另一個人，一個

習近平夫人彭麗媛在天安門廣場向屠殺百姓的軍人高歌勞軍

（圖 Grace Young）

為習近平無比仰慕尊敬的偉人，無人能超越他。習的博士學位就是研究這位偉人的想法，他整個政治生涯所寫的、所實踐的、所宣揚的，無不是來自他的理念。是因為這個人，習才成為中國史上最有權力的領導人。習深信，自己的一切都是這個人給的，其他人亦然。

在習看來，這個人是全世界的光明和希望。而今天這個高調的典禮，就是要推崇此人理念，並讓全國學習其思想的運動達到最高潮。儘管在中國此人的思想已經非常普及，習還是覺得有必要再進一步加強。正因如此，他下令全國，尤其是共產黨領導階層成員，人人都要詳讀此人著作，並大肆宣揚此人是「人類歷史上最偉大的思想家。」155

為了彰顯其政治正確，在中國人人談之色變的中共中央紀律檢查委員會還特地發表了一篇文章，毫不掩飾地頌揚道：「在人類社會思想史上，還沒有一位思想家能做出如此卓越的貢獻。」這篇文章緊接著要求所有共產黨員和政府官員要「深刻把握馬克思主義的深遠影響」，「以更準確地把握」馬克思主義在人類社會思想史上、人類社會發展進程中的重要作用。156

習動用中國龐大的資源來配合舉辦提倡馬克思的運動。他對馬克思的溢美之辭，讓中國駐外使節在世界各國掀起了一波前所未有的紀念馬克思活動。就在典禮舉行一週前，中國官媒更已經提早開跑，率先在黃金時段播放一部分成五個段落的馬克思紀錄片，名為《馬克思是對的》。[157]這之後則是一部分成兩個段落的紀錄片，介紹馬克思的著作。其中第一部在前一晚已在央視播過，第二部則將在習於人民大會堂演講完的同一晚播放。[158]

隔天週六，正是偉人馬克思的誕辰，週末人潮勢將湧進位於上海繁榮的新天地參加博物館舉辦的馬克思紀念活動，中國政府將在這裡公佈一本馬克思最知名著作的珍版。[159]在中國的其他地方，也有十多座博物館以類似的陳列和紀念活動共襄盛舉。[160]

在中國最有影響力的省份廣東，有許多宣傳單位甚至還製作了錄音檔，由政府官員在當中念了馬克思的許多作品供人聆聽。包括廣東這些錄音和其他相關錄音，更被製作成手機APP，任何人只會有基本款式的手機，就可以下載聆聽學習。[161]

習當時更造訪號稱「中國哈佛」的北京大學進行演講。演講中他指示中國的教育者要「深化學生對馬克思主義歷史必然性和科學真理性、理論意義與現實主義的認識，教育他們學會運用馬克思主義立場觀點方法觀察世界、分析世界，真正搞懂面臨的時代課題……讓學生深感感悟馬克思主義真理力量……」[162]而北京大學為了表示對這位中國最高領導人的敬意，更特別開設「習近平新時代中國特色社會主義思想」研究院。但在習近平到訪北大時，他更在意的似乎是該校對於他心目中的知識偉人思想的研究課程。[163]北大也在馬克思思想的激勵下，開設了世界馬克思主義大會，廣邀三十國研究者前來共聚一堂，這些學者全都跟習一樣，是以研究馬克思思想作為論文題材。[164]

早在此前，北京大學就已經主辦第一屆世界馬克思主義大會，當時吸引了超過五百位學者參加。[165]但這次大會的觸及範圍更廣，也有來自全球更多的觀眾參與，大會還特別請中宣部協辦。北京大學更設立世界馬克思主義大會網站，網站可以用中文、英文、德文和俄文閱讀。[166]

同一時間，在馬克思的故鄉，一尊特別訂做的巨大馬克思銅像也被人樹起，當這尊兩噸重的銅像揭幕時，數百民眾搖旗喝彩。[167]出版社也印行大量馬克思書籍，工廠同時搶著趕工製作塑膠製紀念品，包括像花園小矮人風格的可愛版馬克思胸像，以及橡膠製的嬰兒泡澡馬克思肖像玩具。[168]另外還有一款特製酒紀念馬克思。[169]數位化的交通號誌也特別被設定成由馬克思指揮交通，紀念紙鈔上還印有馬克思肖像。[170]

另外也有數百本學術論文以馬克思主題出版。《人民日報》、新華社、以及中共所有官媒爭先搶後以社論讚揚馬克思思想是中國穩定發展的不朽關鍵。[171]北京大學還從國外機構要到馬克思手寫筆記，陳列在中國國家博物館中，那態勢就像梵諦岡陳列遺失的聖杯一樣，[172]整個中國都陷入了馬克思狂熱。

整場典禮的重頭戲終於上場了。習近平大步站上講台，向群眾彎腰鞠躬開始致詞。在他身後的，是一幅巨幅的頭像，彷彿是神像一樣的雄據整面牆。這幅肖像畫之巨大，旁邊的真人都不及他波浪般、長及胸部的鬍子高。肖像中的馬克思打著黑色領結，頭轉向左邊，炯炯有神的雙眼看向遠處。肖像畫之下，則寫著一八一八至二〇一八的數字。

習開始用他招牌的風格致詞，他老菸槍的聲音低沉、帶著沙啞。他很生動地將馬克思的人生故事和現代中國的歷史交織在一起，中間摻雜著馬克思友人和信徒對他的景仰之語。在頗長的開場之後，習講到講稿中的重點，他指出：

> 同志們！今天，我們紀念馬克思，是為了向人類歷史上最偉大的思想家致敬，也是為了宣示我們對馬克思主義科學真理的堅定信念。[173]

卡爾．馬克思的《共產黨宣言》是反對家庭、宗教、民主、自由市場，甚至國家等制度的一份文件——這份文件鼓勵共產黨員要推翻自己的政府、建立新的體制，讓金錢、財產、武器、政權全都集中到專制政權手中。[174]馬克思這份共產黨宣言在一八四八年發行於英國，是作為秘密社團共產主義黨者同盟（Communist League）的政策綱要。之後被譯成各國語言傳播到全世界，引發了世上許多國家的激烈運動，甚至成立共產主義政府。

習在致詞中表明他所指的社會主義，並不是北歐國家所行自由的民主社會主義。他所指的是共產社會主義，是北韓、古巴、前蘇聯等政權所奉行的那套意識形態。他指的是殺人如麻政府所奉行的那種社會主義。一九九九年時，保守估計，信奉馬克思主義的共產主義政權在二十世紀前後共害死數億條性命，其中有半數以上都死在中國。[175]波布（Pol Pot）在柬埔寨的共產革命據信至少屠殺了該國兩成以上的人口，其中許多人都是被凌虐至死。而習近平卻在中國毫不掩飾，也不慚愧地慶祝馬克思兩百歲冥誕。[176]不過，儘管這場盛會看似慶祝馬克思冥誕，習心中的打算可比這遠大得多。他心裡想的是一場貨真價實的革命。

習在致詞中稱：「馬克思的一生，是為推翻舊世界、建立新世界而不斷戰鬥的一生。」接著他又說：「馬克思主義是實踐的理論，指引著人民改造世界的行動。……馬克思主義不是書齋裡的學問，而是為了改變人民歷史命運而創造的……」[177]

習告訴台下聽眾，馬克思的畢生努力沒有白費。他想要創造無國界共同體、全球共產文明和烏托邦的遠大夢想依然在進行著，有一天這個夢想終將實現，世界社會主義正要來臨。因為有中國，國際共產主義運動方興未艾，更展現前所未見的氣勢。

儘管世界社會主義在發展中也會出現曲折，但人類社會發展的總趨勢沒有改變，也不會改變……今天，馬克思主義極大推進了人類文明進程……同志們！馬克思主義不僅深刻改變了世界，也深刻改變了中國。[178]

習近平接著指出應將馬克思的教誨作為基礎：「馬克思主義始終是我們黨和國家的指導思想，是我們認識世界、把握規律、追求真理、改造世界的強大思想武器。」[179]

他又強調，中國將會改變世界。中國會使用實力和影響力，帶領國際社會走向國際共產主義的長遠目標。下面他說的這段話響遍了人民大會堂：

我們要全面掌握辯證唯物主義和歷史唯物主義的世界觀和方法論，深刻認識實現共產主義是由一個一個階段性目標逐步達成的歷史過程，把共產主義遠大理想同中國特色社會主義共同理想統一起來、同我們正在做的事情統一起來，堅定中國特色社會主義道路自信、理論自信、制度自信、文化自信，堅守共產黨人的理想信念，像馬克思那樣，為共產主義奮鬥終身。[180]

接著，他以幾乎不掩飾的威脅口吻，對台下存疑的聽者宣告，凡是拒絕馬克思主義的人，將會成為一個逐漸同化世界的敵人。他說，大家應該「一道努力構建人類命運共同體，」這句話的言下之意就是創造一個美好的一體化世界，他保證這個夢想就在不遠的將來。

> 一體化的世界就在那兒，誰拒絕這個世界，這個世界就會拒絕他……同各國人民一道努力構建人類命運共同體，把世界建設得更加美好。[181]

接著習以近乎宗教般的狂熱，提醒在座中共黨員不要忘了他們的靈魂屬於馬克思主義。「同志們！中國共產黨是用馬克思主義武裝起來的政黨，馬克思主義是中國共產黨人理想信念的靈魂。」[182] 習近平的致詞在下面這段話中來到高潮：

> 推動馬克思主義不斷發展是中國共產黨人的神聖職責。我們要堅持用馬克思主義觀察時代、解讀時代、引領時代，用鮮活豐富的當代中國實踐來推動馬克思主義發展……不斷開闢當代中國馬克思主義、二十一世紀馬克思主義新境界！[183]

最後他引述馬克思好友、與他共同執筆的恩格斯（Friedrich Engels）的話結束這段致詞。

典禮在《國際歌》中結束——國際歌是依《共產黨宣言》寫成，過去曾經是布爾什維克和早期蘇聯的國歌。這首歌過去也曾是中華蘇維埃共和國的國歌，後者是在中國內戰初期中共的前身。這首歌現在則是中國主要政治場合上的閉幕歌。[184]

這場習的盛典就在中國版的國際歌聲中落幕：「我們要做天下的主人！這是最後的鬥爭，團結起來到明天，國際共產主義*一定要實現。」[185]

* 譯註：中共的國際歌中「國際共產主義」採音譯為「英特納雄耐爾」。

中國環球電視轉播馬克思兩百週年冥誕典禮的示意圖（圖 Grace Young）

第四章　萬聖節文件

共產黨人不屑於隱瞞自己的觀點和意圖。他們公開宣佈：他們的目的只有用暴力推翻全部現存的社會制度才能達成。186

——共產黨宣言

二〇一九年十月三十一日，不知是有意還是無意，中國的獨裁者和中共中央委員們依慣例齊聚在人民大會堂，時間剛好與西洋萬聖節重疊，而他們所要拍案決定的文件，也如萬聖節一樣帶有不祥之兆。數小時後，當夜色降臨北京，中共宣傳機制發佈了一份看似平淡無奇的公文，向全民報告中國共產黨第十九屆中央委員會第四次全體會議（四中全會）閉幕，審議通過一份新的治國政策。一時之間全中國上下的數位螢幕上，新聞播報員全都抱著那厚達二十頁的文件念著，人人賣力地想把文句念得抑揚頓挫、鏗鏘有力，或至少不要太沉悶沒有高低起伏，卻一個個都不如理想。這份政策文件看似與其他中共文件沒有兩樣：沉悶、瑣碎、制式。

但那些在北京的各國使節，在聽著這晚的新聞時，全都注意到這份文件中除了歌誦中共集體領導模式的優越性，以及其對中國人民生活所有面向的控制以外，特別出現了一段話，是向中國官員和共產黨員提到與國外有關的事務，「積極參與全球治理體系改革和建設。」緊接著的一句話則敦促這些官員、黨員要「高舉構建人類命運共同體旗幟」。最後則是「推動構建更加公正合理的國際治理體系。」[187]

這些讓人看了如墜五里霧中的空洞字句究竟在講什麼？中共中央委員會究竟想說什麼？這些字句是指涉了什麼實際的作法，還是只是中南海中央領導辦公室或外交部裡那些不為外界所知的文官寫出來的制式場面話，充字數用的？這些字句，會是一整份空洞口號中用來撐場面灌水的話？還是這裡頭另有文章？

而事實上，中共早就寫好、發散解讀這些施政方針的內部訓練手冊，裡頭詳盡解釋了那許多讓人費解的字句和概念。而這些文件的目標受眾，其實就算沒有這些解釋，他們也懂其中的意思。這或許就是中央委員會的目的：要用近似暗語的方式，將具有爆炸性的訊息藏在沉悶的字句中，向躲在世上各處數百萬秘密從事政府工作的官員和情報員傳達政府的意圖。

只要是有在下功夫的他國外交官，肯定以前就已經聽過這些詞好多次了。但有沒有人破解得了這個暗語呢？

首先，這份文件長到讓人瘋掉的標題提供了一些線索：「中共中央關於堅持和完善中國特色社會主義制度、推進國家治理體系和治理能力現代化若干重大問題的決定」。這種歐威爾式的恐怖標題，是只有建立在秘密基礎上的恐怖政權才會樂此不疲。但在中國，這樣的標題對懂門道的人而言象徵正式和權力，另一個目的則是要讓不懂門道的人看到頭暈目眩不知所云。這標題要展現的是，委員們針對一些重要議題已經有了決議，但當事人不想讓外人知道內情。

另一個線索則在兩個月後浮現，透過這個線索讓我們得知，中共視這份文件為極其重要的政令宣達。二〇二〇年一月一日這天，習近平長達十頁的新年談話，全都花在重申、解釋這個政令。這份發佈的內容隨後就登在中國最高層級的政治刊物《求是》上。文中他將上述文件裡所述的那些問題定位為中西方的一場戰爭，而他所使用的語氣，會讓人以為北京似乎終於揭露了一種驚人的新型武器，能夠讓中國的長久戰略獲得勝出一樣。

他寫道：「制度優勢是一個國家最大的優勢，制度競爭是國家間最根本的競爭。」[188]這次他不再東躲西藏，而把探照燈直接照在這份文件上，儘管還是用了一堆難懂的詞彙，除了

《求是》的讀者群外，大部份人都可能會忽略掉。

文中習的主張，如果理解得當，那肯定會在全世界各國的首都引來媒體爭相報導的：中國正打算要將他獨特的共產主義制度輸出到全世界，並和美國所領導的自由秩序正面衝撞。為了要加把勁，習還特別點名黨委宣傳部門，要它們組織開展中國特色社會主義制度宣傳教育，引導全黨全社會充份認識中國特色社會主義制度的本質特徵和優越性，把握共產黨和人民在中國國家制度建設和國家治理方面走過的道路。習用一種近乎傳教般的口吻指示他們，要「面向海內外講好中國制度的故事，不斷增強我國國家制度和國家治理體系的說服力和感召力。」[189]

習不願意再像前人那樣，假意宣稱馬克思主義和共產主義已死，美稱中國是擁抱中國式的自由市場資本主義，他改而承認中國政府是「馬克思主義為指導」。為了強調他的觀點，習近平在全文中，前後十次將中國政府稱為馬克思主義者，幾乎是每一頁就出現一次。他提到中共在中國生活所有環節中都無所不在，還每頁會提到六次中國共產黨。在他看來，所有華人社會都應該大膽推進他所闡明的理想。而這也正是「長期戰略任務」，將為「實現中華民族偉大復興的中國夢提供有力保證」。[190]

習的訊息發佈後，中國掀起一波如海嘯般的宣傳，有演講、有評論，橫掃中國的傳統媒體和數位網路。最高領導人既然出聲了，他對這個星球和所有住在這片天空下所有人的宏偉眼界，就像唱片跳針一樣，被一而再、再而三地一再重複。在同一時期，正有一種新型的神秘病毒在武漢散播著，而且這病毒還打算要逃竄到世界各地。而同一時間，也有一套同樣強而有力的思想，在這個一黨專政的獨裁國家散播著，其國人都被交待，要將這個思想散播到國際。中國改革世界的時候到了。

大紅特紅

當月十五日這天，正是美國的納稅日，是一整年裡，最讓大家掛心的一天。但今年，情形卻一改常態，有了一百八十度的轉變。就像是恐怖電視劇《陰陽魔界》（*Twilight Zone*）的劇情一樣，全美各地的稅務辦公室全都靜悄悄的，詭異到可以讓驚悚電影大師希區考克（Sir Alfred Hitchcock）笑得開懷。這些辦公室的小型辦公隔間裡沒有接不完的電話。電腦螢幕上也看不到電子郵件慌張地如雪片般飛來。也沒有人熬夜加班，或是最後一刻趕著要將一年盈虧作成財務報表，納稅人該繳給政府的稅和政府該退的稅全都沒人理了。而全國的商業區也都人去樓空。

全國各地的郵局也是空無一人，沒有人上門來。事實上，今年美國完全就沒有報稅日。美國國稅局事實上是停班不運作，而且要一直停班到上面通知才會上班。全美國人民都得以延長報稅時間，不用擔心罰責。

這是非比尋常的一年。二〇二〇年，眼看著新冠肺炎造成越來越多的人命損傷和經濟損失，報稅這種事就沒必要急於一時。美國政府跟其他國家一樣，被迫停下了腳步，進入緊急求生模式。一種造成大量人命流失的病毒正在全球肆虐，而當下所有人能做的卻只有躲起來，等待疫情過去。

但在地球的另一端，中國卻完全沒有因疫情而癱瘓。相反的，中國共產黨正全面動起來，所有的開關都啟動了。同一天，四月十五日，習近平和外交部長王毅分別發表了重大政策，同樣都表示中國政府不但不會進入避難模式，還會開始視疫情為中國取得世界舞台領袖角色的契機。[191]

中國在撐過新冠災情在武漢的第一波疫情後，北京權力核心高層已經打定主意，要從這場公關災難中反敗為勝，贏得宣傳上的勝利。而且，他們還想要利用這場全球大災難作為推動中國實力和威望的長征。習主席安穩高座在他孤立、無菌、精心佈置好的領導人辦公室，一邊監視一邊參與所有的行動。據報，他每日的行程滿檔，要舉行高度重要的會議、接聽重要電話，以讓中國的偉大在世界被看見。[192]

在三月疫情最緊急的時候，習穿著招牌的黑尼龍人民裝來到未對外公佈的河北省北京城外某處軍事基地。這邊的軍官都戴上淡藍色手術口罩，土黃色軍用褲裝，以及擦亮的黑色軍靴，排在他左右，看著他觀看火神山醫院傳來的閉路電視畫面，那裡正是新冠肺炎的源頭地點。

中共官媒上看得到習近平和一眾高級軍官，以及共產黨高層在一間頗為空曠的大房間中，站在大型螢幕前觀看畫面。他們在進行視訊通話，電話另一頭是遠在六百英里外的武漢醫院，那邊焦頭爛額的醫院官員和病患全擠在一起，很勉強地想擺出笑容給習主席看。但看得出來，這裡面有很多人心裡其實是在擔心，自己這口氣不知還能撐多久。中共官媒跟往常一樣，吹捧著習的睿智英明和親民愛民的領導風格，他是最貼近老百姓的領導人，也是一個講究理性科學的領導人。同一份報導中，也出現他前往母校清華大學醫學院實驗室，以及一個未載明、從事疫苗研究的解放軍軍事醫學研究院。這份報導強調了習近平的領導能力，並特別著墨於他坐鎮的那些高階委員會議，和他打給全世界各國領導人的電話。[193]

習近平是真的打了不少電話，有打到白宮給川普（Donald Trump）的，也有打到德國給總理梅克爾（Angela Merkel），也打到法國給馬克宏總統（Emmanuel Macron），英國的首相強生（Boris Johnson），以及其他國家領袖。這些電話中，他用了很多難懂的詞彙，就算是懂中文的人聽來，都覺得只是些富麗堂皇、沒有意義的詞藻堆砌，翻譯成德文、法文、英文後更是空洞。我們雖然不確定，這些國家的領袖在接完電話之後，是否對習近平的意圖感到一頭霧水又有點失望。但倫敦唐寧街十號首相官邸那頭，有人一直搔頭的畫面，倒是可以想像得到。那頭肯定在說著：他一直在講什麼「人類命運共同體」，究竟是在說什麼鬼話？那跟這個殺人病毒大爆發的防治究竟有什麼鬼關係？

各國的領袖如果比對一下習電話中講的話就會發現，其實習跟所有領袖講的話是大同小異，都是來自以下這套台詞：「我們在推動人類命運共同體的概念。」[194]同樣的口吻，習也在當年三月底的二十大緊急特別高峰會（G20）上對各國與會嘉賓講過。[195]然後在二〇二〇年五月十七日，他意外出現在一個大家都想不到的地方時，又講了一遍：這是在世界衛生組織（WHO）第七十三屆世界衛生大會（World Health Assembly）上，而因為世衛組織未能及時阻止這次疫情所帶來的災難，這場會議採線上方式舉行。

由於中國在處理疫情首波爆發時採取強力手段掩蓋消息又處理失當，導致國際社會喪失好幾個月寶貴時間取得充份應對，更因此造成好幾位英勇的醫師殉職，國際間對此已經撻伐聲不斷、怒氣沖沖了，但習在世衛組織年度大會的開幕致詞中，卻不疾不徐、娓娓道來。他完全無視於中國被視為這場災難罪魁禍首的指責，反倒是在鏡頭前侃侃而談，要全球各國一同「構建人類命運共同體」。[196]這個古怪的詞，就這樣一而再出現。

二〇二〇年六月七日，習已經給全世界將近五十國的領袖打過電話或親自見過面了，這些各國和國際組織的領袖，共同擔負了至今為止過世的數十萬條人命的責任，這個病毒可說是殺人神速。據中國政府官方對於中國新冠疫情的相關報導，習近平在這個危急的時刻，將一項極其重要的訊息與所有人分享。「他敦促所有人要秉持人類命運共同體理念。」[197]當中他一次又一次熱忱地提到這個想法。

北京這份抗擊新冠肺炎疫情的中國行動白皮書，點出了中共對於此詞的極端重視：「中國主張，各國應為全人類前途命運和子孫後代福祉作出正確選擇，秉持人類命運共同體理念。」[198]

由上可知，中共和中國政府深思熟慮後所提出的看法是，這波疫情中，人類想要看到未來，只有一條路可走，而地球上所有的人一定只能走這條路。如果走上別條路，就是自斷後代的生路。這場抗疫之路決定了生死存亡，所以全球人類一定要攜手共赴難關，支持中國的計劃，而且還不只是在處理這場災難而已，還包括之後的數十年，因為全體人類的未來都危在旦夕。

其實，新冠疫情也不是習近平第一次想說服他國共同參與打造這個人類未來的遠大夢想了。打從二〇一二年他取得最高領導人職位起，就心心念念不斷說著這個想法。[199]到了二〇二〇年，這個詞更已經普及全中國官場，到了所有中國在世界上說的和做的事，都緊緊和這個詞連在一起，密不可分。這個詞成了每個中國所有主要外國政策演講、國際計劃、戰略計劃文件中的主軸。習到聯合國的演講、到企業高峰會、到海外各國訪問時，一律都要提到它，[200]他領導精英圈子中所有的高級幹部也都琅琅上口。他的外交部長會說這個詞對中國外交的重要性。[201]他的衛生部長也會說這個詞對全球衛生的重要性。[202]他的工業和信息化部長也會談到它和網際網路未來的重要性。[203]中國政府的整個智庫群似乎深為這個概念所著迷，迫不及待想要將之傳播到全世界。

儘管許多國外觀察家多半認為「一帶一路」倡議是習近平的招牌外交政策戰略，但習卻急著想澄清，一帶一路不過是達成他心目中更遠大目標的手段而已。雖然說一帶一路的規模已經夠恢弘遠大，動用的資金也夠驚人，但它不過是中共長程戰略目標中多頭並進的諸多大計中的一項。

二〇二〇年一月間，就在習發表了新年談話後幾天，中國外交部就強調了上述這一想法。該部和中國官媒合作，讓當時的外交部副部長接受採訪，他這麼說：「一帶一路是推動構建人類命運共同體的積極實踐。」[204]也就是說，一帶一路並不是中國的終極戰略。它是終極戰略下頭支撐的一根柱子而已。

習思想相關文件講的要更直接。「關於中國所推動的是什麼，什麼樣的國際關係是中國想要構建的，這個問題的答案就是新型態的國際關係。也就是說，人類命運共同體就能解釋中國所希望構建的世界的模樣。」[205]

同一份文件進一步描述這個概念，稱其為讓中國成為世界超級強國的戰略，這個超級強國將讓北京政府成為能夠決定人類未來進程，並且對全球施加其意志的大國。

> 構建人類命運共同體……是基於對世界大趨勢深刻調查後，為人類社會發展所擬出的宏觀計劃……這是習近平思想中最重要的一環，也是中國共產黨作為馬克思主義政黨對於人類進程與命運關懷下所扮演角色的展現。這是我們領導人明智且對保護人類長遠利益的同情關注之展現。這是中國作為一個世界強國扮演人類全體共同價值保護者角色的展現。[206]

共同體

如果中共政策的意圖是要創造習近平所謂的人類命運共同體的話，那幾個字到底真正的意思是什麼呢？[207] 據可靠的消息來源分析，中共這個聽起來沒什麼大不了的詞，其實正是馬克思口中聯合國際無產階級者概念的現代版，也就是所謂的共產國際。[208]

中共的《中國特色大國外交》是該國一系列內部文獻的一部份，其目的是要向中國軍官解釋習近平思想。它將中共的目的稱為構建單一人類共同體。該書說明了「構建人類命運共同體」這個詞正是用來描述此一行動的特別術語。[209]

人類命運共同體繼承了馬克思「自由結合個人組成之統一群體」。這同時也建立在許多文化都有的「共同體」概念上……馬克思的自由結合群體視共產主義為真正的共同體……他相信真正的共同體是人類社會發展和共產主義的最高階段。人類命運共同體的概念檢視了民族——國家以及從全人類角度命運共同體之間的關係。[210]

根據這份中共官方對習思想的詮釋，中共的目的是要創造一個整合並且同化的世界秩序，並由其主導，在這個世界秩序中，所有國家和個人都被同化成一個共同體，無法逃脫出來，也無法在其外存活。[211] 這份文件接下去又寫道：

習近平點出一個事實，那就是所有國家都屬於一個更大整體的個別部份，這個整體無法逃離人類社會所形成的命運共同體。這些國家都無法單獨存在……而人類命運共同體就是走上與馬克思所主張的自由結合個人統一群體同樣的方向……習近平主張人類命運共同體是馬克思主義者共同體理論的現代精神。雖然馬克思說過共產社會是遙遠未來的美麗景象，但今日的世界已經實現了共同互相依存的預言，正朝向那個「自由結合個人統一共同體」的目標前進。212

自從一九七〇年代後期，中國政府就費盡心力要讓外界認為中國領導人會逐漸帶領中國接受二次世界大戰後形成的國際秩序同化，中國終將成為一個「負責任的利害關係者」。根據中共這個說法，後毛時代中國的故事主要集中在經濟和社會改革，是一個逐步開放的過程，而這個過程走到最後終將迎來中國政治上的改革，亦即總有一天會讓中國成為擁抱自由市場資本主義的民主國家，成為一個「正常」的國家。

但是，習近平在國內所講的，卻與中國對外這套說詞大相逕庭。他上面講的是許多共產黨死忠信徒長久以來就心知肚明的事：中國才不會被吸收進去。而是中國要把別人吸收進來。中共真正的任務是要進入國際體系，卻不被其所改變，等到獲得足夠的籌碼後，就要顛覆這些體系，並依自己的治理形態重新改造這些國際體系。為了達到這個目的，中國領導人從鄧小平以降，都一直帶領著向全球滲透的活動，而且不把所有賭注下在單一匹特洛伊木馬上，而是同時下在一大群的木馬上。

這就是中共所謂「最後的鬥爭」，中共正在執行一套將其自認為優越的體制複製到全球的戰略。習思想這套教科書把這點講得很清楚，「人類命運共同體會將中國人民和全世界人民的利益揉合在一起，讓他們合而為一。」[213]讀過這本書和其他中共官方相關文件的人都被承諾，相信中共是為了大我在努力。他們努力的成果，將帶來世界和平與平等。他們把全人類網羅到促進中國全球實力和影響力的長程計劃中，是為了幫助全人類。只要他們共同努力侵蝕美國在國際社會的領導權，他們就是在為了大我而努力。因為他們能成為史上最偉大行動的一份子：共同排除萬難創造一個完美社會和人間天堂。

依《中國特色大國外交》的主張，中國的目標是全然出自利他。若有人覺得這是民族主義、搞自我崇拜，那不過是因為西方本來就不如人，所以要多多跟中國學習。而這個任務最大的難處，就在要讓美國和其他民主國家瞭解自己哪裡不對，改變他們對自己的看法，也改變其對自己認知中的世界定位。

> 人類命運共同體意在貢獻中國的智慧和中國方案來促進國際和平……它瞭解世界上有歧見和不同，但致力於一個統一的世界……習近平指出，若不改變人們的思想，那想改造全球治理體系是不可能辦到的。人類命運共同體正是推動全球治理的創新途徑，這超越了西方的思想和國際機構。[214]

中國的外交政策和所有在國外的戰略行動——所有中共想在全世界進行和擁有的事物——都是被這個想法所主導的。中國戰略最終的目的就是要運用其影響力將美稱為人類命運共同體的口號將共產主義散播到全球。[215]而且據信，這目標已經快要達成了。中共打算要在其建國百年時達成這個看似不可能的任務。

為了強調這個目標的重要性，這份中共內部文獻繼續指出：「為達成這個中國夢，我們同時也必須構建人類命運共同體。」[216]根據這份文獻，中共的所有目標都是環環相扣，最終要在二〇四九年全部達成。這是對美國和其他民主國家會造成重大影響的一個目標。要是讓中共成功了，到二十一世紀中葉時，美國就再也不會是自由而主權獨立的國家，全世界也將會被一黨獨裁的整合網絡政權所統治。也就是說，中國將會統治全世界。

在二〇二〇的新年演說中，習近平說維持全世界的公平正義是中國的責任。他這話真正的意思其實是他打算要推翻現有的自由開放秩序，代之以與其背道而馳的中國體制。而其實，這件事許多中共內部相關文獻已經一講再講了。習近平和其他中國官員，早就在許多不同公開場合一而再再而三地使用這些詞。只是這次他們所傳達出的訊息要更讓人憂心，而措詞也更大膽，但絕不是第一次這麼說。只是這次講得更有把握而已。[217]

馬克思早被庫藏冰封

將中共全球野心表露得最明顯的舉動，就是它在全世界各地書店推廣習近平的著作，特別是在亞馬遜這個全球最大型線上書籍銷售平台上。這波動作最早起於一本看似無傷大雅的書籍，習近平的《談治國理政》，該書收錄了他一些平淡無奇的公開演講，中間穿插著高畫質照片，還有一些他和家人的生平軼事。[218]

《談治國理政》隨後又出了第二冊和第三冊，將他更近期的演說和政治成就追加進去。在後兩冊當中，同樣也刊載他帶領中國走上世界舞台的全彩照片。在眾國際領袖之間，習總是出現在照片正中央，帶著微笑，比劃、指點著，一團和氣但有如群龍之首。照片中其他人則總是在聽他講話，或是都在逢迎巴結他。他的好友普丁（Vladimir Putin），這位原是格別烏（KGB）間諜頭子的俄國獨裁領導人，在習這三冊書的照片中，都有著顯著的地位，藉此特別強調他們的交情匪淺。美國總統在這些照片中則總是不見蹤影，毫無地位。就算偶爾出現，像是歐巴馬和川普總統，則總是呈現他們在聽習近平說話的場景。[219]

近來又有另一本談習思想的著作，這本的訊息又更接近過去原本只有中共內部刊物才看得到的訊息。二〇二〇中央黨校出版了一本新書，這本書並沒有譯成英文，但其中文用詞卻格外的直白。消費者可以從亞馬遜上訂到這本書（從中共中央委員會中央黨校出版社出貨），運書的過程隨時會接到最新運貨進度。

書籍送到時包裹在一層又一層的氣泡墊中，整本書的重量可觀。在白色書套下，精裝書背是燙金的天鵝絨。書頁則採厚頁紙張、作工非常細緻，還搭配有金色飾帶當書籤，不用去摺書頁。整體感覺就像是聖經一樣，那種準備要給在類似德州地區虔誠牧師佈道用的聖經一樣的精緻。

也的確，中共中央黨校很多地方就像是共產中國最高權威的教會。中共轄下在中國各地共有近三千處黨校，這些都是準備進入各地方政府、社會和各行各業取得領導職位的學生接受灌輸共黨教育的地方，[220]而中央黨校是其中最難進入的。這邊只有精英中的精英才能進來學習最重要的權力運作方式。坐落於北京圓明園和頤和園旁的中央黨校校園，正是中共打造未來國家領導思想的所在地。

為了要顯示這個機構的重要性，過去毛澤東和胡錦濤在成為全國最高領導人之前，都先擔任過中央黨校校長，[221]習近平也因循兩人慣例。二〇〇七年，在習的母親帶他和兄弟姐妹躲進該校校園避難，以免遭紅衛兵毒手四十年後，他成為該校校長。一直到二〇一二年他成為中共總書記和中國國家主席時才卸任。[222]

到了二〇一八年時，中央黨校據說全校規模已達萬名學生，全是來這裡學習瞭解和詮釋其信仰的最高教條，即怎樣才是真正效忠中國共產黨。[223]這些學生在教室中學習中共政權所謂的思想武器——這是全世界最成功的秘密政治組織所使用的特別武器和策略：操控他人想法、宣傳、以及心理戰的能力——這整套知識戰鬥技能正是讓北京當局得以在全世界增長實力和影響力的關鍵。

這本在亞馬遜網站像是聖經一樣販售，但未翻譯成英文的二〇二〇年中央黨校教材，書名為《習近平新時代中國特色社會主義思想基本問題》。該書一打開廢話不多說，直陳大義。

馬克思主義是中國共產黨基本的指導思想。它是中共成為政黨的基礎，也是中共建設中國的基礎。馬克思主義始終與時俱進，這是它的精神特性。十九世紀有十九世紀的馬克思主義，二十世紀有二十世紀的馬克思主義，二十一世紀當然也有屬於自己的二十一世紀馬克思主義。習近平新時代中國特色社會主義思想就是如此：屬於現代的馬克思主義和二十一世紀的馬克思主義。[224]

在書中讀者會看到名為「構建人類命運共同體」的一章。書中反問讀者：「這世界出了什麼問題？我們該怎麼做？合作還是對抗？開放還是孤立？尋找共同利益、分享勝利，或是搞零和博弈？」[225]接著書中向讀者保證，習近平和中共知道這些問題的正確答案，並且擬了一個萬無一失的計劃，絕對可以成功。

中國共產黨為全中國人民的福祉以及人類進步的豐功偉業在奮鬥。關於人類未來命運這個問題，它有自己獨特的答案：集中在單一點上。而這正是習近平同志這個主要戰略思想所主張的：「構建人類命運共同體」……這個戰略的目的是要創造完美的世界治理，並為世界指出正確的方向。這張明亮的大旗只有中國能舉，由它帶領世界往前走，推動人類文明。[226]

《習近平新時代中國特色社會主義思想基本問題》一書強調，全球經濟和全球市場應由中國來控制。[227]此書內容完全是道地馬克思主義作風，讓我們看清為了達成中國這項任務，就必須摧毀自由市場資本主義。北京當局即會將其社會主義經濟模式散佈到全球，而「全球市場會和中國在組織層面上統一在一起。」[228]同樣消失無蹤的還有自由民主制度，以及普世價值的概念。這本教科書連普世價值的存在都加以否定。[229]同時該書也強調所有文化和民族都應該「融合在一起」，同化為一個單一同質的共同體。[230]

這本教材更以非常明確的口吻表示「革命是比天還高的理想」。[231]書中毫不保留地訴說中共的目標，是要向全世界各個國家輸出共產主義。

一個馬克思主義政黨的基本任務就是要達成〔國際〕共產主義。此一神聖任務和理想是人類社會史上最恢弘遠大的偉業，這也是有史以來最艱鉅複雜的任務。[232]

過去數十年，中共對於自己的意圖總是遮遮掩掩，但如今終於露出野心，不再躲躲藏藏，直言吐露出自己想在全球進行革命的企圖。二〇二〇年這年是個轉折點，從這以後，中國在世界舞台上對美國就不再假意逢迎奉承，也不再順從美國的想法。對習而言，發動攻擊、並將世界依他的想法打造的時候到了，他要讓全世界變成一個單一意志、完全融成一體的共同體，並由單一政黨獨裁來決定其遊戲規則。就這樣，中共將新冠疫情當成得遂其志的契機。

根據這本中央黨校的教材，習近平思想是現代馬克思主義。而現代馬克思主義的目標就是要中國去散播共產主義，並重新打造世界的未來。但要是中國使盡全力所要達成的就是這個目標，那它打算達到目標的道路長什麼樣子呢？而這麼做所推動的人類文明進展又會帶來什麼樣的後果呢？

論習近平思想的書籍的畫圖（圖 Grace Young）

第五章　轉變

構建人類命運共同體對我而言，是這個星球的人類唯一的未來。[233]

——聯合國大會主席彼得・湯姆生（Peter Thomson）

相信電視影集《X檔案》這類陰謀論的人常會覺得，有一群有權有勢人的在暗中計劃想要佔領地球，打造一個集權主義的全球性政府。「新世界秩序」（New World Order）這個陰謀論的一個前提就是，第四帝國（Fourth Reich）將會朝向毫無準備的美國大眾發動突襲，之後會出現一個充滿了希特勒第三帝國特色的政權：發動各種種族主義活動，充滿侵略性的軍國主義，以及歐威爾式對平民私人生活的大型侵入監控。[234]這樣的陰謀論情節雖然看似荒謬、怪誕，但卻有部份的確是有可能的。

因為，美國陰謀論思想家想像中會發生在華府的情節，現在就正在北京權力核心進行中。據官方文件顯示，中國政府的確有心要打造一個極權統治的全球政府，闡述習思想的中共軍方內部文件正好就稱這個計劃為「新世界秩序」。[235]

習近平自稱是忠誠的馬克思主義革命信徒，但他不會在公開演講和寫作中講到他打算發動全球革命的計劃。反之，他會用一個術語包裝這個創造新世界秩序的過程為「轉變」。因為一般會將**革命**跟暴力推翻舊政治秩序，並且打從根本改變社會畫上等號，而如果稱為**轉變**則會讓人覺得變化雖劇烈，但過程卻不那麼激進，只是最後的結果還是一樣。要是革命是讓大眾暴力和恐怖沒有節制的狂飆造成該秩序垮台，那麼轉變就是不為人知地將改變放在不容改變的滑坡上，讓最後的變化在誰都料不到的情況下來臨。這就像把人一刀一刀慢慢地割，但被割的人只覺得自己越來越虛弱，卻不知道自己哪裡不對勁。

中共內部的教育訓練文獻指出，中共打算輸出自己的意識形態，並運用自己在全球的影響力來創造一個統一由北京所領導的共同體，藉此他們要創造出新的世界秩序。解放軍教材《中國特色大國外交》一書告訴讀者，美國所領導的國際秩序——現行由國際體制出面不用暴力解決紛爭的常規和行為——有太多缺失，必須要依據更優越的中國藍圖加以重新改造。它主張，美國價值、規範和作法必須換成由中共所建構的「中國方案」，而中國政府已經擬好完美的計劃要來實行。如果一切順利，那這個重新建構的過程，會花上很長一段時間，已經不堪使用的外部結構會暫時撐下去，但內部則會全部重新改造。而這個過程是否和平，則有賴於西方國家是否願意順從。[236]

據中國官方的看法，這樣的轉變遲早會發生。「對於秩序的不滿是人類天性……現有國際秩序已經存在超過七十年。現在有太多新的狀況和新的問題，希望改變的呼聲越來越大。」[237]這份中國軍方文獻主張，因為習近平高瞻遠矚的領導，這個除舊佈新的計劃早已進行多時，世界正朝著他們屬意的方向前進中。越來越多國家都跟著中國的指引，採用了會帶領他們投入共同體的計劃和政策。一個國際烏托邦的理想國度從未這麼近在咫尺過。

> 全球治理體制和國際秩序的轉變正在加速進行……今天的世界並不和平。要如何構建新的國際政治體制並實現永遠的和平？習近平的人類命運共同體思想給了我們答案。[238]

另一本只發給中國軍官的中共內部教材是《實現中華民族偉大復興的戰略支援》。根據此書所載，北京政府的計劃中打算要一舉改變國際秩序，其規模之大是過去四百年全球所未見。該書宣稱，為了人類進步，中共正在建構一個全新秩序以取代舊秩序。這是一個巨大的過程——根據該書所言，這個過程的進展已經大到連美國和其民主盟邦都無法阻擋了。

> 當前國際勢力的樣貌正經歷深遠的改變。這項歷史性的演變已經在進行了……如今世界所經歷的變化遠大於過去任何時刻，是從西發利亞條約（Treaty of Westphalia）以來所僅見，西發利亞條約打造了當前國際體制的基礎……西發利亞體系是建立在權力平衡的概念上。但現在已經證明，這個體制無法達成穩定的世界秩序。所有人類都希望能有一個新秩序能夠超越並取代權力的平衡。如今，由少數西方大國合作、決定世界大事的時代已經不再。新世界秩序正在重建，而且將會超越並取代西發利亞體制。[239]

中共想顛覆現有世界秩序的企圖不是新鮮事了，過去很長一段時間，從蘇聯大革命和國際共產主義運動初期，共產黨就一直在進行這類革命。習近平也不是第一位讀了馬克思，就興起推翻所有社會現狀的野心獨裁者。但這點稍後再談，我們先來談過去想推翻西發利亞體制的革命史，並談談這些革命的初衷，以及為什麼這類企圖不能輕視的原因。

推翻西發利亞體制的暴力史

我們現在所生活的世界，是由兩個位於西北德的不起眼小城市所創造的：被稱為德國「自行車之都」的明斯特（Münster），以及在其附近的工業城奧斯納布呂克（Osnabrück）。古時這兩城是人口中心，當時人們在這兩地舉辦了一系列的外交談判，最終達成了「西發利亞條約」。該條約在一六四八年簽署，從此結束了歐洲史上最慘烈的「三十年戰爭」（一六一八至一六四八年）。重點是，該條約成為日後現代民族國家體制的基礎，因為它強調國家主權原則，成為國際體制的主要特色。西發利亞條約的理念造成天主教和路德教派在地緣政治影響力大幅衰減，讓帝國得以紛立（日後成為現代國家）並保有固定疆界，而其疆界內居民則奉行該國領袖所頒法令，不需奉行疆界外之宗教或意識形態的法令。

長久下來西發利亞體制已經擴展到全世界。不過，儘管這個體制到了二十世紀初時，已經被世上大國所廣泛接受，卻不是沒有面臨過危機。像第一次世界大戰所造成的心理陰影，就讓許多人對西發利亞體制失去信心。在當時出現許多社會主義革命運動，意圖推翻國家主權這個想法。第一個成功的就是列寧（Vladimir Lenin）於一九一七年在俄國所發動的十月革命，蘇聯就此成立。隨後一九一九年三月二日，數個互相競爭的共產黨派系在莫斯科結合起來，成立了共產國際（亦稱第三國際，Communist International, Comintern），形成一個以列寧個人獨裁領導的中央化組織。共產國際想要點燃世界革命之火，在會員間散佈世界很快會出現毀滅性大災難並摧毀各地政府，最終促成人類集體解放的想法。[240]

但儘管共產國際成立初期對這個改變抱持樂觀的態度，他們的樂觀之火很快就黯淡了。到了一九二〇年代初期，包括德國在內等蘇聯境外的社會主義革命就一一煙消雲散。蘇聯領導的共產國際於是改口說，國際共產主義的力量終將崛起，只是要等待時機成熟。此後共產國際不再以在全球引爆流血政變為主要訴求，而是改以用長時間慢慢瓦解國家疆界的作法，讓國界逐漸消融、侵蝕主權概念，直到有一天這些疆界都消失為止。但它們的作法本質上還是不脫軍事武力。像在一九二七年，共產國際總書記就企圖在各大國之間發動大型衝突，並吹噓此戰可以讓各資本主義國家「分崩離析，碎成千段。」[241]

但這番話到頭來也只是自我吹噓，之後的十年間，又有一個集權意識形態政權崛起，這次成了納粹主義。納粹的崛起，讓歐洲各國將原本恐懼的對象從共產國際換成了納粹黨。[242]在歐洲西發利亞秩序捍衛者的心目中，希特勒和國家社會主義的崛起要遠比蘇聯和共產國際來得更嚴重。[243]

一九四一年八月十二日，邱吉爾（Winston Churchill）和小羅斯福（Franklin D.

Roosevelt）共同發表了「大西洋憲章」（Atlantic Charter），該憲章譴責納粹主義和其他擴張主義運動。他們共同的聲明要求建立一個國際秩序，籲請各國克制領土擴張行動，並尊重自決和國家主權等原則。[244]四年後同盟國贏得二戰，西發利亞制度得以獲得美國的保護，美國也成了新的支配強國和戰後秩序的領袖。華府在戰後與友邦合作，快速成立聯合國，並成立一連串的國際組織以保護全球，抑制法西斯主義和共產主義的擴張（以及其他未來可能出現的尚武意識形態）。

但就在這時候，蘇聯卻也不忘利用其在東歐所贏得的優勢，創造了一個共產國家陣營，與美國和其盟邦唱反調。於是戰前的情形重演，莫斯科積極支持全球各地的革命運動。不過，儘管蘇聯有辦法在中國、北韓、古巴、越南和其他少數幾個國家之間散播共產主義，莫斯科當局終究沒能實現其赤化全球的目標。[245]在冷戰時代前幾十年間，蘇聯被美國和其盟邦所孤立，之後更因此進入漫長停滯和衰退時期。

中國永遠的革命

一九四九年十月一日是近代史上影響最深遠的一天，尤其是對那些相信世界革命是正當途徑的人們而言。這一天是中華人民共和國姍姍來遲的生日，就在這一天，地球上人口最多的國家轉變為共產主義獨裁。為了這一天，毛澤東和其革命軍打了二十年的苦仗，才好不容易掌控了中國大陸（但沒有攻下台灣和其周邊島嶼）。雖然過程中死了數百萬人，並造成大規模的食物短缺，中共卻沒有打算把重心放在自家問題、好好休養生息。

儘管中國這塊土地飽經內戰之苦，毛澤東對於共產國際的熱忱卻一點也不見減損消磨。相反的，他對於革命的野心就跟他的食慾一樣與日俱增。一旦大權在握，毛澤東開始將馬克思、列寧和史達林的想法大規模付諸實行。中國跟蘇聯一樣，致力於推翻現有秩序。在建國後的前三十年裡，毛將戰爭和革命當作中國外交政策的主題。中國的長遠目標就是要「輸出革命」，因為這個目標，它從印尼到尼泊爾、從辛巴威到秘魯等國家到處發動內戰。[246]

一九五〇年代，毛和他的蘇聯老大哥攜手合作，因為他深信蘇聯所領導的共產主義世界正在崛起，而美國所領導的自由世界衰亡指日可待。但不到十年的時間，毛的想法改變了，他覺得莫斯科當局已無心革命，所以他開始不願接受蘇聯的領導。過往的兄弟之邦現在卻成了死對頭。從一九六二年中蘇決裂開始，毛和蘇聯這個仇敵不斷競爭國際共產主義運動的領導人地位。[247]

到了一九六〇年代末，兩大共產主義陣營的邊境出現了一系列武裝衝突，其戰事隨時有可能升高，讓雙方一直處在一觸即發的核戰地獄邊緣。就是在這種緊張的態勢下，毛開始向華府示好，從此開啟了美中關係的友好接觸。尼克森總統見機不可失，視其為孤立美國頭號危險勁敵蘇聯的良機，因為蘇聯當時正在全球舞台上崛起。

一九七〇年代初，中華人民共和國在美國默許支持下加入聯合國。全世界各國緊隨在後棄台灣而去（正式國名為中華民國，ROC），後者是聯合國創始會員國之一，原本是聯合國安全理事會常任理事國，但在此後各國轉而承認北京政府。在一九七〇年代初期，原本北京只有四十五個邦交國。但到了一九七〇年代後期，已有一百一十五個國家在中國建立領事館，其中包括了美國。[248]美國還以為這一來自己取得了地緣政治戰略上的重大勝利，把冷戰時期的主要對手蘇聯踩在腳下。但沒想到的是，此舉卻讓中國共產主義革命者取得了進入資本主義城堡的鑰匙，而這座城堡原是他們過去久攻不下的要塞。

吃裡扒外

毛在一九七六年過世後，中共開始一段漫長的復原期，過程中它修改了過去革命和創造世界新秩序的官方口吻，變得較為溫和。[249]新的國家最高領導人鄧小平希望透過從美國取得資本、科技、管理技術，強化中國對抗蘇聯的實力，為此鄧小平特地展開一趟歷史性的美國之行，並承諾中國今後將不會再輸出革命，改而將擁抱較溫和的外交策略。[250] 為了取信於華府，鄧還特地在德州牛仔賽戴上牛仔帽，也參觀了可口可樂、福特轎車和波音巨無霸噴射客機的工廠。

若美國政壇高層以為鄧小平友善的舉動意味著他有心讓中國融入美國領導的國際體制的話，那他們可真是大錯特錯。一九七九年三月三十日，就在鄧要訪美前幾週，他宣佈了「堅持四項基本原則」，這個強硬的口號說出了中國後毛時代將會發生（和不會發生）的狀況：

- 必須堅持社會主義道路
- 必須堅持無產階級專政
- 必須堅持共產黨的領導
- 必須堅持馬列主義、毛澤東思想[251]

這四個口號意味著中國將永遠維持共產黨統治的獨裁專政，並堅守國際共產主義的路線。外國合作、貿易和商業投資雖然受歡迎，也的確是殷切需要，但經濟改革和市場改變都必須是在能增強中共政權實力的前提下才可以進行。在鄧看來，必須擁抱革命性的改變，能夠徹底翻轉社會，且增加實質力量也沒有什麼不好。但中國絕對不允許在政治和意識形態上出現改變。在他心裡，要改變的應該是美國和其民主盟邦。

鄧這項宣示的意思就是要滲透西方，讓中國從中獲利，並弱化西方，最後取代西方。根據中國政府官方消息來源，鄧從來就沒打算要停止讓世界照毛澤東的願景來改造。他不過是繞個彎，採取和毛不同的策略，但目的卻是完全一致的。[252]在冷戰最後那段期間，鄧據說就曾毫不掩飾地提議要使用非軍事手段建立社會主義國際政治和經濟秩序。一九八八年九月二十一日，鄧對來訪的斯里蘭卡代表團說，「中國想要建立新的國際經濟秩序和新的國際政治秩序。」[253]鄧對來訪的斯里蘭卡高層說，要達到這個目的，必須有「健全沒有戰爭的國際環境，而且要和平的共存。」[254]

一九八八年十二月二日，鄧小平又把這番話對來訪的日本貿易代表說了一遍，「現在是建立國際政治新秩序的時候。」照鄧的想法，在美蘇冷戰後期的局勢下，中國必須走出自己的一條路，不能重蹈莫斯科當局的覆轍，才能創造出新的共產黨秩序。[255]而要怎麼做呢？那就要操弄資本主義和自由市場經濟來讓中國得利，並讓中國內部的改革都在北京的控管之下，不管政治或意識形態，都不能超出中共的掌控。[256]

如果當代中國政府的訊息可信，這表示鄧小平始終心繫散播共產主義大業，並且相信如果要散播共產主義，那就必須讓中國壯大並在全球獲得頂尖地位。但因為當時國力薄弱，中共要想達成散播共產主義的任務，就必須在世界舞台上步步為營、務實自律。解放軍內部文獻就指出，鄧所發動的中國外交政策戰略，一直為中國所奉行，直到今日始終未變。

> 從那以後，我們國家就一直視建立新秩序為重要任務，並持續要求自我轉變。從二十一世紀到今天，我們國家已經在加速國際體制轉型上有了長足的進步，尤其是著力於參與並扮演歷史進程主要推動力量方面。我們得以讓全球性重大政策被我們改變，包括國際金融、世界貿易、區域安全、氣候變遷等方面。[257]

這段話說明了中國創造新世界秩序的終極目標始終未變，而共產黨的本質始終都是發動革命，也始終未曾忘記取得勝利後要實現的理想。一九八〇年代，鄧小平的作法和現在習近平的作法，不同處只在於所採用的方法和獲勝的途徑上。

鐵幕終於在一九八九年崩落的兩年後，蘇聯也跟著瓦解分裂，隨之而來的是全球化的時代。在這過程中，美國的政治、經濟和社會價值來到了最高點。[258]雖然同時間國際共產主義運動看似在俄國和東歐日漸蕭條，想要推動全球革命的野心從未在中國退卻過——而且還反而越演越烈。同時，少量激進左派份子也在其他地方殘存，等待著他們的革命運動從長睡中甦醒。[259]

死而不僵的意識形態

一九九〇到二〇〇〇年代之間的共產黨員都躲哪去了？[260]原來他們很多人依然掌有大權。中國原本就是個共產主義國家，隨著在全球地位越顯重要，快速的工業化，加上國營企業縮編，以及在市場經濟試水溫，讓西方國家在那段期間只顧忙著想要打進中國這個擁有「十億消費者」的傳說市場，卻忘了這個國家不論政治或意識形態，始終都是壓迫人民的馬列主義獨裁信徒。那段期間，儘管毛澤東這個史上殺人最多的兇手的肖像，依然高掛在天安門廣場，以及中國的紙鈔人民幣上，大家卻幾乎絕口不提此事了。

來自各國對中國的批評全都噤聲，北京當局一胎化政策的野蠻暴行，冷血的勞改體制，以及一般中國老百姓非人的工作狀況等等全都被外界所無視。在中國頗孚眾望的法輪功教徒，從一九九〇年代後期開始遭到全面性的迫害和如火如荼的折磨等等的恐怖遭遇，在國際間也無人聞問。好萊塢巨星李察・基爾（Richard Gere）過往曾高聲呼籲重視藏民所受苦難，還和達賴喇嘛合作，希望喚醒大眾對西藏的重視。然而到了二〇〇〇年代初期，基爾之流全被視為異類，不管在華府或是好萊塢都乏人問津。[261]

國際企業和政府高層未能如同在本國那樣，也在中國堅守同樣的道德和操守標準。中國本土對於知識和政治的公開討論原本官方在壓力下答應可以進行。一旦異議份子、學者、律師等人越過了當局那界定不明的紅線後，卻都難逃被捕或是被人間蒸發的命運。因為引進西方科技、人才和管理技能，讓中國的大內宣和審查機制越來越精密、強大。說好的鄉鎮選舉雷聲大雨點小，一開始辦得風風光光，卻悄然收場。受薪階級團體、工會和獨立媒體也同樣一開始熱熱鬧鬧要成立，最後卻也同樣沒了下文。

越來越少西方記者和學者，願意費功夫去挖掘中國社會醜陋的一面。中共那滿佈鮮血的過往屠殺史，都被輕描淡寫帶過，或者根本就拋諸腦後。因為有太多「幸福快樂」的現在進行式和未來式可供勾勒了。全球市場突然間充斥了滿滿的中國製商品，中國觀光團帶著滿滿的鈔票，湧入每個北京當局允許他們前去觀光旅遊的城市精品店。中國留學生擠爆了各國大學教室，毫不手軟地大砸學費和獎助學金。面臨阮囊羞澀的美國大學院校見錢眼開，甚至特為中國學生和學者量身打造各式學習研究課程講座，不惜犧牲學術尊嚴和操守。許多學府甚至斯文掃地到在自家校園內設立審查機制，只為討得中國政府歡心。[262]西方樂觀地一心以為和中國可能會產生商務和信用上的連結，這讓他們忘記了中國在自家所施行的暴政，以及中國在海外支持其他同類獨裁者的行徑。

西藏、新疆（東突厥斯坦）、內蒙古和寧夏回族自治區可不同，他們都被中共的鐵騎踩在腳下，備受壓迫欺淩。共產黨教育始終是中共中央下令執行的學校課程。從車馬喧囂的大都會市中心區到城郊鄉下，不管是想在公家機關、或是私人機關、軍隊裡混口飯吃，那就非擁有中共黨員身份不可。中國的軍武工業欣欣向榮，其本國軍事實力更是扶搖直上。

外國人會覺得，在大部份中國人民眼中，馬列主義和毛澤東思想不過是嘴上喊喊，作作樣子，生活中全沒當一回事。中國人只是被逼著裝模作樣、嘴上糊弄幾句，但私底下卻很務實的。新的制度讓生意人徹底的獲得解放，他們所打造的公司可以觸及數億消費者，這些人因此能享有更好的產品和更高的生活水準。

但卻沒人在提「世界工廠」的這些得利所帶來的副作用，它產生了新一批要飯的、小偷和騙子、投機者。北京當局不顧道德良知，一味地追求工業實力、都市發展，很快地就讓中國的上空蒙上一層霧霾、河川滿是有毒化學廢棄物、土壤被傾倒了大量重金屬。到了二〇一〇年代初期，中國污染的程度和自殺率都擠進世界前幾大排名，這些問題至今依然很嚴重。

冷戰結束，蘇聯也跨台後，西方國家的媒體報導都認為共產主義已然滅絕，但這卻是言過其實。因為在北韓、古巴、柬埔寨、尼加拉瓜、衣索比亞、辛巴威、哈薩克、土庫曼，以及一票前蘇聯和毛扶植的小國依然被共產黨（或「前共黨」）獨裁者所掌控。還有許多國家，一遇到需要，就立刻打著民族主義和宗教的旗子便宜行事。共產主義在那之前和之後都沒有兩樣，繼續靠著人類社會的種種不幸窮困，和到哪裡都存在對社會和經濟的絕望來壯大自己。

不論在亞洲、非洲或拉丁美洲，共產黨所發起的流血叛變始終沒有間斷。共產團體如哥倫比亞革命軍（Revolutionary Armed Forces of Colombia, FARC）、秘魯共產黨（Shining Path）、墨西哥的薩帕塔民族解放軍（Zapatista Army of National Liberation）、尼泊爾和印度的毛主義集團等只是其中幾例。全球的極端左翼份子他們都有著共同的目標，彼此之間只是大同小異。他們同樣反對美國的世界霸權、自由民主制度、開放市場和全球化。他們也都承諾將會為窮人和弱勢實現社會正義，但另一方面卻始終不忘馬克思主義對於政治革命和推翻社會制度的野心——而他們達成這些目標的手段則都同樣是透過壓迫人民的獨裁體制、國家恐怖領導、以及大規模動員和內戰。

在蘇聯垮台後，那些共產國家一夕風雲變色，讓人感到安心許多。有些國家的共產黨在士氣和黨員人數上都一瀉千里。也有很多共產黨是慢慢不再信奉馬克思、恩格斯、列寧、史達林和毛的信念。更多則是遇到政治上走不通的時候，連基本教義都可以拋棄。許多共產黨轉而擁抱愛國主義、民族主義，以及自由資本主義。也有些加入溫和左派聯盟一同參與選舉，俄國共產黨員甚至還開辦賭場。哥倫比亞的共產黨員則賣起古柯鹼，中國共產黨員變化最大，他們什麼都參一腳。

在中共手中，中國成了工業巨國，成了世上最大的生產製造國、商品消費國，以及貿易國。中共和華爾街、矽谷的商業鉅子作生意，也對好萊塢、美國各地大學，以及媒體等原本政治上獨立的機構頻送秋波，吸引其到中國投資，然後再施以言論審查。中國更主辦奧運、將太空探險車送上火星以及月球的背面。

後蘇聯時代的共產主義信徒的多變，讓人忘記了一件事：共產主義是非常頑強的。它始終沒有失去其魅力，只要哪裡有人受苦受難，就會形成缺口讓尚武好戰、國際主義意識形態趁虛而入，意圖從根本推翻改造社會乃至全世界。

卓越文明

中共在習近平治下甩掉了鄧小平主張的韜光養晦，打算默默將中國建成超級強國的作法。解放軍的教材就直陳，中國在習近平掌權後已經變得「主動」（自信且積極）了。中國對自己的野心勃勃不再遮遮掩掩，因為現在情勢不同了，而根據習對全球意見的解讀，這種主動正是世界將來所需要的。

> 打從中共十八大（二〇一二年十一月，習取得最高權力時）起，我國就善用所有重要平台主動推動呼籲構建人類命運共同體……實際面上，我們也持續推動此遠大目標：形成人類命運共同體。至今我們已經贏得國際社會的支持和肯定，未來要實現此一目標的道路雖然艱辛，國家會扛著這個輝煌單一的使命一直走下去。不論如何我們都會扮演領導者的重要角色。[263]

在中國的計劃中，由其所領導的未來，將會消融個人心智，讓各自獨立的文化同化或互相融合成一個共同體。習近平和中共的領導階層深信這個過程一定會發生，而且對人類是正面的。他們認為人類的未來應該是不同文化融合成一體。「人類文明的多樣性帶給世上五光十色，多樣性帶來了〔文化〕交流，交流則會產生融合，融合創造了進步。」[264]解放軍內部文獻則談到全世界文化同化成單一文化是我們時代的大潮流，這個大規模的融合必然會發生，歷史會自行做出選擇。[265]「構建人類命運共同體是世界文明發展不能避免的結果，這也是全人類發展的模式和目標。」[266]北京當局眼中所預見的最終結局，就是由過往全球各文化的精髓所融合的單一人類文化，這讓這個文化共同體擁有前所未有的活力和力量。[267]在這個單一文化下，先前的文明名義上都能在「包容和平等的情況下」擁有一席之地。但實質上，教材中卻以無比的樂觀表達出中國文化將會凌駕其他文化之上。

「今天，全球有超過七十億的人口，分成兩百多個國家和地區，共有兩千五百個不同種族講著五千種不同的語言。」[268]怎麼解決這個問題？讓他們融合成一個和諧的共同體，讓中國可以從中得利並加以掌控。「今天中國人民依然遵行儒家傳統『最高領導人以天下為己任。』……但我們心裡都知道，中國的發展就像一條大河，旁邊的支流會不斷朝大河中注入新水，最後如海納百川，來到人類文明共同的大海中。」[269]

官方教材描述了一個烏托邦的單一化世界，彼此互相連結，所有的文化和知識融合在同一片海洋之中。這個世界中，中國深入所有國際體制的環節裡。「中國就是世界舞台。世界就是中國的舞台。」[270]書中寫道，「今天，中國竭盡能力推動構建人類命運共同體，完全展現對於其他人的歡迎和開放，只求將全世界所有國家的所有文明都融合在一起。」[271]

表面上看來，這樣的無國界國際觀似乎意味著中國民族性的結束。但實際上，這個新世界的現實面正好相反。北京當局的說詞說明了，他們所預期的這個新世界秩序將會被中國文化所支配，中共所界定的文化是基本常態，若有不從，會用威逼的方式強迫所有人接受。中國的卓越社會主義思想和物質實力將會鶴立雞群，全球將會依中共統治中國那種一切聽從最高層命令、中央集權的方式來接受統治。下文這段話是中共對其軍方人員的指示。

中國對於發展〔一個單一世界文明〕的新觀點是建立在中國本身獨特的文明之上。在我們依我們民族獨特文明發展推動世界各文明融合的同時，有幾件事情要做到……我們要努力發展繁榮的社會主義文化，將我們自己建設成社會主義文化超級強國……我們必須堅持中國文化特色發展的道路。在積極與其他國家來往時我們必須堅持我們的原則和底線。272

根據中共這套理論，中國的體制實在太優越，所以一定要在地球上每個國家繁衍、複製、強殖硬塞。只有北京當局有這個資格，為人類的未來擘畫藍圖。也只有中共對於中國文化的詮釋才是唯一正統的詮釋；只有中共才足以代表人類成就和進步巔峰。其他國家的文化都只是末流，就像終要匯入中國這條巨河的百川支流一樣。而想達此目的，就要讓中國變得比地球上其他國家更強大、更有影響力。

「實現中華民族偉大復興夢想，我們將能推動物質文明與精神文明兩者……我們將能為全人類提供正確精神指導和強烈激勵力量。」[273]要達成此目的，就需要將中共所有的觸角伸到地球每個重要角落，掌握全球權力核心的每個關鍵位置，而這就包含了聯合國在內。

二〇一七年一月，聯合國大會主席彼得．湯姆生在鏡頭前對著新華社記者說，「構建人類命運共同體對我而言，是這個星球上人類唯一的未來。」[274]乍聽之下好像湯姆生是誤信讒言，並非真懂話中的涵義。但其實和湯姆生異口同聲的國際精英為數不少，而且還在增加中，這些人所做的事，正是為中共的國際共產主義，以及中國主掌全球事務的遠大目標推波助瀾。

第六章　全球政府

我們獲得的情報很清楚：北京想要在經濟、軍事和科技上主宰美國和全球。[275]

——美國國家情報總監約翰・雷克里夫（John Ratcliffe）

在新冠疫情最嚴重的那段期間，全球輿論對中國不利之際，卻有一群國際名人跳出來為中國共產黨辯護說項。其中有些人專挑北京好話說，明知北京當局所作所為正對全球衛生不利也不願多說一句。二〇二〇年四月二日，在一場由北京清華大學所主辦的線上會議中，國際衛生組織總幹事譚德塞（Dr. Tedros Adhanom Ghebreyesus）感謝習近平對全球衛生的「領導」。譚德塞感謝中共衛生健康官員和中國政府官員陳馮富珍（Dr. Margaret Chan）（也是譚德塞前一任的世衛組織總幹事），「與習近平攜手合作。」[276]

譚德塞私下究竟對習暗中破壞全球健康衛生的事知道多少，這只有天知道。要是譚德塞是被中國所蒙蔽或是脅迫才說出這番話，那他並不孤單。二〇二〇年三月二十六日，就在上述清華大學線上會議舉辦前幾天，習近平親自致電白宮，試圖誤導並恐嚇美國總統川普。據知情人士透露，習電話中一開始就以謊言展開，告訴川普說傳統中醫對抗新冠病毒極為有效。川普不買單，因為他之前就吃過習近平的虧。[277]

早在二月間，習近平就致電川普稱，等春天氣候暖了，新冠病毒就會沒有發揮的餘地。川普當時信了習的話，轉頭就將這話跟美國人民說。[278]之後他發現自己上了當，開始怪罪中國對病毒來源沒吐實，坐視其肆虐全球。這讓習原來想製造大外宣來掩蓋國際間對他的批判，並撇清中國與病毒來源的關係的詭計功虧一簣。習想要讓其他國家去揹新冠疫情的黑鍋，而不要怪到他或中共的頭上。二〇二〇年三月十二日，中國外交部辦了場記者會，其發言人還公開主張疫情是美軍的錯，中國是受害者。[279]中共此舉讓川普更是怒火中燒。

等春天到了，新冠病毒已經在美國和歐洲各地肆虐，習近平又再次想藉美國總統之手幫他散佈假訊息，這次他想宣傳傳統中藥。但他內心真正的目的不在此。習電話中威脅川普，說他打算延遲運往美方的個人防護器材的中方班機和船班。

電話中習近平的用詞很客氣，但他的意圖可一點也不客氣：川普如果要繼續怪罪中國欺瞞疫情之事，又指責中國不願對國際衛生醫藥專家分享病情資訊，那就等著看美國醫院系統崩潰吧。中國駐華府使館官員事後又以不那麼客氣的口吻重申習的威脅，直白地警告華府，要是川普嘴巴不閉緊點，那美國就再也無法取得洗手乳、醫療用口罩、防護衣（這些幾乎全都是在中國製造，且由中國政府控制出口）等設備。[280]

竟然有人膽敢對全球最富有國家的總統、兼人類史上最強大軍隊三軍統帥出言恐嚇。而且居然還奏效了。接下來幾週，川普和美國政府團隊真的一致決定，避免說話觸怒中國領導人，以便囤積所需醫療設備。一直到《華盛頓郵報》（*Washington Post*）的調查記者喬許・羅根（Josh Rogin）揭露美國國務院電報文件，當中警告中國科學院武漢病毒研究所（Wuhan Institute of Virology）的安全危機，才讓美國官方再次公開談起新冠病毒的來源。[281]

這次事件讓人看到一個教人不安的隱憂。要是連美國史上最敢講、最天不怕地不怕的總統，在遇到國家緊急事件時都可以被人恐嚇到三緘其口，無視數百萬美國人民命在旦夕之事，那譚德塞之流面對習近平又有何招架之力？何況其他人？在同月稍晚，美國超級慈善家又是這場疫情的思想領袖比爾・蓋茲（Bill Gates）被問到，是否該對中國在疫情初始隱瞞真相追究責任時，他對ＣＮＮ新聞的觀眾說：「這麼說吧，中國一開始也做了很多對的事……我認為過去已經說了太多不實、不公的事了。」[282]接下來幾週，蓋茲更出資贊助由中國科技公司阿里巴巴所運作的線上數據儲存中心，目的在鼓勵全球科學家將其新冠治療和疫苗研究儲存到這個平台，但偏偏這是一個受中國政府監控的平台。[283]對北京當局而言，這是再一次的戰略勝利。

譚德塞、川普和蓋茲全都是這場疫情中動見觀瞻的重要人物。但他們並不是想法非主流的異數邊緣人。而像他們這樣和中國有這些淵源連繫的人更非無獨有偶。他們的作為其實跟平凡人無異，而且還有過之。事實上，他們的言行舉止，正顯示一場早在聯合國和幾乎所有國際組織中進行了數年之久的系統性顛覆變化。全球各地的政界高層，其實都跟上述這幾位相差不遠，而且也無力扭轉整個大局勢，不管他們是否知道情況的嚴重性。

達沃斯之主

二〇二一年一月二十五日克勞斯・史瓦布博士（Dr. Klaus Schwab）發表了一段談話，此話充份證明了上述觀點，尤其是來自他這麼位高權重的人。身為世界經濟論壇（World Economic Forum）創始人兼執行董事長，該論壇可說是全球超級精英才能參加的高級會議，每年冬季在瑞士達沃斯舉行。史瓦布是有遠見、有影響力，又和全球各國高層都有來往的人。他一開口，各國總統、權貴名流、大老闆一定都會當一回事，而且往往也都會聽從他的意見。

而在這一天，史瓦布畢恭畢敬地聆聽習近平在達沃斯年度會議的演講。習一講完，史瓦布緊接著出現在線上會議螢幕前對所有與會者宣告，「我們只有一個地球。我們只有一個共同的未來。謝謝你，主席……提醒大家我們全都是人類命運共同體中的一份子。」[284]

史瓦布說這段話時，全世界有數百萬家庭正面臨親人驟逝的悲痛，這些亡者多半只能在冷清告別式中草草下葬。而且之後死亡人數還會飆得更高。光是美國在聖誕長假遭到感染的死者就有數十萬人。但，史瓦布眼睜睜看著習近平這麼使盡全力在掩蓋新冠病毒的來源，又費盡功夫散播這些假訊息，置全球公衛危機於不顧，卻只說了這樣的話，似乎無關緊要一樣。眼看著中國政治上的步步錯著（沒有任何人提及），但中國領導人所提出的觀點，卻還被許多精英認為是對未來具有遠見。

不管從哪方面來看，中共的美夢已經一步步在實現了。中國利用新冠疫情得利，將美國排擠到世界舞台的邊緣。習讓自己成為新一代的「達沃斯之主」，被視為致力於多邊主義和建立強勢全球機構的世界級領導人（前提是要所有人照中國政府的要求）。習公開展現了中國的影響力，而且是在前所未見的全球性危機中成功發揮——但這場災難卻是他所率領的政府因為防控失敗，再加上後續散播虛假訊息造成疫情惡化所引起的。

中共官方針對這場疫情所發表的白皮書表示，中國與國際各方主事者「通力合作」成功在這場全球危機中推動了大家的利益。在該白皮書中有一節標題為「共同構建人類衛生健康共同體」中，中國政府感謝「二十大工業國」、世界銀行、世貿組織、亞洲開發銀行、尤其感謝世界衛生組織。[285]可笑的是，這些如今被中國政府所倚重的國際機構，當初創建的目的卻是為了捍衛民主體制。它們原始存在的目的就是要防範集權影響和極權意識形態的蔓延。而如今他們卻反其道而行，與一個意圖推翻現有秩序、代之以與聯合國創始國原始美意完全相反的秩序的政權合作。對北京當局而言，這全在其算計之內。

中共並不直接衝撞聯合國和其他相關國際組織，他的方式是滲透這些機構，而原因則是因為這些機構是自由世界秩序的基石。這些機構就跟任何由許多有組織的大型群體一樣，因為其漫長的歷史和傳統，往往都對任何小型的改革有所抗拒，更別說激進的改革了，直到現在。

中共內部的文獻指出，在中共眼中，這些觸角廣及全球、根基穩固的機構，就跟聯合國一樣不堪一擊，其已經打造好的國際結構正適合中共擺佈操控。這些機構就像是等著殭屍病毒入侵的健康身體，中國官方視這些國際機構為其改造世界的隱形病毒帶原者，就算被中共入侵也不會被外界所察覺。而要達成此一目的的關鍵，就是將之改造成凌駕國家層次的治理機構，並交由中國來控制。為達此目的，北京這麼指示負責這些行動的人員：

主動利用聯合國……今天聯合國是世上擴及最廣、最具有代表性、也最權威的國際級機構。「聯合國憲章」代表了當今國際秩序的基石，構建了國際關係的基礎規則……但聯合國尚不是「超越國家的單位」，無法對所有國家行使命令…超級強國（美國）依據自己的戰略利益運作，使用自己的「雙重原則」來解決國際紛爭，宣稱「人權重於一切」。[286]

在新冠疫情期間，聯合國和其關係機構對中國慷慨捐款，提供了多種形式的援助，包括緊急金流，在國際上給予溢美稱讚，並在全球數位平台上給予中共最需要的合理說詞。[287]中共白皮書揭露了中共不僅得以獲得全球疫苗專家和科技的協助，同時也獲得外國資本數十億美金的資助——而它卻將這筆錢用來強化自身在個人防護裝備和其他重要醫療設備方面的工業，進而壟斷了對全球出貨。[288]當美國和西方國家在受到不明病毒一波又一波的襲擊而重創時，中國卻趁機站穩腳步，而部份原因就因為它獲得了來自全球最具權勢人士和機構的裡應外合。

這些支持北京的國際機構中，最值得注意的就是世衛組織。自疫情以來，中國政府就一再公開為世衛組織說話，主張應由該機構領導國際間的疫情調查和研究，並應由世衛組織來決定如何防止下一次疫情的發生。[289] 中國政府這番為世衛說項的功夫可真是要得，但也讓人看破手腳，因為中國官方事實上就是加足了馬力在竄改新冠疫情的來龍去脈。疫情爆發時，中共即以驚人成效遮掩武漢的源頭疫情，同時還斷絕了國內相關資訊，不讓美國和其他國家政府得知。之後澳洲政府要求針對疫情源頭展開國際性調查時，中國官方卻對澳洲展開懲罰性的關稅制裁，以此作為報復。[290]

世衛組織究竟歸誰管？

中共之所以改將調查新冠疫情源頭的事交給世衛組織來管，那當然是因為它心裡有底。整個新冠疫情過程中，世衛組織基本上就是聽命於中國。一開始它忽略台灣政府的示警，之後又一再複述中國政府自相矛盾又錯誤的論點。不願意接受醫界關於病毒是空氣傳播的事實報告。然後還以政治考量取代科學證據，鼓勵跨國旅行，然後對中國政府的新冠舉措讚不絕口。[291]

「我必須一再稱讚中國，因為它的作為真正減少了新冠病毒擴散到其他國家的機會，」

譚德塞這麼說。[292]譚德塞一邊這麼說，一邊拒絕讓台灣參加世衛大會，然後另一邊則又絕口不提自己與北京當局究竟私下有過哪些接觸，最後更直接將新冠病毒來源的調查權交給中國政府去主導。[293]

當新冠疫情在國際間爆發開來之前，中國官方的獨裁作風早已對世衛組織產生影響。早在二〇一七年八月十八日，譚德塞就已公開表示支持中共一帶一路政策。譚德塞在成為世衛組織總幹事後履新的第一件工作，就是飛往北京主持簽署儀式。[294]他前一任世衛總幹事陳馮富珍，可以說為他和世衛組織與北京的關係打下良好的基礎。陳馮從世衛總幹事卸任後，先後在中國政府和中共機構擔任要職，包括了中國全國政協常委，這是統一戰線下的機構，負責為北京當局在全球散播影響力，並破壞全球民主國家。[295]中共對世衛組織滲透的另一證據，則是習近平的妻子彭麗媛（她是卸任人民解放軍將領），她曾擔任世衛組織親善大使前後長達近十年的時間。[296]

這麼說來，下面這些事會發生也就不足為奇了。在疫情期間，世衛組織接受北京捐款，並在中國打造一座全球衛生醫療用品供給儲藏倉——讓中共在世界舞台的影響力劇增，也讓它獲得了在疫情期間，和一些形單勢孤政府談出有利中共條件的籌碼。[297]因為有世衛的推波助瀾，讓中國政府挾關鍵醫療供應鏈以自重。凡是需要病毒試劑、醫療用口罩、潔手液、防護面罩、手套，以及所有個人防護裝備的國家，都要和中國官方接洽才能取得。[298]

但世衛組織並不像二〇二〇年初川普主政下的白宮那樣行政效能已然癱瘓，它是一個運作正常的組織。可是，當中國政府將疫情問題栽贓到別的國家頭上，同時還大聲公開宣佈將展開壟斷抗病毒藥物的有效配方和衛生物資的行動時，世衛組織全看在眼裡，也明明可以加以阻止，卻毫無作為。甚至它還反而主動助紂為虐，幫中共倒行逆施。在世衛組織的支持下，習得以把中國打造為全球防疫供應鏈中心，更成為新生物醫學經濟的關鍵國家。這麼一來，中共要的全球轉變，已經成功達成了。中國所推動的新世界秩序近在咫尺。

一個世界、一個政府

中共得以利用新冠疫情將世界成功往新世界秩序願景推進，是因為它以長遠的眼光、勾勒了詳盡的計劃。中國共產黨高層很清楚三十年後它屬意的世界要長成什麼樣子，也已經為這個將來打下基礎。但相對的，守護民主制度的諸國，卻都只想著自己眼前短暫、立即的利益，為此更讓他們只會迫不及待要求中國伸出援手和更易受到中國的欺瞞。

依北京的說法，當前世界面臨了許多巨大的挑戰，而這些挑戰都是直接或間接出自美國的手筆。[299]要解決這些問題，就是要創建一個單一世界政府，由中國官方去掌控。

「我們需要世界政府。」這逐漸成為每個國家的共識……全球治理的危機反映了美國從相關和約以及條約退縮，其所提出的組織新區域軍事聯盟、國際恐怖主義蔓延，以及國與國之間創造嚴格貿易壁壘等等新舊問題。[300]

據中共軍方內部文獻《中國特色大國外交》一書指出，中共對於全球治理的想法更勝一籌，比美國這個對手有更多優勢。[301]該書就感歎在現有世界體系下，「缺乏以全世界為對象擘劃的整體結構和藍圖。」[302]但該書樂觀地指出，現有體系很快就會改變了。「相較於其他全球治理概念，我國的全球治理思路……代表了符合未來人類社會發展需求的最佳解決方案，它符合全球多數國家的利益。」[303]

該書毫不掩飾地告知讀者，中共運用中國蓬勃的經濟力量來滲透國際機構，因為這樣中共現在得以散播「中國智慧」並改變舊有規則。中國政府所派出的人員，早就已經進入許多聯合國底下的單位和機關擔任各種日常職務。「隨著我們國家加快改革和開放的速度，」該文稱，「我們與全球體系結合，投入治理全球管轄，以及執行治理行動的速度也都在加快。」[304]

國際體系的硬體，就像是一間房子當中的磚塊和水泥，以及屋中人的升遷——取得這些硬體的掌控權，還比不上將其軟體關閉來得有用，這些體系需要新程式設計。習近平思想（二十一世紀馬克思主義）就被引進這個體系之中。中國政府認為這是必然會達到的結果。

一旦有了思想，就必然會產生行動，這比思想本身更有力。正因如此我們國家對於全球治理的思路具有如此的生命力……中國元素〔中共的美稱〕推動全球治理機制深層的轉變。[305]

該書中所描述的未來世界裡，所有行政權都由北京當局集中領導，也就是一個全球政府。北京的這套說詞，強調這是唯一可行之路。在提到舊的治理軟體時，《中國特色大國外交》一書主張：「一套專注於特定議題，由非官方和官方力量分頭並進，且集中於小團體的全球治理思路只會導致更多分裂，造成更多的內部衝突。」[306]

該書稱在構建新的世界秩序後，外國人依然可以保有自己的聲音。但是一旦他們的想法違反集體意志時，就必須噤聲，只有中國集體化的觀點才能作主。「我們國家提倡基於共同諮議、共同計劃的全球治理概念。我們的概念可以預期將會成為未來全球治理的優勢思路……這與『人類一體』與『永久和平』才是一致的思路。」[307]

中央化的世界

北京這一計劃將全球全部涵蓋進去，意味著人類活動所有的領域都逃不過中共所想要控制的範圍。預估到了二十一世紀中葉，一旦其計劃順利進行，或許還不用到那時候，這個世界就會被它整個翻轉過來。走向共產國際的路上，美國和西方國家既已失勢，肯定都不會好過。但對馬克思主義者而言，在未來幾十年間，他們肯定會見到一連串精彩的勝利，最後更會迎來最後烏托邦式的勝利。

《中國特色大國外交》一書指出，「隨著全球治理變革往前推動，中國元素會扮演重要角色，要達到這個步驟有相當多的機制。」[308]該書強調，中共要在下面這些個別領域中拔得頭籌，並要逐漸讓這些領域融合成一個中央化的世界政府。

- 全球製造

- 全球貨幣
- 全球金融
- 全球貿易
- 全球安全
- 全球食品
- 全球環境
- 全球資源
- 全球開發協助
- 全球移民
- 全球人權
- 全球衛生
- 全球網際網路
- 外太空
- 跨國犯罪
- 全球恐怖主義

- 「不及備載」[309]

在條列其計劃要納入控制的領域後，該書主張：「我們國家已經完全介入治理上述領域的機制中，並開始加以改革……我們會持續依我們自己和全球的利益引進各種大型計劃。」[310]文中隨後又列舉數個中共稱已被其滲透的國際機構。

中國正在擴大其對聯合國、國際貨幣基金（ＩＭＦ）、世界銀行、世貿組織、二十國集團、亞太安全合作理事會（Asia-Pacific Security Cooperation Organization）、上海合作組織（Shanghai Cooperation Organization）的貢獻，同時也正在增加對金磚國家（巴西、俄國、印度、中國、南非）開發銀行（Development Bank）（現亦稱新開發銀行，New Development Bank）、亞洲基礎設施投資銀行（Asia Infrastructure Investment Bank）、絲路基金會（Silk Road Foundation），以及其他組織和基金會的投資。隨著這一努力的進展，中國元素的角色將會越來越明顯，中國的思路和行動也會獲得更加強大的支持基礎。中國元素將會帶來全球治理行動和改革。[311]

根據這份文獻，中共已經透過各種途逕成功進入全球體系的內部運作之中。「我們主動向國際社會提供想法、基金、技術、人員、安全、機會，以及其他公共財。」對北京而言，這種間接的方式成功達到其目的，帶給它豐沛的回報。「在全球安全和發展的計劃中，已經寫下了新篇章和未來願景。」[312]

另一份軍事文獻則指出，北京計劃要在全世界許多國家擴充人民解放軍維和部隊的規模，並且增加這些部隊運作的範圍。如果讓其得逞，那中共就可以利用聯合國來增加其本身的影響力，保護中共在海外的經濟利益，並且壓制被其視為危險集團的行動。[313]

> 在聯合國的框架下，我們主動推動並參與「一帶一路」各地區前線的關鍵維和任務，我們名正言順地擴張了人民解放軍參與聯合國維和行動的規模，我們也將會持續擴張解放軍參與聯合國維和任務的範圍。依此模式，將會建立起以我們的文明作為導師——我們作為武裝且強大導師的形象。我們將因此不戰而致勝，有效讓恐怖份子和激進組織感到恐懼，進而保護我們國家在海外的經濟利益以及人員的安全。[314]

不同於美國，長久以來對於處理國際爭端總是相當自制，且是依個案來處理，中國政府則表明它是為了人類全體進步而戰鬥。

相對於美國摒棄全球化，更在某些區域拒絕整合，中共十九大會議工作報告清楚指明：「中國共產黨作為追求中國人民幸福的執政黨，同時也是為了人類進步大業奮鬥的執政黨。中國共產黨將為人類盡全新、更大的貢獻視為終極任務。」[315]

上面我們提到的文獻，都指出中共想要重新定義聯合國體系的基本目的。聯合國過去一直被認為統領事務的權限範圍有限，因為它是一個無法在主權上凌駕國家系統的組織，除非是像戰爭或是種族屠殺這類極端事件才有例外。聯合國這樣的限制，讓其相關組織成為二次大戰後國際秩序的穩定基礎，個別國家可以依其主權選項建構在聯合國的開放架構之上。要加入聯合國的主要先決要求，就是會員國之間要尊重自決的權力，並同意不會侵犯鄰國邊境。就算是最弱、最小的國家，都享有相同的一票。而只要沒有反對，聯合國都盡可能推行自由、民主、人權和有效管理，也因此，在個人與政府之間權衡時，會重個人而輕政府。

相對之下，依中共的計劃，它的全球體系要與各國領導高層「磋商」，但這些領導高層卻可能已經被收買或是遭到脅迫，這讓北京可以依其主見為這些國家定生死，並在全球共同治理體系中為它們代言。在習近平二〇一六年新年談話中，他宣稱：「國際社會期待聽到中國聲音、看到中國方案。中國不能缺席。」[316]但在哪方面缺席？所謂的中國方案又要運用在哪裡？答案似乎指的是**全世界**。

上述的中文書籍提到中共展現力量的計劃，有部份是要主導核武安全和擴散議題、未來網際網路、外太空、深海，以及兩極極區。[317]據中共官方來源指

中國全球治理（圖 Louis Martin- Vézian）

出，中共將會反對被其視為由美國領導的中東、北非、東歐等地民主運動。中共也會反對北約擴張，以及北約縮減俄國影響力範圍的行動，中共會支持俄國和伊朗。[318]中國也會創造全球「統一戰線」來對抗恐怖主義，而這邊所謂的恐怖主義，則是要照它自己的特定的定義。[319]依中國官方的觀點，由美國領導的反恐作法只會一再失敗，因為這過於強調武裝，過於專注在推動支持民主意識形態和美國價值。據北京當局的看法，更好的方法應該是創造一個由中國領導的「公平正義」世界秩序，並且抗拒美國「霸權主義、強權政治和雙重標準。」[320]

但，中國領導人心中卻是打算要用其對待自己國家人民的方式，來對待全球各國人民。中國在文獻中，自居全人類進步的保護者和倡議者——中共更認為自己的一黨專政獨裁，最適合帶領這樣的進步——藉此身份，讓中共找到理由得以干預全世界每個國家的內政，干預的程度達到每一個個人。這份中共解放軍官方內部教材又接下去寫道：

> 推進全球治理體系變革……堅持開放的外國人基本政策，使用「一帶一路」建設和其他重要國際運作計劃創作更包容、深入、多面向的開放……持續推動當前新世界政治與經濟秩序與新型態國際關係形成。[321]

中共正在勾勒一個未來世界的願景，在這個世界中，中國的權力和影響力幾乎是無遠弗屆、不受限制。這個未來在北京不斷擴張的單一世界政府統治下，世上的國家會被逐一併吞成為共同體的一部份。我們不知道實際做起來會是什麼樣子。因為過去從來沒有出現過這樣的情形，而我們看到的中共文獻也沒有實際描述這個過程。

但我們可以推想，在中共理想中的這個過程裡，民主政府會在極右和極左兩個政治意識形態的鬥爭中下台並被推翻。在民主國家裡，這樣的瓦解很可能會來自國內自己的紛爭，因為民粹主義的候選人會在代議制度選舉中當選，這些人上任後就會將原本的民主體制解體，讓國家走向獨裁統治。而其他的國家則會遭遇革命恐怖份子顛覆社會，在國內掀起血腥內戰，等到戰火散去後，就會出現和中國有連結的強人上任，逼著自己的國家加入中共領導的共同體。

中國崛起

在中國戰略家的理想中，中國國力和武力的增長對於中國成為推動地球走向新世界秩序的推手是必要條件。[322]根據中國官方的歷史教材所言，每一個強權大國的崛起都會歷經三個階段。第一個階段是聚積實力準備崛起。第二階段是開始崛起，並與現有強權對抗。第三階段則是征服對手並將其吸收進來。[323]

中國的這些書籍都指出，史上許多國家在崛起的第二階段中都失敗了。[324]多數情形，這些崛起的國家因為在茁壯擴張過程，與既有強權產生太多摩擦，進而引燃了戰火造成其傷亡慘重。其他國家則是引來自食惡果的武器競賽，或其他形式的競爭，到最後變成自掘墳墓。解放軍的教材則指出，中國在歷經四十年的經濟成長後，已經成功經歷了第一階段的蓄積國力，現在正邁入第二階段。[325]

以中國驚人的人口，以及迄今所達成的成就，中共勢必自認為他有能力獲得人類史上從無其他國家所能獲得的實力。但中共的理論家也承認，光這樣是不夠的，更重要的還是要看北京當局是否能夠消弭並抵銷外來勢力的反對。

要注意的是，現代中國的和平崛起可是全球人口最多國家的和平崛起。這也是發展最旺盛國家的和平崛起，其經濟規模終將超越美國。其所造成的影響肯定會牽動許多國家……如此大規模的發展無可避免會造成全球局勢和國際情勢深遠的影響，也會讓國際社會出現許多的反對聲浪。[326]

中國要能夠維持其崛起動能，有賴於中共在聯合國和其他國際組織掌握到的權力。北京當局的計劃是要靜悄悄地征服世上最受信賴的國際機構，拿下提倡自由和民主的國家，並將之轉變成幫中共散播國際共產主義願景的黑手。[327]

中國官方的說法稱這套計劃很管用：「那些已開發國家對於國際秩序的掌控已經越來越弱。」[328]解放軍教材《實現偉大中國復興提供戰略支援》一書中，收錄下面這段習近平演講的段落：

> 我們強化了外交戰略和行動。我們積極執行中國特色大國外交。日復一日，我們朝著世界舞台的中心越來越近。我們的國際影響力、推動他國的實力，以及我們改變事件的能力都在增強。國際社會正在關注我們國家，將我們強調到前所未見的高度。我們正在國際體系最佔優勢的地位上。我們握有主動權……今天，我們坐在全球治理舞台的首席。我們正在贏得更多話語權與影響力。我們比過去更有準備要領導全球治理體系的變革。[329]

二〇二一年，美國國務卿布林肯（Antony Blinken）在下面這段話中指出中共當今的野心：「這如果算不上我們時代唯一、也是最**主要的**挑戰……這個挑戰就是中國所青睞的世界秩序，是一個極度不自由的秩序。」[330] 他更接著指出，在談到中國企業投資，要知道，他們並沒有如西方區分所謂的私人企業和國營企業。要是一家中國私人企業創立公司，那家企業能取得的任何資料政府都能要求取得。」他同時也強調，即便如此，美國與中國的關係，也有合作的部份，他說，「我們的目的並不是要脫鉤。」[331]

布林肯這番話或許正說明了，中共為什麼會為自己的全球戰略成功有信心的原因。美國高層心知美國的國力和地位，都已經遭到侵蝕和破壞。但他們卻還是想不到有什麼辦法，未來可以在解決國際議題上，不拉中國當作夥伴一起解決的。華府那些精英和全美最聰明的人，壓根就不打算要和中國日漸擴大的影響勢力脫鉤。

白手套、白花花的鈔票

上文中我們給大家看到中共如何滲透到國際組織，以擴展其全球勢力範圍。這是北京很看重的一條經營路線，因為透過這個方式，讓中國可以在這些機構中安插代理人發揮其影響力，這些等於是在聯合國、世衛組織這些備受信賴的國際組織中的白手套，擁有合法地位，但卻是在執行中共交付的任務。從外界，我們雖然不知道這整個過程是如何運作的，但我們知道要掌控這些國際組織，必須撒大把的鈔票好買通人心，有些中國政府官員美其名把這叫做進行經濟發展、合作與分享雙贏。[332]

雖說有錢就是大爺，但錢要從哪裡來，中國政府撒了這麼久的錢，怎麼還有錢撒呢？長久以來美國內部都相信全球化和推動自由市場資本主義終將讓中國自由化。長久以來媒體都告訴我們，中國的傳統經濟模式無法經營下去，因為太過集中化，由國家和共產黨操控主導。我們一直認為中國經濟遲早會進入停滯期，最後導致崩潰，除非中共政府進行改革，退出對企業的操控，就像南韓和台灣過去的情形那樣。

這個論點很吸引人也很有說服力。畢竟，任何擁抱馬列主義的國家，從未發展成為長久富足繁榮的社會。因為這種一黨專政的國家，並非建立在合理的運作的基礎上。這樣的國家一切以意識形態、政治忠誠度為上，把其他如人民的健康衛生和安全福祉都踩在腳下。這樣的政權是沒有包容度和彈性的，而這正是做出正確經濟決策的毒藥。所以這些獨裁國家後來都一一走上破產之路。

但要是我們這個自由市場體系的假設本身有漏洞呢？要是被中共找到了自由市場經濟的

漏洞並加以利用，讓它得以藉此操縱世上最重要經濟決策者呢？要是這個自由市場被中共改造成運作的規則只管得到別人、管不到中共自己呢？要是就跟聯合國體系現在的下場一樣，原本是可以抵抗獨裁的開放市場，如今卻也成為暴政和壓迫人民的工具的話，那該怎麼辦？有沒有可能現在事實已經翻轉，正在失業、沒生意做的不是原本我們預期的社會主義獨裁國家，而變成是資本主義民主國家了呢？

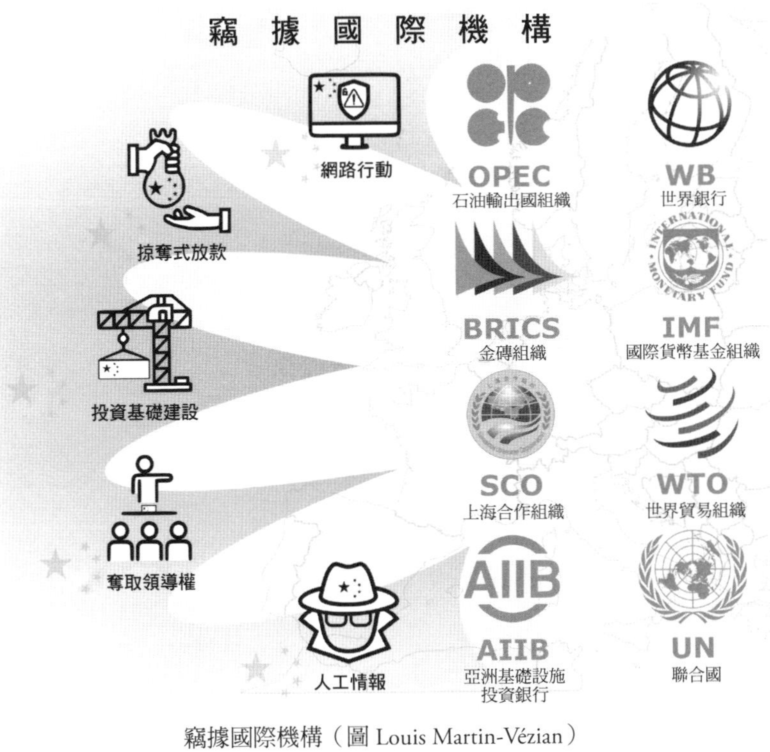

竊據國際機構（圖 Louis Martin-Vézian）

第七章 奴役天下

極權不自由大國不會想要世界獲得自由和解放，它想要創造一個依其本質打造的世界秩序……因為這樣，中國想要讓世界照它在國內的方式運作。333

——娜德吉・羅蘭（Nadege Rolland）

二〇一七年九月四日那個星期一的廈門，是個晴朗的天氣。前一晚下了一整夜雨，但天亮就出太陽了，天上只有稀疏的幾朵雲。微風推著海灣的海水輕輕搖晃。廈門是中國南方多山省份裡的一座主要海港城市，和台灣隔著海峽相望。這邊天氣也跟台灣一樣，以潮濕高溫還有颱風著稱。到了夏季月份，這裡總是像被熱騰騰的毛毯包覆著一樣悶熱潮濕。在濕氣重到不行的天氣裡，偶爾還會有南方的暴風席捲而來，把天空的水氣都給逼了下來。

這天一早，習近平在房裡往窗外看時，想必滿意地笑開了懷。金磚五國（巴西、俄羅斯、印度、中國和南非）的領導人齊聚廈門，要進行數天的密集高峰會議，而召集人就是他。在踏入中國政壇初期，他曾經當過廈門市的副市長。之後十五年裡，他仕途一直在福建兜轉，從廈門市委常委、副市長、福州軍分區黨委第一書記、福建省高砲預備役師第一政委，幹到福建省省長的職位，過程中他多次獲派與廈門有關的職務，習對這一帶熟到像自家廚房一樣，他知道每年這時節危險的颱風是這裡的常客。[334]所以當初在挑金磚五國高峰會時，他早就算準這時候在這裡開會，遇到颱風取消或延期的機率很高。他跟颱風賭了一把，而他賭贏了。

從他一踏進各國代表雲集會場時的樣子，就可以看出習這天的心情明顯非常高昂，在他們腳下的紅地毯特別的鬆軟，但讓他滿意的不只是這天的天氣。另一個原因則是因為他光鮮亮麗的夫人彭麗媛也陪他一同到場。不久前兩人才剛慶祝過結婚三十週年紀念日，時間就在禮拜五，地點也就在廈門這座城市。據中共官媒的報導，即使已經結婚三十年，兩人依然鶼鰈情深。[335]二〇一四年時，中國被嚴密管控的網際網路上，就出現一支音樂錄影叫《習大大愛著彭麻麻》，在當時暴紅。原作曲人兼原唱余潤澤即道：「他們夫妻之情激勵了許多網友，讓我和合作夥伴一同寫出了這首歌。」[336]

中共政府還特別在兩人結婚週年釋出習對彭麗媛公開示愛的照片。[337]大家難免會聯想，或許兩人也趁這個週末重溫當年在此的蜜月浪漫。但，如果這是次懷舊的浪漫假期的話，也是跟兩人一九八七年結婚時一樣很短暫。中共官媒就指出，兩人自從結婚後可以說是聚少離多，但是總是心繫對方。[338]當年兩人在廈門的結婚蜜月時間很短，四天後她就丟下先生在廈門等她，一個人踏上長達兩個月的巡迴演唱之旅。[339]但三十年後的這天，換成習是主角，而在台下等的人則換成是她。

剛印好的習近平著作《談治國理政》一書，英、俄、葡和各國語言版在一旁的媒體中心好多張桌子上一落一落疊得好高。要是中國媒體的話可信的話，當天從世界各地大老遠飛來的三千名記者，可是把這書搶購一空，顯示該書大受歡迎。他們渴望想探知這位中國最高領導人行事背後的動機，讓這本書在這個週末成為暢銷書。[340]很快的，與會眾人就會從書中得知，習想法中的雙贏合作在官方的涵義了。

會場中，和習近平列席而坐的是他的好友普丁，他一身打扮和習的打扮就像講好的一樣搭：深藍色西裝、紫色領帶、金領夾。一旁巴西總統特梅爾（Michael Temer）也穿著類似的西裝、別同樣的領夾，只差領帶是金色的。南非總統雅各．祖馬（Jacob Zuma）也一樣的打扮，但配紅色領帶。印度總理莫迪（Narendra Modi）則特立獨行，連正式西裝也沒穿。他穿的是尼赫魯裝，配了一條白色裝飾手帕，這讓他如鶴立雞群。

這年六月，中國軍隊才剛侵犯了印度盟國不丹，造成兩國軍隊在山中對峙。因為兩軍在這個有爭議的邊境都搶佔戰略位置，因此發生了零星衝突，也造成兩邊士兵受傷。甚至有幾個時間點，衝突都要演變成失控的武裝衝突。還好雙方後來克制下來，武裝衝突終究沒有發生。就在這次金磚五國國家峰會在廈門展開前沒幾天，中國和印度才剛宣佈各自從爭議地區洞朗（Doklam）撤軍。但雙方的邊境緊張局勢始終高漲，只是兩邊民情不再沸騰，沒有嚴重到兩國領導人不能會面的地步，也才能有這場峰會的舉行。

這是兩國邊境衝突危機以來，習近平和莫迪首度會面，他顯得急於探測對方對此事決心，好摸清楚對方態度，乃至其政策的弱點或者個人心理特質等等，兩人隔天就會舉行雙邊會談。他打算一上來先虛晃一招，讓莫迪一時之間難以招架，然後再藉由安撫這位鄰國領袖的情緒，好談出個使對方讓步的條件來。之後他會先讓印度那邊放鬆一下，之後再突然來個一百八十度拉高情勢。然後中國所要的良性循環一開啟，就會對中國越來越有利。這種談判套路中國共產黨一直玩得很有心得。

為了營造會前善意，中國事先主辦一場影展，當中選播金磚五國各國一位導演的劇情片播映。[341]另外，中國也舉辦了友誼運動賽事，讓五國國家隊有機會在籃球場和排球場上一較高下。[342]但習近平雖說本來就愛看運動競技，但主辦這些賽事動機還是政治角力。他將金磚五國領袖全找到廈門來，目的是要讓大家瞧一瞧他對未來的計劃。他這麼積極要尋求和這些國庫虛軟、又災禍頻仍、但野心勃勃的國家合作，背後有一個北京當局一致認為很重要的目的，那就是要與舊秩序抗衡，打造一個跨國經濟連結槓桿，以此建構新世界秩序。為達這個目的（或至少有個起頭）那就要有主動積極的夥伴加入。

解放軍內部文獻事後指出，廈門金磚峰會的目的，一如習近平在這場峰會主題演講所言：「中國正全力推動新一輪的全球化發展，以全人類利益為目標，在新的概念和思路領導下創造新的發展。」[343]這段文字將習近平的講話原樣照登，顯示中國和這些國際夥伴打算要重新打造遊戲規則，創造一個全球治理政府。「要推動全球經濟秩序，就必須對全球經濟的宏觀現實有所回應，創造一套更完美規則來管理包括深海、兩極區域、外太空、網路空間在內的領域。」[344]

但中共內部文獻卻讓我們看到，習近平在公開演說中所沒有說出來的重點：「中國之所以推動國際合作的原因在於，我們的終極目標是要成為國際上居領導地位的超級強國。我們的目標是要成功領導世界經濟發展。」[345]這份文件指出習和中共高層想像的未來，是要和其他金磚四國共同形成維持世界經濟「再平衡」的核心群體。這五國日後將要攜手合作，共創新的全球供應鏈，並創造一個市場架構，讓他們，尤其是讓中國取得超越資本主義西方國家的龐大優勢。[346]

根據《中國特色大國外交》所述，全球化原本是個很好用的工具，卻被美國破壞了。而包括全球化在內，有許多類似的架構都需要從根本改變起。金磚五國就是這過程中重要的一部份。習近平和他的中國共產黨同志打算利用這個平台（還有其他許多個類似國際平台），來創造一個依中國體系所打造的共同體未來。[347]在廈門那光鮮亮麗會議廳裡以及媒體中心裡所沒有說出口的，是中共想要把自己的利益滲透到國際市場去，這樣等到時候全世界各國都被套牢後，沒有北京的恩准，他們什麼事也成不了，不管幹什麼，都要拉著北京一起才行。

這份文獻宣稱，「隨著時日增長，中國就越來越接近世界舞台的中心……世界若想要繁榮茁壯就不能沒有中國……今日的中國已經融合進世界裡了。因此，世界和中國要不一起茁壯、要不一起受苦。」[348]這段文字重申了要想全球健康繁榮，是絕對不能不先讓中國經濟成功起來。文中強調，中國成長的益處，隨著各國逐漸成為一個共同體，也將讓全人類獲益。[349]

這份文獻認為現行的全球化在本質上是有問題的，但卻又不可或缺，所以只要加以調整，就可以用來重新改造世界。[350]在過去全球化過程中，美國扮演了領導者的角色，這個過程讓中國經歷了爆炸性的經濟成長。但華府從來不願意讓北京當局把其社會主義的意識形態，植入既有的全球化自由市場運作體系中。但現在，美國這一套不管用了，美國連自己都難保了，也擋不住中國利益向前推進。二〇〇八年美國的房市問題造成全球金融風暴和嚴重經濟衰退。從那以後，中國官員就不斷告訴自己（以及其他相信他們說法的人），美國的經濟衰退已經到了垂死階段，國際體系正等著有人接手取代美國的地位。

> 冷戰結束後，美國領導經濟全球化。但這過程出現很多錯誤，導致最後的失敗，全球經濟落入長期的低成長，這讓全世界都對全球經濟失去信心。現在我們需要重建世人對全球化的信心，我們要健全全球經濟治理的能力，展開新一輪的經濟全球化。351

中國領導人想像自己是「新型態全球化」的領導者。為了達成此目的，他們增強自己對金磚五國組織、聯合國、世貿組織和二十國集團影響。他們要推動一個由中國領導的新經濟秩序，將美國擠下來。該文獻指出，中國要以自己國家的利益優先，同時也說中共不會忘記「國際社會的長遠利益」。352

另一份中共內部文獻《新時代我國社會主要矛盾》一書，則將中國推動與全球經濟融合的活動放入更大的戰略架構中。「隨著中國逐漸進入世界舞台的中心，中國和世界的關係已經進入新的階段。在此階段，中國將會從融入世界走向參與其治理並領導世界。」[353]這份文獻又接著說：「全球化的世界需要一個負責任的大國來領導。崛起中的中國需要站出來，主動扛起責任，以利形成一個公平理性國際秩序。」該書並告訴讀者，中國很快就會有機會運用其全球經濟實力來達到優越地位。「一旦美國和歐洲不再是全球領導人，也不再扮演領導者的角色，那全世界的眼光就自然會轉向中國。」[354]

《實現中華民族偉大復興的戰略》一書則預言，有一天美國的實力會消失，中國將能建立以北京為中心的國際秩序，披上世界領導人的龍袍。「今天，和平的願景被世界的不穩定性、複雜性和脆弱性所破壞。最基本的原因，就是美國運用其戰略實力企圖維持其舊有的霸權體系。」這份文獻主張，中國和美國不一樣，中國是善的力量。「中國運用其新的戰略實力要維護和平正義，但兩者之間存在著不平衡。改變國際戰略實力的不平衡會是個過程。」[355]文中指出，為了加速這個過程，中國政府動員了全世界「新興」國家的力量共襄盛舉。[356]

這一說詞中所陳述的未來世界中，中國有著無人能及的領導地位。「世界現正經歷轉型，其程度之巨大前所未見，而在這個轉型的核心則是下述這些變化所造成的。美國正在變弱。中國正在變強。俄國變得更躁進。歐洲變得更混亂。」[357]言下之意相當清楚了。「世界進入了新的時代，新的世界秩序正在重新打造……中國正面臨關鍵時刻。中國正在崛起，中華民族正在復興。這是歷史的轉捩點。」[358]

這份中共內部文獻還說，因為北京的經濟政策成功，目前正呈現突破性的成長。相對之下，美國和其盟邦則一直不願意面對本身已經步步失據的事實。「我們國家的發展已經帶來世界整體佈局和國際秩序的改變。未來，我們將能夠撼動世界。現在主導國際體系的西方國家只是不願承認這個事實而已。」[359]

新市場、新主宰

各位讀者讀到這裡或許要問，那過去大家一直宣稱中美貿易連結將能夠對中國體制產生顛覆作用，讓北京當局對中國社會的鐵腕鬆綁，這個說法又該怎麼解釋？美國歷任總統從雷根到歐巴馬，每個都一再重複這個說法，在追求更深的雙邊連結，並讓美國主動協助中國經濟成長的同時，他們向選民保證，這樣會逼使中國進行自由化，進而帶來政局的改變，這始終是他們對華政策的說帖。就連川普也曾經非常著迷於打進中國市場的這個想法。但為什麼他們向美國人民信誓旦旦的中國政策到頭來卻是一場空呢？他們的情報預判到底是哪裡出了問題？

真相是，中國共產黨慢慢地不再害怕全球化和美國資本主義，而且反倒還愛上了它們。或者，講得更精確點，是他們愛上了與全球經濟連結後，給了他們吸收外國資金、技術、門道的機會，讓他們得以利用這些來取得影響力、權力和地位。中國政府發現機構可以控制人、金錢可以控制機構這個公式。要是國際組織像是負責世界這部身體運作的大腦和良知——負責表達世界秩序主要基本價值，並且以理性來壓抑情緒化的核心——那麼全球化的經濟就像是人體中的血流，狂野不受控制，又充滿了荷爾蒙這些不理性的化學物質，很容易被慾望所驅使。

北京當局發現自由市場資本主義可以誘惑所有人，讓他們沉浸在無止盡的慾望中。個人創業家、小家庭企業、大型法人董事會在這方面都一樣，受不了金錢這個女妖甜美歌聲的聲聲呼喚。因為資本主義本身就是構築在一個想法上，那就是收益持續上升是好事，貪婪永遠都在，而且是有力的推進力，是經濟機器的發動機。這部機器如果零件都沒問題、有好好維修，可以跑得虎虎生風，讓所有人都受益。但這麼一部龐大有力的機器，卻很難駕馭得好。有時候它會失控亂竄、波及許多人。

有鑑於人性天生的弱點，美國政府頒佈了法令，並且進行嚴格的會計稽核，目的就是要讓所有在這場金錢遊戲裡的玩家都守本份、老老實實。如果管理得當，美國版本的全球化是有辦法創造財富，卻又不致於造成依賴成癮或衍生債務，導致政府和社會不堪一擊，輕易喪失主權。但是這個美國版的全球化系統卻也有它不盡完美之處，而且其來者不拒的開放性，正好給了中共大好機會大鑽漏洞。再加上原本該為這套系統把關看門的美國方面部份捍衛者腐敗，而其他不腐敗的人則太過自滿，導致失去防衛心。

新冠疫情發生的整個過程，就讓我們看清中共官方如何操弄規範不夠詳盡的貿易制度，藉以破壞他國的實力和主權。在這場全球公衛災難之前，中共早就已經利用美國資本主義體制中的弱點，靠著低價競爭來擊敗一些在國際醫療用品市場上與他們競爭的美國廠商，藉此控制關鍵醫療用品的市場。[360]二〇二〇年初，至少有九成的美國 N95口罩是由中國供應。[361]而這給了北京當局機會來加深美國缺中國不可的依賴，並從而推進其政治目的。

等到新冠疫情爆發後，華府官員這時才驚覺他們嚴重依賴中國中央集權、一切聽從上頭的供應系統。他們發現，這簡直跟毒品成癮一樣，美方完全無力控制貨源，輕易就會為了醫療用品供應而導致被中國要脅，向對方低頭。而我們後來也都看到了，儘管川普總統堅信這場疫情是中國政府造成的，卻也無力對北京當局說一聲「不」。更嚴重的是，中共在疫情期間還不斷散播假訊息，造成所有人對病毒誤判而讓病毒更難防範。而中共又趁國際機構之慮，加強中共對市場的掌控，以確保所有醫療用品客戶國對中國依賴更加嚴重。這一來，所有人在中共面前頭都壓得更低了。

上述的情形在美國又是如何？在二〇二〇年疫情剛爆發時，N95口罩的價格飆升五倍（甚至更高），店家只要一陳列幾乎馬上被搶購一空。[362]

這時，中共不但沒有加速供應鏈運作，反倒還刻意拖延醫療用器材出口到美國的時程，藉此讓華府向中共低頭。[363]一直到供貨滿足中國自家和國外需求後，中國政府才在數月後開放醫療器材再度輸美。但據美國國土安全部調查，這一年稍後輸美的個人用醫療防護設備許多都是有問題的。[364]更因為缺乏安全的設備，造成嚴重的後果：大量美國醫療工作者因此感染新冠。二〇二一年五月，《紐約時報》報導，超過三千六百位前線醫療照護者因在對抗新冠的崗位上過世。[365]

這之後美國製造業自主動員，開始在國內生產數億口罩和其他關鍵醫療器材，造成了類似第二次世界大戰國防工業潮的景象重新上演。到了二〇二一年，美國的醫療器材國內生產終於步上軌道，可以切斷對中共供應鏈的依賴。但才不過數月的時間，這情況又風雲變色，北京當局又跟從前一樣，來個一百八十度大轉變，開始用不公平的貿易手段，讓低於成本價格的醫療用品大量充斥市場，這一招殺得美國業者措手不及，原本建立起來的國內生產線立刻被低價競爭從市場逼退，這造成美國內部再次出現不穩定的現象。[366]這真的是讓美方始料所未及的戰略反轉。在本書撰寫時，美國在關鍵醫療用品上，還是沒能擺脫對於中國的依賴，而且，比過去還更依賴。

但身為美國官員，其實不該對此感到意外。因為多年來美方分析家早就一再提醒，中國政府有心要製造全球對其的依賴，將全球市場打造成現在的狀態，好讓中共在這類危機時刻掌握能與他國談判的政治籌碼。因此這一切正如中共所預期，一個新型態的經濟秩序油然出現，而位居這個佈局核心位置的就是中國。中共所掌控的公司現在已經主導了全球的生產線，更對將這些生產從工廠到買家的後勤配送系統有著無比的影響力。想當然耳，這就給了北京當局施力點，可以決定誰可以買到什麼產品、從數量、對象、速度到產品，都在他一手操控中。而與此同時，中國又蘊生了全球最大的國際產品市場，從汽車到飛機、電腦和電影，都要靠從中國市場獲得主要收益。只要中國領導人一通電話，外國私人企業乃至政府生死立判。

征服「科技氧氣」

中國展開的經濟戰中，最引人注目的就是稀土礦相關的產業。[367]稀土這種延展性很好的氧化重金屬礦產在全世界都可以找到，它有獨特的磁性和電子屬性。一旦提煉出來再經過處理，這些礦物有很驚人的功效。它可以用獨特方式和電子互動，其他物質無法辦到，這讓稀土成為製造先進科技產品時重要的原料。

二〇一〇年時，中日漁船在東海釣魚台（尖閣）群島附近產生衝突，引發中日兩國外交衝突時，中國曾以對日本祭出稀土禁運為要脅。尖閣群島作為一系列無人島礁，屬東京管轄持有，但中國一直堅稱為其屬地。此事件中，日本政府一開始留置了中國在該海域非法捕魚漁船上的船員；當中國將祭出稀土禁運的消息傳出後，日本政府擔心原已欲振乏力的經濟再惡化，只好顏面無光地退讓了。迫於此外交壓力，日本完全不予起訴地釋放了中國漁民，還公開向漁民道歉，為其遭撞漁船受損賠償金錢。中國政府大喊外交勝利，更稱從此改變海域觀念。中共將貿易武器化成功逼使日本退讓之舉，震撼了國際社會。在這之前大家都以為跟中國做生意沒什麼好擔心的，這之後大家都醒了。

對很多華府官員而言，這次事件讓大家開始不安，他們不禁問道：中國對美供應鏈中，對美軍的部份佔了多大比例？萬一中國要對美採取稀土禁運的話，那會有什麼影響？一旦被禁運稀土，美國還有辦法製造武器並面對未來的戰事嗎？於是華府開始委託進行研究，國會也展開聽證會諮詢這方面的問題。結果所得到的答案都不是好消息。所有美國重要武器，從維吉尼亞級核動力攻擊潛艦（Virginia-class）和F－35閃電II戰鬥機（F-35 Lightening II）、到戰斧巡弋飛彈（Tomahawk），以及MQ－1掠奪者無人攻擊機（Predator），全都要仰賴中國供應的稀土原料。而當前竟然沒有其他更省成本的供應方可以取代中方來源。[368]

而再進一步調查後才發現，中國政府用了非常蠻橫的貿易戰略來壟斷全球稀土市場，讓美國稀土貨源幾乎非中國莫屬。中國在稀土的獨佔程度之嚴重，連在美國加州芒廷帕斯（Mountain Pass）（美國最後僅存還在運作的稀土礦）開採出來的稀土原料都還要送往中國進行提煉加工後，才能再送回美國生產。而即使美國歷屆總統已經多次表達關切，美方至今對未來十年該如何解決這問題卻還是束手無策。[369]而當下也沒有任何誘因足以讓稀土市場改變現況。

在中國戰略家的眼中，壟斷關鍵物資的市場，正是決定二十一世紀強權競賽中誰會是最後勝出超級大國的關鍵。這攸關中共能否贏得最後鬥爭。中國政治高層視稀土為達此目的的重要手段。中國宣傳媒體稱稀土礦為「六大新科技領域」的「戰略資源」——意即被北京當局視為推動中國未來成長、具競爭力的尖端領域。這六大領域中的一項就是生醫科技：製造醫學試劑、健康感測器以及製藥。另外五個領域則分別是資訊、新材料、新能源、太空科技以及先進造船技術，[370]這些都需要相當大量的稀土。

據中國官媒報導，稀土運用技術每五年就會有一次突破，而每六種新發明中，一定會有一種必須運用到稀土。[371]

中國軍官因此視稀土為戰略競賽的一環。解放軍發表過一篇文章宣稱稀土是「戰略礦業資源，對於保護國家安全和贏得現代戰事特別重要。」[372]該文更進一步稱稀土是「國防的命脈」，並居心叵測地稱：「現在國與國為這些戰略資源的鬥爭已經越來越激烈，所以我們一定要強化我們保護和控制這些戰略礦業資源的能力。」[373]

中國領導人因此覺得有必要壟斷全球稀土市場，因為此事攸關生死。他們對此事的看重讓他們採取一連串中央決策計劃。稀土成為「中國製造二〇二五」的一部份，這是北京當局野心勃勃想要暗中破壞美國高科技產業和經濟主導權的計劃，北京想要採用一連串的不公平貿易手段作為政策。[374]稀土也成為北京一帶一路戰略的重點，以及五年科技計劃中，打算要運用稀土來開發未來科技，以作為中國持續經濟成長和快速擴充武力的基礎。[375]

在習近平的領導下，中共已經將中國經濟的大部份區塊都軍事化了。同樣的，在這些經濟區塊中，稀土也佔了重要的地位。[376]中國軍火工廠所有現代軍事系統中電子零件的生產，幾乎都必須使用稀土。隱形戰機、巡弋飛彈、潛艦、超級電腦和雷達等裝備，全都仰賴由稀土推動的零件來製造。稀土同時也是中國快速擴張的核武計劃中重要的一環。

在廈門的金磚五國峰會一年後，享譽國際的廈門稀土材料研究所宣佈，該公司正在為中國軍事部門進行大型核能工程計劃。[377]這麼簡短的聲明雖然讓人難以摸清工程內容，而且之後三年，中國在核子產業方面的工作也沒有透露太多細節。但到了二〇二一年時，美國研究人員公佈衛星照片，顯示中國正在進行大型核武建軍。中國正在進行的計劃中，包含了許多剛挖的廠房，是要用來建造洲際彈道飛彈用的。中國的武裝軍備包含超大型卡車飛彈發射載台，其飛彈射程可以達到華府，另外也有次世代彈道飛彈潛艦，以及匿蹤戰略轟炸機、這全是為了在城市地區進行精準投射核子彈而造。[378]

二〇二一年夏天，解放軍更進行極音速飛彈測試，該飛彈具有沿著特定軌跡環繞地球飛行的能力，具有這種能力的飛彈系統過去被認為只存在理論中。該測試讓美方情報官員大感震撼，因為這是前所未見的先進武器，他們連這種武器如何運作都無從得知。[379]看來是聰明的中國工程師開創武器新局了。但其實，這並不是中國人自己發明的，這個發明有來自美國人的幫忙。

第八章 重金禮聘與獵狐計劃

自從中國共產黨成立以來，瞭解共產主義一直是黨最高理想和終極目標。[380]

——習近平

在北京看來，想要成就大事的關鍵就在要獲得關鍵的人才，而超級強國之間的競賽，基本上就是搶人才大戰，沒有人才「就像泉中無水、樹底無根」。[381]這個道理簡明易懂，更是千真萬確：擁有最優秀聰明人才的國家，自然就站穩了腳步，終將比別國強大。二〇一八年新華社刊登了一篇習近平的指示，當中他就說人才是國際戰略競賽的決定性因素。要是中國能夠鎖定世界一流人才，並募集、聘用這些人，那就會成為戰勝其他國家的大國。[382]

這話稱不上有什麼新意。中共過去多年來一直很重視教育和人才培育。但在習近平的領導下，卻將吸收外國專家的工作拉高到前所未見的層級。[383]習自認為是能夠領導中國改變命運，並重新改變世界秩序的歷史偉人。但他也很清楚，這不是光靠他一個人就能辦得到的事。他在十九大上長達三小時的演說中就講了：「人才是實現民族振興，國際競賽中拔得頭籌的戰略資源。」[384]

為了獲得全球專業人才以取得並維持領先地位，中共利用了「千人計劃」這個由中國共產黨中央委員會組織部所發動、長達數十年、非常秘密的行動，以求招募全球天才為中國工作。被中共鎖定的對象都獲得高額酬勞，享受著巨星般的待遇，不只可以前往中國旅行、講課，甚至還能在中國定居、工作。只要能夠延攬到最好的人才，北京幾乎無所不用其極。早在二〇〇四年，就有一名同獲諾貝爾物理獎及愛因斯坦獎章肯定的美國知名科學家，掉入一名美麗研究生的溫柔陷阱而前往中國定居。這位女子名叫翁帆，原本是這位科學家訪問北京清華大學時的翻譯。後來科學家返回紐約州立大學石溪分校（Stony Brook）後，她主動寄了情書給這位科學家。[385]

這名美國科學家就是楊振寧，他是世界第一座核能反應爐發明人費米（Enrico Fermi）和氫彈之父泰勒（Edward Teller）的高徒。[386] 最後翁帆竟以自己為誘餌說動楊振寧搬回中國定居。兩人結婚當時翁才二十八歲，而楊則已八十二歲，兩人整整差了五十四歲的年紀。[387] 楊此舉是很大的變動，他更正式放棄美國公民身份，宣佈向中華人民共和國效忠。[388]「她真的讓我感受到年輕的活力……我現在比過去有名十倍。」新華社引述楊振寧這段話。[389]關於活力和名氣，楊真的沒有誇張。二〇二一年九月二十二日，楊在北京慶祝百歲壽誕，習近平還特地送來花籃祝賀。[390]

那些被中國政府人才計劃誘到中國工作的美國人，中國方面多半都會隱藏其身份，但我們確知，被招募到中國工作的外國人才中，有些被分派到中國中部空曠的稀土開發地區去，而這裡正是中國核武計劃開發的地區之一。[391]解放軍內部教材也特別呼籲，要使用國際科學合作來推動共產黨軍隊在太空和核武方面的製造。

我們要積極使用平台（這是中共稱空殼公司的專有名詞）來強化科技研究和武器開發。我們將會在供民間使用的太空領域和核子領域推動跨國合作，以強化國防領域先進科技的獲取、同化，以及再創新。我們會支持國防工業工作單位去建立在共同實驗室、共同科技中心方面的跨國合作。[392]

二〇一七年，中共政治局所發表的一份官方文件，直接將中國人才招募戰略與中共軍隊現代化計劃劃上連結。[393]中國的計劃文獻中顯示，凡是被挖角前往中國發展的出色科學家與工程師，一律都會成為國營武器實驗室和工廠的員工。也就是說他們到頭來都會成為為人民解放軍和政府安全部門製造設備的人，但這種中共官方的安排並不會告知他們。[394]中國政府招募人才，特別鎖定諾貝爾獎和其他國際科學獎得主。但一等他們來到中國，這些人都會受到壓力，要他們對中共認為具有較高戰略價值的領域有所貢獻。[395]

姚期智博士是美國普林斯頓大學的教授，他也成為中共人才招募的對象。兩千年時，他贏得圖靈獎（A.M. Turing Award），這是電腦科學領域最高的榮譽。[396]圖靈獎是以世界第一款通用型電腦發明人，也是人工智慧之父，英國人亞倫・馬惕森・圖靈（Alan Mathison Turing）為名。圖靈生前的貢獻不為外界所知，但日後大家才知道，他在二戰期間為英國情報部門工作，在破解納粹加密通信方面具有關鍵性的地位。因為他在這方面的成就，才讓二戰得以提前結束，少打了好幾年的時間。[397]

在破解密碼和創建密碼方面，姚期智和圖靈一樣非常的傑出。圖靈獎頒給他是要「表揚他對於運算理論的重要貢獻，包括在產生類隨機亂數的高複雜理論、密碼學與通訊複雜理論等方面。」[398]姚多年來就經常以科學交換計劃和講學等理由前往中國大陸。二〇一五年他效仿楊振寧的作法，放棄了美國公民身份，取得中國籍*。兩人同樣都任教於北京清華大學，並成為中國科學院院士。[399]

另一位被中共招募的學者下場則不同。二〇一八年十二月一日，中國科技龍頭華為的首席財務長孟晚舟，在溫哥華國際機場遭加拿大警方逮捕，罪名是違反美國對伊朗制裁。同一天，另一位美國學界被中共千人計劃招募的巨星級教授在矽谷神秘死亡。[400]科學家張首晟是非常出色的量子物理學家，據說他原本有望拿到當年的諾貝爾物理獎。他的研究導致新種類材料的發現，對於像華為這類正在尋找製造尖端微晶片的公司至關重要。[401]

張首晟原是史丹佛大學終生教授，也是美國科學院院士，二〇〇八年在清華大學曾被中國限制行動，後來獲得中共中央組織部同意返美回到史丹佛大學任教，之後創建了創投公司原名丹華資本（Danhua Capital）的 Digital Horizon Capital（DHVC）。[402]他的公司是由中國政府設的一家北京公司中關村發展集團所管理，負責在美國矽谷育成工作，投資出色的科學家、創新業者和工程師，並把握任何機會招募人才到中國工作。[403]中國政府想要對一些能發展成像谷歌、臉書這些次世代巨型公司潛力的公司有所影響。同時也希望取得其創新的科技，而這類科技正好都由史丹佛大學和鄰近大學研發。

到了二〇一八年時，張首晟的公司一共投資了一百一十三家美國企業，全都是想要將其

＊ 譯註：姚期智成長於台灣，畢業於台大物理系後赴美攻讀博士、任教。

所研發的新科技轉賣給投資人的新創公司，而這些科技也都是北京鎖定的重點戰略優先科技，像是生物科技、人工智慧等等技術。阿里巴巴、百度，以及其他與中共關係緊密的中國知名龍頭企業，全都在中關村發展集團的鼓勵下，重金投資給張首晟的公司。光是二〇一四年張就募到九千一百萬美金，二〇一六年更募到兩億五千萬美金。[404]他的創投公司所投資的企業中，就有一家公司專門給華為提供科技技術。[405]

但就在張首晟這些投資招募能力幾乎沒有什麼辦不到時，一些內幕卻一一被揭穿。他的公司在美國政府針對中共滲透矽谷的報告中被特別點名。一週半後，他的屍體就被人發現，身旁留有遺書，暗示他是自殺。遺書上說他一直為憂鬱症所苦，但卻也有人認為，這可能有中國特務涉入。[406]他的妻子告訴警方說，他死前三週才剛去了一趟中國，回來後就一直「為焦慮所苦，幾乎天天夜裡都失眠。」[407]

二〇二〇年，聯邦調查局局長克里斯多夫·雷伊（Christopher Wray）對記者說，中共一直在美國進行一項名為「獵狐行動」（Operation Foxhunt）的秘密工作。這項工作是要將全球被北京視為對其國安有威脅的人找出來，進行跟監，並加以剷除。中國特務使用了法律無法約束的手段迫使這些人返回中國，若這些人不從，則會被迫自殺。雷伊這麼說：

獵狐行動是習總書記和中國共產黨，針對在美國和全世界被他們視為威脅中共政權的中國人民的全面性行動……要是他們要找的獵狐對象無法找到，中國政府就會派出密使前往這些對象的家中訪查。這些密使所傳遞的消息則是給受獵對象兩個選擇：立刻回返中國不然就是自殺。而要是獵狐對象拒絕返回中國呢？那這些中共密使就會威脅恐嚇獵狐對象在美國和中國的家人；自認有責照顧人民的國家是不會這樣對待自己人民的。中共這種作法比較像是黑道集團的手法。[408]

二〇〇八年一份中央組織部針對千人計劃所發佈的文件指出，千人計劃鎖定的對象若是無意前往中國（或是不願合作），那中共會透過「特殊方式」去加以逮捕。換句話說，中國特務會想盡辦法逼使這些人就範。[409]北京當局策劃這些獵狐行動的人，把所有可能狀況都想到了，一切都在他們的掌握之中。

張首晟這樁悲劇看似特例，但聯邦調查局的描述和中共內部文件都顯示，他所遭遇的這些，對中共這個靠恐怖統治來維持政權的體系而言，是非常普通的事。死的雖只有他，但受害的可就不只了，同樣的威逼很多人都曾遭遇過。二〇一八年就在中國千人計劃網站關閉前不久，北京宣佈該計劃招募到海外八千多名的精英專家，他們被中國政府和軍方分配到一百一十五個單位工作。[410]一份由史丹佛大學所屬智庫胡佛研究所（Hoover Institution）所發表的研究報告就指出，共有超過三百位美國政府單位和六百位美國私人企業的專家被中共所網羅。[411]

吸收同化

千人計劃不過是中共吸收海外人才的途徑之一。招募海外華人和外國人才、專家，本來就在中國「國家中長期人才發展規劃綱要（2010-2020）」之中。該計劃要求招募三百八十萬名研究人員，由四萬名擁有深厚外國關係的頂尖科學與技術專家領導。這項計劃更配發四千兩百萬名企業界專門人才，讓他們去全球市場與其他國家競爭。最重要的是，該計劃更要求中共訓練出一百萬名戰略型精英經理人。由中央選出的億萬富翁負責經營中國巨型企業，這群人就負責帶著自己的公司擠進財富全球五百大（Fortune 500）。[412]

而為了確保這些人都效忠於中共，這類國外徵才計劃要求中共政府官員使用「創新手法」，來深化其對這些超級精英人才的控制，以保護國家安全。[413]當這些私人企業高層開始不可一世起來，碰觸到中共底線或者陷入貪污醜聞時，北京當局辦起他們來一點也不手軟，勒令公司停業或重組，將他們龐大的產業充公之類的事都在所不惜。[414]這種一切由高層作主的政治生態，其對企業的掌控對中共來說可是遠比賺錢這種小事重要多了。對他們而言，這才是雄才大略，因為透過這樣才能號令天下。

據解放軍教材《中國特色大國外交》所言，將出色學者吸引到符合中國發展的大方向。

科學和技術的創新與製造需要取得技術、人才、資本和市場……中國長久以來已經從開放經濟世界上的各國獲得很多這方面的好處。我們一定要保持這個吸引力，強化我們的跨國合作，讓別人開放、我們自己也開放。習近平說過我們要「招募別人進來」也「送我們的人出去」，融入全球創新網絡，以達成提升中國在科學與技術創新上跨國合作的水平。這將能讓中國保持並增加其創新的能力。[415]

中國全球戰略主要就是靠北京操縱掠奪性經濟政策，在美國領導的資本主義體系裡鑽漏洞取巧得勝，下面就是其手法。中國一方面會以國家支持企業，讓它們前去佔取資本主義體系開放性的便宜，藉此攻擊在全球市場上對中國企業形成競爭威脅的美國企業，並對他們的人才進行挖角，同時盜取他們的專利技術，獲得他們的經營門道，最後再以低價傾銷的方式，擊垮這些對手，慢慢減少其競爭力。另一方面，中國政府則築起一道保護主義的長城，讓所有外國企業在中國市場上，一點自我防衛的能力都沒有。

那些將公司遷往中國的高層，到了中國後只能被迫與中共控制的單位合資經營企業。這樣的合資經營型式一開始總是會獲利，雖然怎麼獲利的他們自己也搞不清楚。這之後慢慢的，這些外國公司就會被滲透、擺佈，最後跟著一起墮落。到頭來這些公司要不是為中共所掌控，就是財務完全被搞爛，讓中國培植的企業龍頭得以取代美國企業，拿下原本豐厚的市場佔比。聯邦調查局局長雷伊這麼說：「中國以違反法律和規範的方式，完全不顧任何市場運作機制規範，使用複雜的網路攻擊來竊取我們的數據和個人資訊，更以商業間諜手段來盜取我們的智慧財產和商業機密。然後再使用竊得的資訊讓他們在世界舞台上取得影響力，並贏得經濟和政治上的實力。」[416]

這就造成了上述我們看到的情形，過去原本是由美國公司生產的稀土產品，現在卻是由中國軍工產業在生產。北京當局的戰略成功執行到讓人瞠目結舌的程度，中國目前擁有全球最大的稀土存量，也是唯一有能力生產所有已知稀土礦產的國家。它對於全球市場的掌控是完全由中共黨中央發號施令，這一來美國和其盟邦全都要仰其鼻息，這風險實在太大。[417]中共在這方面的發展實在驚人，因為在冷戰時期，世上最大的稀土生產者原本是美國。[418]不要忘了，中國不僅在稀土礦產出口上取代了美國成為世界第一，它還有非常大的國內內需市場，佔了其稀土產能的大部份。[419]

美國高層和國安專家，實在不該輕忽中國壟斷醫療安全器材和稀土礦產所帶來的教訓。中共正在將同樣的戰略運用在所有推動未來科技和經濟成長方面以獲取實力，不管是綠能產業或是航空業、無線通訊產業、乃至自駕交通工具，都已經採用相同的手法在攻城掠地。但中國公司不像美國或其他跨國企業那樣需要靠獲利才能營運。他們都是中共手下的支部、分公司，獲得國家和軍隊各方面的補助。他們更不需遵守國際法，他們只要遵守北京當局的命令，追過那些國際產業對手就可以。美方和各國若沒有對應的戰略，那中國這套公式就會一直贏下去。

因為掌握了全球主要供應鏈，讓中國政府和軍隊找到了全球的弱點可以讓他們玩弄於股掌之間。醫療器材和稀土生產對於美國社會和經濟極為重要。但偏偏美國本土生產的能力已然嚴重萎縮。中國對於貿易種種不友善的作法，讓許多投資都轉往海外，然而美國本土的量能和產能卻都已經停滯。這造成了美國對於中國出口極度依賴，也置無數美國人的生命於高度風險之中。因此華府一定要瞭解到中國這套戰略的成功（和華府戰略的缺失）所在，開始採取因應之道，才能夠讓美國國防和經濟發展持續維持下去。

但這樣的提醒之語，華府當局總是恍若未聞，至今依然沒有採取任何措施來確保美國能夠從可靠的供應商那裡充份滿足其需求。[420]這讓美國，特別是美軍置身於危急的情況之下。中國官方已經顯示出，他們會不計一切手段破壞美國的利益了。[421]我們政府的領導人是否願意有所動作，讓北京無法再控制關鍵物資進口美國呢？美國製造業的從優待遇，並鼓勵本土投資、生產和倉儲是選項之一。和民主盟國、志同道合的友邦組成貿易集團則是另一選項。問題只在要不要和做不做。

染紅華爾街

二〇二〇年十二月八日，美國國務院發表了股市資料報告書，內容震驚四方。當天是星期二，正好是政府報告最容易在媒體引發震盪的日子（通常國務院如果有什麼消息不想被媒體廣泛報導，就會刻意選在星期五下午，大家急著要去渡週末的時候）。這份股市資料報告書顯示，竟然有那麼多隸屬於中國政府、軍方以及情報單位的中國公司，在美國紐約證交所公開股票上市，這些公司從此以後就被美國商務部和國防部列為「惡性有害」公司。從這份股市資料報告書我們就可以知道，光只是要求交易透明，並無法杜絕中共從美國市場挖錢。[422]

美國研究中國經濟政略的專家史劍道（Derek Scissors）估計，美國到二〇二〇年底時，投資中國的總額超過一兆美元。[423]而一般坊間深信，美中貿易戰已逼使美中脫鉤，但事實卻正好相反。在川普總統任內，有超過五千億美金的資金流入中國政府公債。[424]到了二〇二〇年，所有在美國股市公開交易的上市公司，全都在中國投資大筆金額，就連聯邦政府的工程承包商、國家退休金制度裡的錢，以及共同基金提供者，還有大學捐贈基金全都在中國有投資。[425]

北京藉由其對華爾街的影響力，緊緊將美國公司、政府雇員，以及投資者未來的榮枯和中國政府的穩定，以及成敗與否綁在了一起。國務院這份股市資料報告指出：「中國共產黨對美國國家安全的威脅延伸到我們的金融市場，深深影響著美國投資人。」[426]這情形就跟全球經濟其他領域一樣，華爾街和美國大型金融市場，被中國操縱利用的程度已經到了足以威脅其安全的程度了。但他們卻似乎繼續加深自己對中國投資的癮頭和依賴程度。

美國政府如果想解決這個問題，那第一步似乎並不難：就是讓大家看到問題在哪裡，然後就等私人企業主動正視這個問題，將資金轉投資到中國以外的地區。不良中國空殼公司在美國市場上可以說是盤根錯節，扎根甚深，而美國人又大量投資在中國國家主導的經濟體系中。華府擔心的是，沒有萬全準備就貿然採取反對中共的行動，恐怕反而會傷到美國的既得利益，破壞美國經濟的健全，進而危害到國家安全。對於美國政府高層而言，最明智的作法就是讓投資人獲得充份的資訊，而不是為了他們投資中國而懲罰他們。

當然，要是這樣做都行不通，那也不是沒有殺手鐧。聯邦政府這時就可以祭出會計稽核手段，查核在美國上市中國公司的內部交易帳目，讓所有和中共單位有牽連的公司全都下市。聯邦政府也可以依法禁止美國公民投資到敵對國家相關組織。他們可以限制中國方面投資美國易受影響的產業，像是科技、媒體和運輸等，這方面可以用的政治手段相當多。但每個手段都需要靠選票選上的官員做些困難、不利選情的決策，抗拒有權有勢的許多政治關說，也放棄很多好處才行。[427]

當美國還在猶豫斟酌該怎麼處理這問題的同時，美國投資人的錢已經大筆大筆地流往中國公司，支助中國建軍、架設全國性的人臉辨識系統、打壓言論自由和進行種族滅絕了。[428]華爾街上市美國公司現在慢慢也瞭解到中國公司在中國享有的不公平優勢，這些中國公司當然是坐享優勢持續成長。二〇二一年，華府官員和國會議員原本要通過法案，修補允許美國投資流進中國的法律漏洞（以及在外國的重要物資供應鏈和科技業基礎設施），但企業團體卻遊說華府阻擋了該法案。美中貿易全國委員會（U.S.-China Business Council）的發言人，竟然說當前的出口管制已經夠好，不用擔心會有危及國安的問題。[429]

白宮國家安全會議（White House National Security Council）官員通常立場及看法和親中企業不同調。但面對中國政府提供外國企業的優惠稅率和補助，他們也找不到什麼施力點可以勸退美國企業和投資客絡繹不絕前往中國投資，但也因此讓中共得以利用這些投資，去興建在未來取得地緣政治優勢所需的關鍵科技。[430]在美國，企業高層有責任要讓股東獲利極大化。也就是說，在合法的範圍裡，企業高層只能追逐利益而去。北京政府這招高就高在，這樣可以網羅西方資本主義者，讓他們成為中共國際共產體系下不知情的代理人。那些正在為中共未來大業打基礎的中國企業，同時也正是紐約證交所最熱門的股票檔次。[431]

在本文撰寫時，華爾街證券業和投資人還是不斷把錢大量往中國投資。長此以往，終將導致資本主義世界和民主體制的消亡。美國企業領袖癡心夢想要從一個壓制自由人權的體系中獲利，這種情形其實也不只是發生在他們身上。矽谷幾家最大的公司也同樣與中國這個科技獨裁政權有很深的掛鉤。數十年來，他們一直在發展監視器材和審查用的工具，並將之賣給中共，提供這個一黨專制的政權維持其在中國的統治地位。

這些矽谷大老應該感到慶幸，因為他們所開發的技術不能在美國作這樣的用途。但會不會我們太過樂觀？會不會美國程式設計師所開發出來賣給中國政府的出色演算法，卻被中國

華爾街與中國的連結（圖 Louis Martin- Vézian）

當成武器，反過來用在美國人的家中、用來對付美國人，讓美國人的自由人權和言論自由也受到侵害？美國會不會已經成為一個被監控的國度而不自知，還樂天地自以為享有自由人權和出版言論自由？

第九章　洗紅全球

通過這兩三年我們的技術佈局，我突然發現其實共產主義真的在我們這一代就可以實現。432

——京東集團總裁　劉強東

這一年聖誕購物潮才剛來到最高潮時，美國國土安全部部長查德．沃爾夫（Chad Wolf）就對大眾發表了讓人震驚的消息，指出在許多美國家庭購物清單中的一個品項有問題。「國土安全部正在檢查中國製造商TCL等所生產的產品。今年我們發現，TCL所生產的所有電視機都安裝了後門軟體，讓用戶因此面臨網路和資料被滲透侵入的危機。」433沃爾夫發表這消息當天是二〇二〇年十二月二十一日，意外沒獲得太多媒體的關注，他這訊息中背後牽連那麼廣，照理應該獲得廣泛報導才對。434

ＴＣＬ是全球電子產品巨頭，公司市值高達九百八十億美元。[435]據其官網所載，這是全球數一數二的電視螢幕製造商，也是在美國銷售數字成長最高的電視螢幕品牌。[436]ＴＣＬ的產品不管在百思買、目標百貨、沃爾瑪、好市多（Costco）和其他大型量販店中都是架上必備商品。大家都知道大名鼎鼎的好萊塢中國戲院（Chinese Theater），許多好萊塢電影首映時，巨星、演員會前往觀影，並在此留下掌印、供遊客瞻仰，現在中國戲院的命名權就在該公司手中（現更名為ＴＣＬ中國戲院）。[437]而且ＴＣＬ公司還和許多美國娛樂界知名的產品，像是電視節目《艾倫秀》（The Ellen Show），到玫瑰盃美式足球賽（Rose Bowl），以及電玩遊戲《決戰時刻》（Call of Duty），乃至職業籃球隊明尼蘇達灰狼（Minnesota Timberwolves）都有正式企業合作關係。[438]該公司更從二〇一六到二〇二〇年擁有黑莓（Blackberry）行動通訊的品牌權，該品牌所生產的所有手提行動裝置都由它生產，而這些產品則是全球各國企業和政府在進行機敏資訊通訊時所使用的裝置。[439]

而這一天，就在聖誕節前夕，美國政府最高執法官員苦口婆心向美國大眾解釋這荒謬的狀況：數百萬美國家庭可能就在自家客廳購置了可以監聽、駭入其網路，以及蒐集其個人和私密資訊的器材而不自知。他們在觀賞網飛（Netflix）影片、玩電玩遊戲、在線上工作時，他們的智慧電視可能正在悄悄地監視著他們，將他們的畫面和對話傳回中國的伺服器農場去。[440]這聽起來很恐怖又太像反烏托邦的邪惡了，感覺就像是美國國土安全部的反間情報員讀了喬治・歐威爾（George Owell）的經典小說《一九八四》太多次，幻想家中電視會監視他一樣。

但美國國土安全部的安全評估，並不是來自情報員的示警。這個警訊是由一群獨立安全研究員所組成的科技團隊所提供的，他們發現自己公司所使用的智慧電視有不明的技術瑕疵，因而向TCL公司通報。但因為他們的報告不受TCL公司採納，所以選擇將此事公諸於世，而且TCL公司還在未獲他們同意、也未告知他們的情況下，就自行取得該公司這台智慧電視用戶端的資料。[441]TCL公司在記者的壓力下只好承認，是因為電視有安全疑慮，所以他們用了一個修補程式加以修正，但這群研究員不滿的是，該修補程式是從遠端啟動的，「該公司沒有通知用戶，電視設備上也沒有出現告示。」[442]

這個遠端裝設「不為人知的修補程式」讓我們知道，該公司在它所出廠的所有智慧型電視機上都裝設了後門。發現這件事的研究員之一這麼總結：「這是大門完全敞開的後門。只要他們想要，就可以隨時從遠端遙控開啟或關閉你家的電視機、啟動或關閉你裝在家中和設備上的監視器和麥克風。該公司擁有遠端操控的管道。」[443]TCL公司否認自己有從事非法情事，但也坦承它們為了「維修」方便，安設了遠端進入工具。這些工具可以讓該公司、或其他人員遙控機件，包括該公司的攝影機和麥克風。[444]ＴＣＬ公司的網站事後亡羊補牢地發出安全警訊，並發表聲明感謝這群揭露後門內幕的研究人員，並說：

ＴＣＬ一接獲通知就立刻進行調查、全面測試、開發新的修補程式，並執行計劃發佈更新消息以解決此問題……ＴＣＬ對用戶隱私和資料安全性非常重視，尤其重視對於獨立研究人員在科技生態系統中所扮演的關鍵角色。我們衷心感謝這些資安研究人員告知我們此事，讓我們提升用戶經驗。我們致力於帶給消費者安全耐用的產品，我們相信已經為這些器材採取了有效的解決方案。[445]

但不管該公司再如何保證，運作上再沒有瑕疵，再如何給美國文化層面和社會帶來正面的影響，ＴＣＬ終究還是一家中國公司。而做為中國公司就表示依中國法律，它必須要配合中國共產黨軍隊和情報單位的任何要求。[446]美國國土安全部長就這麼說：「ＴＣＬ……受到來自中共給予國家層級的支持，讓它得以在全球電器產品的市場上與人競爭，更讓它成長為全球第三大電視機製造商。」[447]沃爾夫部長指出有中國政府「大量地」、「利用中國企業、組織和人民秘密獲取敏感性商業資料，以達到其經濟與國家安全的目的。」其結果就是，「中共所支持的公司獲利驚人。」[448]

但我們抓不到任何證據足以證明ＴＣＬ公司的作為有觸犯任何美國相關法律，也沒有證據證明該公司將用戶資料提供給中國政府使用，而一些最壞的假設有可能也只是杞人憂天。但是，這已經不是美國政府第一次表達關切了。二〇一九年十一月二十六日星期二，正好是黑色星期五聖誕節購物潮開始前三天，聯邦調查局特別提醒：「你家的電視製造商和軟體開發商有可能在監聽、監視你的一舉一動……一名居心不良的網路行為人或許無法直接進入你設了密碼的電腦，但你家的電視可沒設密碼，這就給了他們從你的寬頻分享器進入的方便後門。」[449]

一週後聯邦調查局又發出後續通知，指出類似的風險不只存在電視機座。因為物聯網的出現，全美國的家庭都已經曝露在風險之中。「基本上，這表示你家中只要有聯上全球資訊網的任何東西……數位助理、智慧手錶、身體數據監測器、家庭安全設備、恆溫器、電冰箱，甚至電燈泡全都被其所掌握。」聯邦調查局這麼指出。而對聖誕節消費者不小心買到這類產品所存在的風險還包括「遠端遙控機器人、電玩和電玩系統、小朋友玩的互動式洋娃娃，以及會說話的絨毛娃娃。」[450]

聯邦調查局和國土安全部似乎是基於機密原因，無法把相關證據秀給大家看，所以只能從合理懷疑的角度向大眾發出警訊。但負責美國國家安全的高層官員也知道，基於工作義務，只要有一點風險存在，他們就不能不提醒大眾。而他們所採取的這些行動，也出現了立竿見影的效果。到了二〇二〇年，包括TCL智慧電視在內，越來越多中國科技產品，都成為美國聯邦政府禁用的品項。[451]

但在一些國防專家眼中，這樣的禁令還不夠。州政府和各地方政府依然在花納稅人的錢去採購一些華府認為應該禁止的中國商品。即使這些電子產品在白宮和五角大廈都已經禁用，卻還是在全美各地可以看到。由科技顧問公司史傳德顧問公司（Strand Consult）所發表的一份報告就提醒美國地方政府高層：「一旦安裝中國廠商的產品，就讓廠商方面有機會取得原本只限於法庭、警方、選舉部門、教育部門、兒童和家庭服務系統，以及其他社會服務單位和機關才能取得的敏感個人資訊和財務資訊。」[452]

《富比士》雜誌（Forbes）一篇文章則更為悲觀，該文認為美國最該擔心的並不是重要個人和私密資訊遭到竊取。更嚴重的是，美國各地監獄已經安裝了TCL公司電視機在獄中，這一來就讓外界可以透過網路系統駭入這些電視機，該文引用了上述資安研究人員的話這麼說。[453]這可比個人隱私被侵犯，或是商業機密被竊取要嚴重多了。中國政府可能正準備要對於這些關了重刑犯的機構進行秘密攻擊，而且這樣的攻擊，美國人可能要到事發後、為時已晚之後才會發覺。

美國國防相關主管機關，於是突然開始質問開放中國科技公司進入美國市場的決定。但儘管政府官員開始針對如何建立機制，以保護政府重要功能，並討論該從什麼地方下手。對於美國一般大眾而言，卻顯然早就已經曝露在這風險之中，而他們能做的就只有尋求自力救濟。聯邦調查局所發出的警訊通知，敦促遭到影響的公民要更改密碼，並且為網路加裝防護系統，並且定期更新其家中設備。「您家中的冰箱和筆電不能使用同一個網路系統，並且要把最私密、敏感的資料另外存放，不要和其他設備共用相同的互聯網。」[454]但要是大家所買的電冰箱和筆電同樣都是由中國公司製造，而且也都接到解放軍或中國國家安全部命令，要在設備中安裝後門，那該怎麼辦？這一點聯邦調查局沒有給大家答案。

華府現在已經逐漸意識到這一點，因此開始用戰略競賽的角度去看待網際網路。網際網路在華府被視為地緣政治中關鍵的一環，具有影響整個國家的戰略地位。但對於美國整體社會大眾而言，他們對網際網路的態度卻還沒有提升到這種警覺性。已經有越來越多、大量的證據顯示，這些中國製電子產品，只要能夠連上網際網路的，都有可能成為被北京當局利用的威脅性載體。[455]但究竟北京在背後用這些東西幹什麼大事，卻始終沒有人出來加以說明。就算中國政府有辦法從七千英里外的地方竊取美國各州政府稅務記錄，或是監看美國消費者家中狀況，又有什麼了不起的？會有什麼影響嗎？

丹．托賓（Dan Tobin）是在華府郊區國家情報大學（National Intelligence University）任教的情報分析師，他會說中文，他就極力想要導正大眾這種不以為意的態度。因為他深知中共在線上行動的野心，遠超過多數觀察家所認知的。他曾向美中經濟與安全審查委員會（U.S.-China Economic and Security Review Commission）遞交一份證詞，當中他就指出，中國政府正在對外輸出其極權體制。而為了達成這個目標，中國共產黨計劃要使用數位線上設備來「由北京重新改寫全球的連線」。[456]

托賓運用公開情報來證明自己的論點——公開情報是公開給一般人和學術研究使用的文件——他指出，美方對於中國戰略意圖究竟劍指何方一事的討論，根本早在數年前就應該達成共識。托賓這番話點到為止，他不好意思指責美國參眾兩院，以及美國所有中國研究界等對於中國的討論至今依然還停留在最基本的問題，只是一直在換湯不換藥的老論點上爭論，也始終沒有達成太多新的共識。[457]美國式民主和自由的未來已經岌岌可危了，對於該怎麼救亡圖存竟然還沒達成共識。

中共所控制的電子設備製造商是怎麼讓反對者的聲音消失、又是如何擠進美國各大商家的架上，而且又在美國資訊生態系統中取得這麼強勢的地位？為什麼要讓它們下架又這麼棘手？要是歐威爾《一九八四》小說中的「老大哥」，這個控制著所有人生活的人真的存在於我們世界中，而且還穿上了中共毛裝，那他想蒐集大家的資料以圖什麼大業？

突發奇想的實地考察

一個禮拜一早上，習近平決定要帶中央政治局慣常舉行的集體學習小組走出中南海，離開中共領導階層所在的北京這處核心辦公室，到外頭的中關村去看看。[458]空氣中飄著冷冷的秋意，天空跟剛塗上牆的水泥一樣顏色。因為有霧霾，對他們這群中共政壇的大老而言，這可不是出遊的好天氣。但是他們還是走到外頭來，在不算長的車程後，他們一行二十五人來到了目的地。[459]

中國人民對於中央政治局在做什麼一向毫無所知。在這之前，中國這群統治高層一向就喜歡關起門來搞密室政治。這種政治局集體出遊的事前所未見。[460]所以他們在保鏢和多名將領簇擁下一現身當地，就成了大事。而以他們這樣重要的身份，會選擇來到中關村這個地方，則更是值得注意。

中關村科技園區被中共稱為「中國的矽谷」（簡稱中關村），該園區位於北京西北邊，清華大學、中央黨校，以及由中國政府管理的中國科學院附近。這裡是中國知名龍頭企業的所在地。電腦巨頭聯想、搜尋引擎巨頭百度、線上娛樂巨頭騰訊、線上購物巨頭京東、消費電子產品巨頭小米，以及社群媒體巨頭字節跳動（抖音、TikTok，以及今日頭條都是它旗下企業）都誕生於此。[461]

中關村這區聚集了無數《財富》五百大企業榜上的公司。微軟、英特爾、IBM、谷歌在這裡全設有分公司和研發部門。[462] 中關村園區和國際科技生態體系的連結，是中國政府沾沾自喜對外宣傳的成就。但中關村看似對外界開放的表面下，卻有許多不為人知的秘密，而其雖被稱為中國的矽谷，卻和美國加州矽谷以原創、自由精神創新科技，以及不從眾的風氣有著天壤之別。

蘋果電腦的傳奇創辦人賈伯斯（Steve Jobs）曾要大家「跟人想得不一樣」，要是他從這裡起家，肯定沒有機會成功。因為中關村是中國政府一手策劃的科技大本營，這裡完全由國家採用馬列風格在經營掌控。中國並不存在西方的民間社會或民間企業。中關村就跟中國其他地方一樣，一切都被共產黨支部牢牢地看管著，其黨支部在這些公司裡的工作，則是負責長期戰略文件發展以及完成配額制度。[463]

中關村科學園區說白了就是一個大家扮成科技業宅男，然後自稱在追尋原創、獨特性的地方。在中關村一家咖啡館外頭一個招牌就這麼標榜：「離創業，你只差一個車庫；離創新，你只差一杯咖啡」。[464]說是這樣說，但事實上，這個電子產業特區不過是中共政權的延伸，想要擁有個人的政治理念或是展現開疆闢土性格的創業工作，在這裡都不被允許。這個園區只允許符合主流的想法，那些穿著時尚新潮的光鮮外表下，全都是向中共政權哈腰奉承的人。再怎樣有雄心壯志的獨角獸企業新創家，在這裡也要向他們的政治頭子低頭稱是，奉中共的命令，不然他們的滿腔抱負就只能一籌莫展。想在中國資訊科技產業成為亮眼的明日之星，那就得好好聽中共和解放軍的話。

在這數百家科技公司裡，都設置需經安全調查才能參與的工作項目，而且這些公司在中國軍備產業裡都扮演了重要角色。[465]一度中共曾在網上貼出一份權威性的報告（但後來被中共官方全數刪除）就指出，中關村園區的未來「將會視由中國軍隊的需求來推動……該園區的目的是要及時把握國防擴增和人民解放軍從現代化走向資訊化的機會。」[466]該份報告同時也指出，中關村園區的科技公司負責生產加密通訊設備、軍用機器人，以及大數據產品——這全是中國政權守門員為了要維護高高在上的中央政治局安全而進行的安排，目的就是在鞏固中共嚴格的社會階級制度。[467]

這種對於中國生意人要求一切從眾，不允許有自己的思想的態度，連中國統治權力高層也奉行無誤。在習近平帶領中央政治局一行人前往中關村園區後，中國政府隨後承認，政府高層領導人的確造訪過此地，並隨即發佈此行照片。照片中可以看到這群中國統治權力最高的人們，臉上掛著一式的表情、穿著一式的服裝。從尼龍外套白襯衫到不合身的長褲，以及磨損到不行的黑鞋，就好像全都是同一個衣櫃裡拿出來的一樣。而照片裡的背景，與其說是中關村或是他們的研讀場所，還不如說是電影場景，非常不真實。[468]

中央政治局參訪中關村園區這樣的戲碼，可以說是中國政治樣板的最高層次展現。也因此透過中共宣傳單位所塑造出來的整體氛圍，給人一種像是科幻電影一樣的不真實感。這整套科幻電影的腳本像極了這樣：二十多部由「無臉官僚複製機」所製造的擬真機器人從實驗室脫逃，跑到了光鮮亮麗的展場大廳，站在五光十色的數位電視牆前，無助地想找到當初創造自己的人。一場冒險和曲折的劇情就此展開！[469]

但，這群中共高層官僚儘管外表看似機器人，他們畢竟都是血肉真人，他們的體力和注意力集中的時間都有限。據媒體報導，他們在這裡聆聽中國科技界大老短暫介紹中關村。然後就在一塵不染的園區逛了一圈，和還沒有名氣的執行長和科學家閒聊，聆聽他們最新研究心得。中間他們提問了幾句關於大數據分析和先進製程晶片的發展，[470]然後就瀏覽各式表格，瞭解在雲端運算、3D 列印，以及奈米科技等方面的發展，[471]隨即搭上貴賓專車離開了。從頭到尾在園區待的時間？一個小時。[472]

從這些官員照片中的表情看來，多數人似乎不是很樂意參加這次集體學習行程，甚至覺得很無聊。[473]中央黨校一名官員說，高層的「戶外集體學習行程」是一大創新，顯示中共是「一個精於學習、懂得該學什麼、也熱愛學習的馬克思主義領導政黨。」[474]但，要是讓中央政治局這群高層有機會針對今天的行程進行不記名投票的話，他們大概會集體選擇留在中南海高牆之內，不要出去拋頭露面，享受溫暖會議中心不被打擾、只有自己人的同溫層。[475]

中共高層領導人一向慣於坐收一些「特別內容農場」生產上繳的報告，這是一種自保方式。[476]要獲得產業新知，那就該是研究人員進來向他們報告，而不是他們下鄉到現場去一一聆聽採收。[477]更何況，他們不喜歡聽一些冷冰冰的科學數據，而喜歡在政治理論裡鑽牛角尖。《人民日報》一篇報導提到中央政治局過去的集體學習習慣：「共產黨一直都對於馬克思主義基本教條的重要性非常堅持」。「在課堂中（或最近的集體學習中），他們研讀了兩遍馬克思主義哲學，同時也研讀了馬克思政治經濟學的基本原理和方法學。」[478]

但習主席和這些中央政治局同志的看法有一些地方不同，對於馬克思主義的運用，就是其中不同的點。他很看好先進科技的力量，他也不像之前的中共國家主席那樣，熱衷於集體決策。他讓自己成為中國的獨夫，他的能力來自於「獨具別思」，而這正是他所要做的事。

這天的中關村之旅，肯定是啟發了他的想像力，也讓他獲得活力。一名攝影師在旁就捕捉到他比手劃腳、興奮說話的神情。對比之下，其他中南海來的同志，一路上就顯得疲憊、無趣得多。[479]在這趟中關村之旅最後，習近平向同行人宣告，大家這次所見的這些科技革命，給了中共難得的戰略契機。[480]隨後發佈的許多資料來源讓我們知道了他的言下之意。

中國隊：世界思想警察

在一份外流的中共軍方文獻中，就提到這次中央政治局前所未有的中關村之旅。《中國特色大國外交》一書中說，習在這天所提到的科技革命，將會影響到全人類。[481]在這新的資訊時代，在網路的推波助瀾下，將會對人類生活的每個面向都產生影響：工作、購物、生活的所有方式。而這正是中共等了好久的良機。「隨著科技的創新和突破影響的領域越來越多，就越有能力推動生產以及重塑人類經濟結構的整體，」該文獻如此指出。[482]

「每個國家都在科學和技術領域展開激烈的競爭。每一次新突破都可能帶來難以預期的競爭優勢。」[483]該書提到，中共的目標是要成為國際生產製造這個領域裡，弱肉強食食物鏈最上層的掠食者。書中並提到，在競逐全球科技頂尖地位的競賽中，北京要靠著滲透全球創新網路獲勝。中國要汲取國際人才和科技，並對外投資以獲取精英、重塑國外機構。這樣極深遠地推動其影響力，日後全球新標準的制定人將會是中共，全球新秩序，以及全球新規範的樹立者也會是中共。[484]

「我們會將中國思路和中國方案提供出來，作為管理全球網際網路發展的模式，」該文獻這麼說。「作為大國的領導者，中國有責任和義務。而這件事正是這個責任的展現。」[485]另一份文獻《形成軍民融合深度發展格局》中則證明，中共打算要用網際網路來創造全人類共同體。

網路與資訊科技、社會與生產息息相關。國與國之間的利益在網路空間互相重疊且交融。一個單一的網路空間領域就會安全、穩定、繁榮。這對於任何國家的和平發展日益重要，對全世界亦然。「網絡空間命運共同體」是中國對於這個時代發展所提出的積極答案。[486]

該文獻繼續指出，人類對網際網路的依賴程度越來越高，中國政府要努力將人類都串連在一起，讓全世界所有國家成為馬克思共同體的一部份。中共的科技網將會無所不在，讓網際網路的使用者就算離線也難以逃離。個人與北京共同體之間無所不在的關係將會變成：「休戚與共，同甘共苦。」[487]

該文獻更強調，資訊網路是現代社會的「中樞神經系統」，「滲透到人類生活所有相關空間中，攸關生死存亡。」這個系統可以用來加速創造一個截然不同的全球秩序。「不同的社會裡，虛擬空間和真實世界都已經交織在一起了。客觀來說，國際間正變得互相連結，因為全球網際網路逐漸變得緊密，成為單一的共同體。」[488]

要是未來世界將會透過科技的蔓藤緊密連結在一起，讓人類整體形成一個有機體，那掌控這個有機體大腦的政府，將有無比的權力、無所不能。二〇〇一年，中國當時的最高領導人江澤民，曾將網際網路比喻為「政治、意識形態和文化的戰場。」[489]在他的眼中，全球戰事始於國內。在他任內，中國政府命令國內外各科技公司要協助中共監看、審查網路內容。

中共建構了「網路長城」，以此審查、過濾網路內容，讓中國境內的網路用戶無法看到國外社群網站如臉書、推特等。舉凡中共不要人民看到的新聞、學術報告和部落格，全被擋在這長城之外。而凡是在國外轉貼這些新聞、學術報告和部落格，而人在中國的作者，全都被中國政府逮捕。當中共政權的秘密警察無法阻止中國海外異議份子或是人權團體時，他們就發動惡意的網路攻擊或是逮捕這些人在中國的親戚和朋友，以他們為人質來要脅人在國外的異議份子。[490]而中國政府還經常派特務到國外去追蹤這些人，再對其飽施恐嚇。[491]

二〇〇四年，「雅虎中國」被中國國家安全部下令要指認一名中國記者，因為他使用了自己的雅虎帳號，將一份內部文件寄交給紐約的人權團體（該文件是針對六四天安門大屠殺週年紀念審查禁令）。雅虎中國礙於中國情報單位的壓力，將該帳號使用者真實姓名交給中國政府。雅虎連該份電子郵件的內容和電子郵件地址都交給了中國政府。這名記者後來遭中共逮捕*，在經過兩小時的審訊後，被判十年刑期，罪名是「洩漏國家機密」。[492]

二〇〇七年，當時的中共總書記兼國家主席胡錦濤告訴中央政治局同事，當前中共的防衛方向──全面以政府宣傳覆蓋整個網際網路，並且嚴密審查批評政府的言論，防杜不利中共的外國思想散播──是必要，但卻不足的。中國防火長城的智慧高牆和線上人力網管，都需要使用主動出擊的思想警察。胡錦濤因此認為中共要「取得線上輿論權的優勢」。[493]中共力圖在這方面實施擴張的不利。為了要在網路上取得言論的主導權，中國政府要碾壓惡意的言論，以免其擴散。而要達到這樣的目的，就要在這些言論剛萌芽時就發動攻勢，而且要從源頭追起，不論天涯海角都不能放過。

＊　譯註：該新聞從業人員是服務於湖南《當代商報》的師濤，已於二〇一三年八月二十三日獲釋。

時序跳到二〇一二年，習近平上任了，中國境內連要在網路上搜尋「真相」二字都被官方審查所屏蔽。歐逸文（Evan Osnos）指出，上網搜尋真相的中國網民，會看到下列的通知出現在螢幕上：「根據相關法律、法規和政策，『真相』搜尋結果未予顯示。」[494] 中共在網路審查日趨嚴格，藉此得以維持其對中文社會的掌控，不受到經濟蓬勃發展的影響。鎮壓中國網路世界可以說是中共的高招。但對習近平等高層而言，這不過是牛刀小試。北京當局所想要達到的，是要建立線上思想武器，一種從來沒人見過的武器。

中共現在所開發的人工智慧科技，可以找出其所要刪除的內容，並加以刪除，這種人工智慧還會自動書寫中共想要的訊息，然後將之送往全球。據李開復所寫的《AI新世界》（*AI Superpowers: China, Silicon Valley and the New World Order*）一書所載，字節跳動公司是第一家成功開發出相關科技的公司。「字節跳動」旗下的新聞和資訊平台「今日頭條」（一般被稱為頭條），就開發出一款特殊的演算法，可以找到線上「假新聞」並將之刪除。該公司又寫了另一條特別的演算法，可以生產惡意假訊息並將之大量散佈。當這兩種人工智慧武器技術成熟到可以上戰場時，「今日頭條」就讓它們上線互相對抗。然後就是一場數位化的鬥智競賽，透過這樣的競賽，可以讓兩種演算法都越來越強，該公司透過這種方法，因此變得非常具有商業價值。[495]

到了二〇一七年時，「今日頭條」公司又買下了一家法國的新聞聚合器，以及musical.ly——也就是現在最有人氣，改稱為抖音的中文短影片APP。[496]二〇一九年八月，《華盛頓郵報》報導「字節跳動」正在「與中共密切合作，要對中國西邊省份新疆的維吾爾族穆斯林，進行言論審查和嚴密監控。」[497]在那之後，倫敦《衛報》（*Guardian*）也報導稱TikTok（海外版抖音）會審查用戶的影片，並且「正在海外透過該軟體推動中國外交政策目標。」[498]

到了二〇二一年，抖音海外版更新其美國區的使用者隱私政策，並稱「可能會蒐集用戶依美國法律界定為生物識別特徵和生物識別資訊的相關訊息，像是指紋和聲紋等特徵。」這項新政策表示，抖音海外版可能「會將所有蒐集到的相關資訊與其總公司、子公司或是其他我們集團的分公司分享。」[499]莎曼莎．霍夫曼（Samantha Hoffman）這位澳洲戰略政策研究所（Australian Strategic Policy Institute）的專家就寫道：

> 字節跳動公司的隱私政策說：「只要該數據與國家安全、國防、公共安全、或是公共衛生」有關，它就會將用戶的數據在未經當事人同意的情況下分享出去。……在中國，對於什麼樣的行為屬於妨礙國家安全的定義，完全取決於當局專斷的決定。簡單一句話就是，只要國家想要這些數據，就是國家的。[500]

這些媒體的披露就算壞了字節跳動和抖音的名聲，也看不到什麼明顯的影響。抖音海外版據報在全球每個月擁有十億用戶，[501]這包括了美國境內七千三百萬名用戶在內。在這裡，這個軟體被下載了一億六千五百萬次，每天估計全美的行動網路上有一成八的用戶在使用該軟體。[502]而在十二到十七歲的美國年輕人當中，更有高達六成三的人口是該軟體的固定使用者。[503]

其他中國科技巨頭如騰訊、百度、阿里巴巴等，也都大舉入侵美國市場。騰訊的微信（WeChat）這個超受歡迎的軟體，據信其所搜集到的用戶資料，遠超過全世界其他商業系統所合法搜集到的，也因此讓該軟體深受美國投資客和研究人員所青睞。[504]二〇一七年，騰訊在西雅圖設立人工智慧實驗室，很快就開始對微軟展開挖角行動。[505]百度也不落人後，在矽谷設立兩間實驗室，一間供人工智慧使用（包括雲端運算和網際安全），另一處則是自駕車。之後百度還在西雅圖開設第三間人工智慧實驗室。[506]

阿里巴巴宣佈斥資一百五十億建立全球搜尋網路中心，這包括了矽谷和西雅圖兩地。[507]根據阿里巴巴的說法，該實驗室會從麻省理工學院和美國各頂尖大學招募人才，擔任顧問成員，同時也會和加州大學柏克萊分校合作共同進行研發。阿里巴巴的目標是要發現「新的突破性科技」，以便在類似數據智慧、物聯網以及量子科技等方面「居於開發新世代科技的最前沿」。[508]

根據李開復所述，中國政府科技業的巨頭常愛說一個笑話。請問：人工智慧的研發先進程度，中國差矽谷多遠？答案：十六個小時，就是加州和北京的時差。[509]這個笑話背後所點出的恐怖事實是，美國頂尖研究人員的研究成果，輕輕鬆鬆就能被中國政府所控制的中國實驗室所取得。其實，許多頂尖的美國教授、科學家和工程師早就已經被中國公司所網羅，直接在幫他們出力了。而且整個國際科技界，也幾乎沒有人不願意和中國方面的科技人員合作並分享他們的研究心得。也就難怪，一些高科技知識就以寬頻的速度快速地轉移給中國。[510]

在歷經了二十年如同愚公移山般對網路的控制之後，中共在國內的網路空間取得了難以動搖的地位。中國境內的網際網路宛如一座碉堡一樣固若金湯，讓人連想要突破其防火牆的歪腦筋都不敢動。這也讓北京當局得以轉守為攻，開始對外出口其思想和作法。現在回頭看，這些事其實在當年都是有跡可循的。中國政府今天一再要外國用戶接受「中國思路」以及「中國方案」等說法，這種作為，我們早該有所提防，而不是到現在才感到措手不及。對於北京試圖吸引外國人去協助它達成全球數位主導權一事，我們也不該感到意外。畢竟，每個國家會想要推進自己的國家利益，這本來就是天經地義的事。但讓人意想不到的是，有那麼多熱愛自由的美國人竟然願意去協助它。

第十章　數位獨裁巨頭

習近平已經讓我們看到網路顛覆的力量可以被逆轉……在他手中，網路作為民主化工具的事實，被逆轉成為獨裁對人民無所不知的控制。[511]

——高西安（John Garnaut）

中共在二〇一四年舉辦了由其創辦的首屆世界互聯網大會（World Internet Conference）作為其對網路的實驗。它選在上海近郊一座小鎮烏鎮舉行，這裡以具歷史性的水道和運河聞名於世。這次大會造成轟動後，之後每年都會在同一地點舉行，而且範圍、規模、影響力越來越大。也因為該大會，烏鎮新潮的飯店和咖啡店，成了中國政府、軍隊和情報機關經常造訪的地方，更不乏國外的科技業名人，包括億萬身家的執行長如馬斯克（Elon Musk）（特斯拉和SpaceX）、提姆．庫克（蘋果）、以及桑德爾．皮查伊（Sundar Pichai）（字母控股

Alphabet 和 Google）前來朝聖。[512]

習近平對這大會是非常重視的，所以他將之列入每年必定公開現身的行程。對那些想要一見習主席的商業高層而言，幾乎沒有比來這裡更適合的了。首屆大會時，習來這裡主持大會主題演講，之後每屆大會他要不親自蒞臨，就是透過特別代表幫他傳達訊息。[513] 據習所言，這場大會的目的是要宣揚他對未來的馬克思主義遠景。「網絡空間的命運共同體是人類命運共同體在網際空間的延伸和發展，網絡空間已成為實現人類命運共同體思維的重要平台。」[514]

二〇二一年，這個網路大會的主題是「邁向數字文明新時代——攜手構建網絡空間命運共同體」。據中共所控制的各個官媒報導，該大會共吸引了來自九十六個「國家和地區」的兩千名代表與會（「地區」意指台灣代表也到了）。除此之外，三百個「知名公司和機構」也參加了該大會的科技展。[515] 相較之下，全球最大型的年度世界領袖聚會聯合國大會，在二〇二一年於紐約開會時，卻只有八十三國的元首列席，而且其時間就在烏鎮的互聯網大會幾週前。[516]

烏鎮互聯網大會是由中共中央網絡安全信息化委員會辦公室（亦被稱為中國互聯網信息辦公室）籌辦，這是習近平上台後才新創的一個政府單位，用來加強他對網際網路的掌控，並且推動他的意識形態在網上的影響。來自特斯拉、英特爾、高通、思科系統這些一流公司的高層執行長全都站上這個大會的講台致詞。[517]

馬斯克為這次大會錄了一段影片，影片中他說，他相信下一世代的物聯網將會改變全世界人類的生活方式。智慧型、透過網路互相聯結的交通工具尤其重要，而中國就會站在這個轉變過程的風尖浪口上。「中國耗費了龐大資源和力氣將最新數位科技運用在包括汽車等不同的產業上，讓中國成為在全球數位化上的領頭羊。」馬斯克這麼說。[518]他更附會中國當地新聞的報導，表示特斯拉在中國已經建立了一個數據中心，當中所蒐集的訊息全都是該公司在中國所生成的個人化資訊，無法轉移到國外，將永遠安全地儲存在中國。他的結論是：「特斯拉將持續擴展並投資在中國的研發工作。特斯拉希望共同創造一個分享利益、責任和治理的數位化未來。」[519]

思科執行長羅卓克（Chuck Robbins）也以線上方式與會，並發表主題演講。「思科很榮幸能在中國三十年來的發展故事中有一席之地，」他說。「過去數十年間，人工智慧、大數據、雲端運算、邊緣運算和物聯網等科技的快速發展，讓我們生活在一個緊密連結的世界中。」[520]羅卓克指出，思科在中國的工作，獲得中國政府賜予機會，「可以說是以網際空間共享未來構建共同體的最佳示範……我們感謝您給我們這個機會。」他又對觀眾說，思科「完全認同習近平主席以網際空間共享未來構建共同體的理念……我們真的進入數位文明新時代了。」羅卓克接著說，「思科將持續盡一切努力成為中美建設性合作的楷模。」[521]他這番話在中國各宣傳平台上大受歡迎。[522]

習也給世界互聯網大會捎了封信去，由他特別指定的代表在開幕典禮時大聲念給在場與會者聆聽：「中國願同世界各國一道，共同擔起為人類謀進步的歷史責任……增強數字政府效能。」習在信中又說中國志在「讓數字文明造福各國人民，推動構建人類命運共同體。」[523]

二〇二一年世界互聯網大會上這番言論，與他在幾天前於北京中關村論壇上的演講互相呼應。[524]論壇中他說到：「希望與會嘉賓深入交流、集思廣益，為推動全球科技創新合作，推動構建人類命運共同體。」[525]

從習的多次演講（以及獲得官方授權的習近平思想等著作），中國政府視這些全球性的科技論壇，配合的外國公司，以及國際研究計劃為推動全球戰略的關鍵步驟。那些一個個對中國彎背哈腰的美國執行長所發表的演說雖然立意良善，但若沒有化為有益共產黨實際行動的話，就不具任何意義。二〇一六年，中國政府據報使用了敲詐的伎倆強迫蘋果公司執行長庫克簽了一紙五年兩千七百五十億美元的合約，保證該公司會持續在中國生產運作。這紙靠脅迫得來的合約，後來在二〇二一年十二月七日被揭露。合約中，蘋果公司同意支持中國政府研究計劃，投資數十億美金進入與美國同業有直接競爭關係的中國科技公司身上。蘋果公司還同意，在其生產的器材上，使用更多由中共控制的供應商所生產的配件和軟體，此舉將造成蘋果公司更加依賴北京所控制的公司和後勤動線。[526]

中國政府已經把特斯拉、思科、蘋果和其他美國企業都拉進環繞中共的生產衛星軌道中了。習近平的計劃就是要將他們留在那些位置上，將其啃食殆盡、吸乾他們的創造力作為養份，以改變全世界的政治版圖。

數位經濟是全球經濟重要的一環……中國作為全球每個網絡公司最大的國外市場，早已與全世界發展出讓它們融入我們、我們也融入他們的關係。我們正在更深入地與人類命運共同體融合在一起。」[527]

《形成軍民融合深度發展格局》一書指出，中國所控制的資訊科技「正在滲透到人類的生活、社會治理、經濟發展、科學與技術和創新。網絡正快速發展為中國經濟擴張的新亮點。這是一股塑造世界經濟的全新力量。」[528]

這份文獻主張網際空間不是一個人人平等競爭的環境，網際網路也沒有所謂的公平。誰掌握了網際網路的核心技術和基礎建設，就可以決定科技資源在全球的分配。居主導地位的國家就能用他的專利手段控制市場，並形成壟斷或是企業聯合。他們能夠自訂遊戲規則，決定線上規範。他們可以利用網際網路來操弄全球性的輿論走向，影響全世界人們的思維，決定什麼才是真相。[529]

這份文獻一方面看到網際網路可以為中國提供大好的機會，但同時也看到當局若不取得有利位置對網際網路充份管理的話，也可能對中共政權不利。要是中共不加以防備，那些不友善的外國人就有辦法駭入中國，竊取個人和私密資訊，從事金融犯罪、癱瘓電網，甚至醞釀鼓吹民主運動。「美國中情局無所不用其極地想要對全球智慧型手機、筆電、桌電，甚至智慧型電視和使用網路運作的車輛進行監看，」這本解放軍的教材這麼說。「層出不窮的事件都顯示我們的網際空間安全任務非常吃重，而且該加強的事還很多。」[530]

《中國特色大國外交》一書的主張也相同。該書認為，未來科技將會涵蓋住人類歷程的每一分每一秒。因此，預期科技發展將會觸發一連串的連鎖反應，而其所造成的社會性爆發，則會帶來全球性的激烈變革。國家和企業還有個人，都會紛紛被中國的科技革命所吞沒。[531]書中指稱，中共因此只能朝向讓自己卓越的方向前進，同時也要確保自己的安全。「在大部份新科技領域，中國一定要控制關鍵環節，並且獲得主導地位。」[532]

該文獻舉機器人為研究案例。「習近平非常重視中國採用機器人科技，他相信中國將會成為世界上機器人最大市場。」[533]文中繼續說，「我們不能單只提升我們中國機器人的品質，而是要竭盡全力在這個市場上獨佔鰲頭。中國將以機器人和智慧生產作為國家科技優先重要創新領域。」[534]但要如何確保機器人是中共政權命令和意識形態的忠心追隨者呢？

「我們要控制以資訊科技為基礎的網絡關鍵基礎設施，並且控制其使用的方式。這樣我們就能夠對每個經濟領域進行大規模重新改造和更新。」[535]為了達成這個目的，北京正在追蹤全球科技的新發展，以求全面性掌控這些新發展。「我們會努力追趕並超越其他人，盡力在關鍵技術領域縮短差距，並掌握相對優勢。相對優勢決定一個國家在價值鏈上的地位。決定了我們是否能佔據國際價值鏈的最頂層。」[536]

中國電子產品出口、數位基礎設施合約，以及與其他全球科技生產中心的連結被認為已經成功改變全球政治版圖。而中共正計劃要再往前擴張。

創新有賴國際合作。因為資訊科技的進步，以及全球經濟成形，世界已經成為一個共同體。每一個國家、地區、生活領域現在都來到無法逃離外面世界需求的地步。為了要讓中國能夠在這方面以長遠角度集中管理並獲取利益，我們必須撒下一張大網，從每一方面促進國際合作。[537]

所以我們可以看得出來，中共正在對網際網路進行收編的動作，並且要吸收過去在市場上的競爭對手，將之同化到自己中央化的共同體之中。「北京想要的不是蘋果、臉書或谷歌這些公司。它要的是一個超級大型的共同體，將蘋果、臉書和谷歌融合進去，成為中共的一部份，」艾米莉．德拉．布魯耶（Emily de La Bruyère）和奈森．皮卡西（Nathan Picarsic）在一份有關中共對於科技發展的計劃報告中這麼寫道。[538]中國政府想要讓中國公司大幅擴張，併購他國競爭者。中共和來自美國的競爭者合作的目的，只是為了要征服它們。

搭上全球網際線路

縱觀中國政府和軍隊的文獻，讓我們得以窺見中共的盤算，而不被外表的包裝和物質誘惑所誤導，直看到其內心。最低限度，這讓我們一窺中共的想法和感受，以及瞭解其想法的來龍去脈。看來中國在做的是掌握尖端科技實力，以助其散播自己的思想，藉此影響全球。

它追求的不是要讓個別科技用戶更方便、快速，而是要靠超快速且越來越高互連性的網路化基礎設施，形成一個同化、屈從且仰中共鼻息的世界。

看過北京這些文獻後，我們腦海中肯定會浮現許多問題。是否每一顆在中國製造的微晶片和路由器都被加裝後門軟體？是否每一個由中共控制的公司所生產的軟體或硬體，都裝有木馬程式？是不是每家中國無線通訊公司的線路機房裡，都會監聽並盜錄用戶通話？是否每支中國生產的智慧型手機裡頭都裝了惡意軟體？中國是否正在對網際空間進行殖民化，並且正在對整個數位環境下毒手？

關於上述這些問題的答案非常重要。現在的世界，每樣東西都會在網路上出現：外交、構想、金錢、武器、秘密，以及影響力。中共正在建造二十一世紀的權力主要幹道，讓所有網際網路和行動交通、每一通影像通話、每一堆的元數據，都能夠流進中國後再流出去，包括美國在內的全球各國全都搭上了線。

尋常美國民眾不會知道自己身邊有無數不安全的資訊科技產品，這些產品能夠竊取他們的數據，並且在網路上暗中追蹤偷窺他們。[539]約有為數一百家的中國公司，已經因為他們和解放軍的關係而被聯邦政府列入黑名單。但這些公司卻還是可以在美國販售電子產品給一般消費者。[540]但你以為只要購買在中國以外地區生產的產品，就能躲過中國的魔掌監控嗎？你可能要再想想喔。上百家頂尖且備受信賴的品牌，在其生產的消費性商品中也使用了中國物聯網科技。這些技術讓這些產品可以獲得數位「智能」，但卻也因此讓這些商品有了漏洞會被人侵入。[541]這些被中共所控制的商品目前很可能就擺放在你家和你的辦公室、你的銀行、藥房、你住家附近的雜貨店和警局。除非你生活在沒有網路的地方，否則你就一定被這些產品所圍繞。

下面的清單中列舉的六家中國公司，要不直接就是中國政府的商業機構，要不就看似是私人企業，卻被美國政府以安全理由點名，限制其進口、或列入黑名單中。但這六家公司卻依然在美國商用物聯網市場上舉足輕重。別忘了，這些不過是其中較具代表性的公司，事實上就連非中國的品牌，也同樣有被入侵的風險。

奇異電子產品（母公司為海爾）：智慧型冰箱、智慧型爐具、智慧型壁式烤爐、智慧型微波爐、智慧型洗碗機、智慧型洗衣機、智慧型乾衣機、智慧型製冰機、智慧型抽油煙機、智慧型熱水器、智慧型軟水機、智慧型水質過濾系統、智慧型冷氣機、智慧型除濕機、智慧型空氣濾清機、智慧型咖啡機等。[542]

摩托羅拉移動（Motorola Mobility）和摩托羅拉家庭（Motorola Home）（母公司為聯

想）：智慧型手機、無線電話、有線電話、智慧型手錶、智慧型電視、數據機、路由器、Wifi 訊號增強器、第四台機上盒、嬰兒監視器、家用監視器、家用保全系統、寵物安全監看系統等。[543]

TCL：智慧型電視、平板、新式長條喇叭系統、視訊通話攝影機、智慧型手機、耳機、空氣清淨機、寬頻路由器。[544]

聯想：電腦、筆電、電腦螢幕；平板電腦、網路攝影機、電腦擴充基座、顯示卡、耳機、擴音設備、長條喇叭、電源轉換器、智慧型插座、智慧型開關、智慧型燈泡、智慧型燈座開關、智慧型門鎖、監視攝影機、移動偵測器、溫度感測器、環境光感測器、智慧型電源插座、網路控制智慧型門鎖、無線印表機、藍芽追蹤設備、對講機座、大數據分析、人工智慧方案、雲端運算、數據中心、邊緣運算、高性能運算、商業軟體、用戶端虛擬化以及基礎設施。[545]

DJI（大疆創新）：商業用火燄噴射無人機、智慧型手機連接攝影用無人機、空撒農藥無人機、多光譜成像無人機、空域無人機、執法無人機、搜救任務無人機、煉油監控無人機、油管監測無人機、石油與瓦斯監測無人機、建築管理無人機、電網管理無人機、地面勘察無人機、都市計劃無人機、教育功能機器人。[546]

海康威視（Hikvision）：監視攝影機、影像錄影機、網路攝影機、金屬偵測器、讀卡機、指紋辨識器、門禁鎖、身份認證終端機、影像存取控制終端機、網路存取控制、穿戴式攝影機、智慧型門鈴攝影機、影像／聲音分配器、影像對講機監視平板、安全警告器、開關按鈕、編碼器、解碼器、電腦螢幕、數位看板控制盒。[547]

這麼看來，北京當局正在輸出用於大型監視、自動化審查，以及極權主義的工具。要瞭解為什麼事情會演變成這樣，而這對未來有什麼影響，我們不只要瞭解中共做生意的方法，也要瞭解中共這個組織對於西方，尤其是美國的視角和心態，才能得到答案。

中共的領導高層是受到什麼神秘力量推動？他們又是怎麼看待事物，想要的又是什

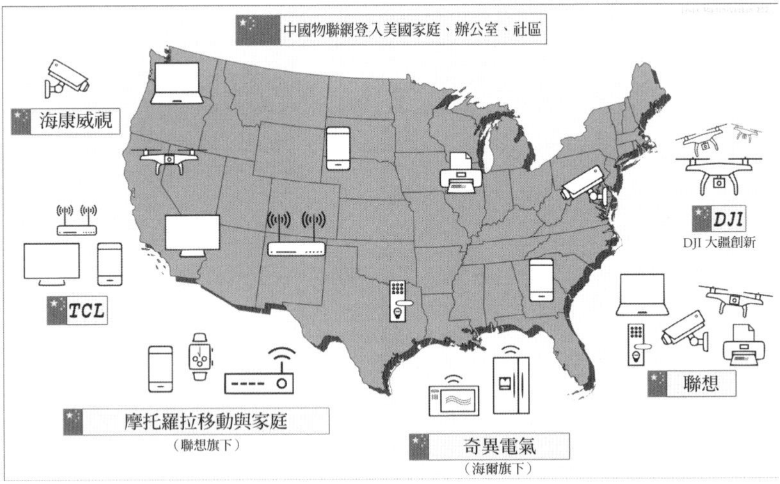

美國境內的中國物聯網（圖 Louis Martin-Vézian）

麼、他們的戰略想定對美國公民又有何影響？中國政府有可能利用其越來越多的籌碼來限縮美國自由表達的權力嗎？中共在數位方面的主導地位，對於美國公民的工作和生活有什麼樣的影響？民主制度能在這全球被數位洗牌的過程中存活下來嗎？

第十一章　戰略飽和

說到在意識形態領域的戰鬥，我們沒有妥協或後退的空間。我們一定要獲得全面性勝利。[548]

——習近平

想像你是一個共產黨員，而你經過中國共產黨種種嚴格的思想考驗和審核獲得信任，並且也宣誓向共產黨效忠，然後你也在共產黨內建立了良好的人脈。所有該念的書你都念了，還寫了種種自我檢討、什麼時候該說什麼話全都拿捏得恰到好處。在黨內升遷的過程中，更是一路上平步青雲，成功地踏上了中國共產黨政壇那條神秘的終南捷徑。過程中你獲得了強力的靠山、權高勢大的朋友，還有許多掏心掏肺、位高權重的擁護者，隨時肯拉你一把。現在你終於位極人臣，位居中央政治局要津。

那一路來受到這些教育、體制訓練洗禮的你，現在會用怎樣的心態和角度來看這個世界？在北京中南海這個權力的高堂上，讓你看到、學到了什麼？你躲過多少算計和勾心鬥角？又克服過多少苦難和橫禍？為了往上爬、或者只是為了不被人踩扁，你又壓抑了多少想法和感受？身為共產黨員一路以來改變了你多少？而每到深夜輾轉反側之際，你心中又浮現了哪些不為人知的慾望、恐懼？又用哪些不良嗜好撐過這些時刻？

再往未來看。為了權力，你接下來該採取什麼行動？再下一步呢？五年後你會有什麼動作？十年後、二十年後呢？你打算把中國帶往何方？你對你的國家、文化、種族、世界的未來願景為何？而你又會為自己的夢想做哪些事，好讓它們成真？

這些抽象的問題，可以有好多種不同的答案。但不管哪種答案，都免不了要臆測和發揮想像力。畢竟這都是非常複雜的問題，而當中有很多因素是外人永遠都猜不透的。所以，最好的方法，就是以同理心去推論其戰略。也就是說，我們可以試著將自己擺在中國政界精英的位置上。這並不需要和他們同一立場，用不著贊同習近平和中共的意識形態和行為，只要採取開放心態，瞭解他們的出發點和立場所在。要是我們有心想瞭解他們的內心，那就要聽聽他們的說法，把它當回事，並且將之放在其自身的歷史架構之下。

間諜與秘密

中共陰森黑暗的過去很少有人在討論，但這卻可能是最能讓我們看清楚他們當前對外界想法，及他們在外交政策上作法的門路。接下來我們對於中共的大腦構造的剖析，就從其建黨開始講起。打從中共在一九二一年七月建黨開始，它就是以秘密組織的型態組成，其黨員時時面臨著生死存亡的威脅，經常讓自己陷於緊張又讓他們終生受創的恐怖經驗當中。中國共產黨從一開始到現在始終都帶有那種受到馬克思思想鼓舞、遊走法律邊緣、地下革命運動的色彩。

中共還在草創時期，是由蘇聯派來的共產國際份子協助他們組織政黨，也負責培養中共的領導新血。到了一九二〇年代中葉，共產國際開始招募中共成員，送了數百人前往蘇聯接受秘密訓練。[549]招募的黨員在蘇聯被教導共產黨行事一切以秘密為最高準則。當時統治中華民國的右翼獨裁政權視共產黨員為恐怖份子般的危險因子，當局對共產黨員的獵捕，絲毫不手軟，務必除之而後快。許多初期革命份子沒有學到任何經驗就白白送了命，死得極為悽慘，但為此賣命的人還是前仆後繼。

一九二七年四月十二日，中共被殺個措手不及。這一天中華民國總統蔣介石對中共發動大規模奇襲剿匪。數千名共產黨員被捕並遭到槍決，許多死者是在遭到刑求逼供、供出其同夥後喪命的。中共所建成的地下網絡有一段時期因此噤若寒蟬。到了國民黨政府清共後期，中共的人數從原本的六萬人一下落到一萬人。[550]

僥倖逃過一劫的共產黨員只能靠不斷流竄各地、變換身份、自稱不是共產黨員求生。事後他們集結起來反擊，運用在蘇聯受到的訓練，發動恐怖攻擊和暴動。周恩來（日後成為中國總理）率領的部隊發起了南昌起義，並將國民政府的同路人和其家人誘捕、殺害，在車上放置炸彈，還謀殺官員。中共的情報組織同時攔截政府官員的通訊內容，滲透到政府部門、從軍隊內部破壞其團結[551]。但是這時的共產黨已經成了國民政府追捕的對象，沒幾天好日子可以過了。

一九三一年四月，中共再次遭到全面襲擊。國民黨政府的反間諜網逮捕了中共地下情報人員，中共秘密特務組織中國共產黨中央特別行動科（中國國家安全部和公安部前身）的負責人顧順章。顧在刑求逼供下出賣中共，供出大量中共在中國各地的地下組織、行動和間諜的詳細資料。中共首席情報頭子所供出的資料徹底粉碎了中共的運作，幾乎讓中共一蹶不振走向敗亡。然而，他們在國民政府的秘密警察單位中安插了特務，這讓中共不致於全軍覆沒。[552]

這些中共特務把顧順章叛黨的事實，告訴了中共高層，讓他們得以早一步走避、銷毀文件、逃到鄉間避難。[553]高層躲過一劫，一般共產黨員可沒那麼幸運，隨即遭到大舉殲滅。當時國民黨在中國各城市發動剿匪行動，又狠又急。數千共產黨員被圍捕處死。毛澤東、周恩來一干人等全只能在江西蘇區（鄂豫皖革命根據地）這個中國東南山區發動游擊戰。[554]那之後估計中共九成在都會區的間諜組織都遭到殲滅。[555]

一九三四年，共產黨第三度面臨生死存亡關頭。國民黨軍隊再次進行一連串圍捕行動，誘捕紅軍（日後的人民解放軍），並慢慢有系統地收網。再一次中共高層又獲密報脫逃成功。因為他們有間諜在國民黨內部：一名國民政府將軍有辦法取得蔣介石的作戰計劃細節，他提前向毛和周示警，讓他們知道國民黨軍隊正要突襲。[556]在八十萬國民黨大軍的重圍之下，中共寡不敵眾，在潰敗之際，紅軍拚死一戰，衝出重圍。共黨間諜看到了國民黨軍隊的破綻，一名當地軍閥作風腐敗，背叛了蔣介石，網開一面放走毛、周等人，讓他們得以往西竄逃到荒野。[557]

「長征」是中共遭到國民政府軍隊血洗後撤退的美稱。這過程中，中共大半僅存的革命份子都被殺得片甲不留。原本一九三四年十月時，江西蘇區還有八萬六千名共產黨員。這一年長征下來，來到延安的革命基地時，只剩下五千人。[558]馬列意識形態的火苗已如風中殘燭，一度甚至只剩殘煙，但卻還一息尚存。毛和黨羽在接下來十五年間，細心呵護這火苗，讓其逐漸茁壯、肅清對手，並散播共產主義，一直到吞沒整個中國。

一群有組織的人聚在一起，都會產生集體回憶，這些故事會一代傳一代。透過這樣的流傳，一些只有自己人知道的想法會傳遞下去，形成這群人的成長經驗。而中共在這段創黨期間的教訓，就這樣永永遠遠深深烙印在一代又一代中共黨員的心中。透過這些過去的經驗，他們永遠不會忘記，想要活下去，中國革命份子就要開發一種秘密的文化氛圍以自保，才不會再遭到被人圍捕、酷刑、屠殺的命運。而讓他們能夠不畏一切艱難活下來的秘方，就是情報，所謂知己知彼百戰百勝，這是中共存活的秘方，而且他們知道的永遠比敵人多。

回到一九二二年，當中共採納列寧的統一戰線想法時，他們就已經深明為權宜之計化敵為友，將敵人納為己用，而要是不能為己所用，就將敵人消滅的手法。「中共想要滲透到敵人陣營中，讓它們可以從中策動謀反、弱化、顛覆，最終乃能消滅對手。統一戰線這種作法有如病毒一樣，透過感染宿主，然後一點點從內部蠶食鯨吞，或者挾持宿主的主要臟器，」專研中國軍事的美方專家吉原恒淑（Toshi Yoshihara）這麼寫道。[559]

中共黨員深知若學不會統一戰線的暗黑手法，就只能等死。想要存活就是要懂得陰謀算計，想辦法瞭解並影響敵人的想法。要懂得如何讓敵人卸甲、制敵機先，並適時與敵人合作，等候適當時機才露出邪惡真面目，亮出傢伙捅敵人一刀。而且不只是對敵人心狠手辣，對自己黨內同志也要處處提防，肅清黨內異己。這讓中共成為高度務實、身段柔軟、工於算計、又下手無情的專家。因為要當共產黨員，就必須具備這些本事。在中共取得大權在握的一路上，那些叛變、兩敗俱傷的赤色恐怖以及內戰，讓他們學會了優勝劣敗、心狠手辣的叢林法則。

國共內戰前後打了二十二年。這段期間，中共不斷調整自己、一再轉變，更在多次的生死存亡之後重新適應。毛和其黨羽一直生活在惡夢之中，那些遭遇一般人到死都不會想再提起，要不就是將之神話然後淡忘。這些事，在中共建國之初都發生過，這個一黨專政的國家，致力於激進的社會改革、共產國際和獨霸全世界。

日後當中共高層取得權力位居廟堂之上後，他們不但沒有把這些用慘痛代價換來的教訓拋諸腦後，反而因此更加戰戰競競，好似國共內戰始終未曾結束一樣。他們持續對黨內任何有背叛嫌疑的份子進行大規模肅清行動，還對偏遠內陸省份進行滲透，並摧毀當地固有文化傳統：西藏、新疆、寧夏等地都逃不過魔掌，最後連香港也沒能逃過一劫。在國民黨政府遷台後，他們也不斷對台灣發動各種威逼利誘和政治作戰，同時也沒放棄在未來採取動武侵略的企圖。

這些中國共產黨員日後也以同樣的方式，在外交途徑上，不斷在招募特務，透過與外國的關係以及統一戰線行動，搜集敵國情報。[560]中共在日後執政的過程中，始終有高度的疑心病，甚至已經到了迫害妄想症的程度，所以對自己人和外人非要牢牢監控著不可。在他們的心目中，永遠都有需要被滲透和擊垮的敵人存在。如果中共權威消息可信的話，在達成共產國際「原始任務」之前，這個敵人永遠存在——要等到共產國際原始任務達成，人間樂園才會到來。

控制心靈

現在的中共教材和宣傳資料中，依然把中共自己描述為一個革命、好戰、好鬥的政黨，他們以自己為世界的未來鬥爭至死方休的決心自豪。根據中共自己的說法，為了要取得控制，中共一定要掌管大家的想法，並且改造人類的思想和價值觀。而在如今蘇聯已經垮台、台灣又被孤立無援、積弱不振的情況下，中共視美國為其主要敵人，而美國中情局更是首當其衝。

一本人民解放軍的教材《人民軍隊建軍之本強軍之魂》指美國中情局和其他「西方敵

軍」，對中共進行長期的滲透並摧毀解放軍的運作。該書指這些西方國家的中國敵人對馬克思主義、社會主義和共產主義進行攻擊，並稱這些國家引誘中國人民，以及中共黨員和人民解放軍軍官，讓他們擁抱西方價值，追求個人主義生活型態。[561]

為了要防止被美國中情局滲透，該書要中國軍官加強自己的政治教育，或者「思想工作」，專注在馬克思主義、社會主義以及愛國教育上。[562]而為了能夠反擊中情局，書中教這些軍官要使用宣傳戰——尤其是在網路和社群媒體上使用——以便將中國的想法滲透進敵人陣營，征服敵軍人心。[563]該書引用了人民解放軍總政治部一份名為《習主席關於軍隊政治工作重要論述摘編》：

> 一個政權垮台始於思想。揭竿起義和推翻政權可能就只是一夕之間，但人心的改變卻可能是經過漫長的過程。一旦思想的前線被突破，其他的防線也會變得難以防禦。[564]

該文接著稱，「『控制心靈』的戰役在沒有煙硝的戰場上進行，在意識形態的領域進行，控制了這個戰場就能贏得人心，就掌握了整體競爭和戰鬥的先機。」[565]這份文獻接著又一次引述習近平的秘密演講。「講到意識形態領域的戰鬥，我們沒有妥協或退讓的空間。一定要贏得全面勝利。」[566]

該教材接下來幾頁向解放軍軍官下達指令和指導，告訴他們為了要贏得全面勝利，黨期待他們做到什麼。書中敦促他們做到下面這些事：

> 不停地散佈馬克思主義，不斷改進我們的宣傳品質，好讓它更吸引人、更具感染力。以確保馬克思主義能贏得思想戰，並且成為大部份人和團體中的主流。[567]

該書接著寫道：「掌控網絡和新媒體（部落格、播客、社群媒體等）……使用正面宣傳來讓線上媒體協助我們進行思想工作。」該書告訴解放軍軍官要「強化我們領導線上輿論的能力……強化我們管理網絡的能力。」[568]人類心智在書中被說成是戰場，而文字、影像、想法則成為這場心智戰役上的武器。

《實現中華民族偉大復興的戰略支援》一書中，有一段向解放軍軍官說明必須持續戰鬥的理由。「面對中國快速開發成長，有些國家並不樂意見到自己被其他國家超越。他們尤其不願見到社會主義中國這樣有著不同意識形態和社會組織的國家趕上他們、超越他們。」[569]該文獻同時也幾乎毫不掩飾地提及中共在一九二〇和一九三〇年代那些慘痛難忘的經驗。

「他們〔美國人〕不斷提高對中國的戰略圍堵。還用政治伎倆、經濟圍堵、意識形態滲透，尤其是軍事包圍來對付中國。」[570]

這段文字將美國形容成和國共內戰時與共產黨游擊隊不共戴天的國民黨政府一樣：是一個大型、有著絕對優勢的勢力，一心一意要剿滅中共。該書中，將美國形容成是一個好戰的國家，為了爭群龍之首而刻意削弱其他國家。美國以不負責任的方式在使用自己的權力，在全球各地讓其他國家政局不穩、國力衰敗。「從科威特到伊拉克，從阿富汗到利比亞，從烏克蘭到敘利亞，過去二十年間，美國帶著其他西方國家，將武力和制裁方式當作主要「硬實力」」，」《中國特色大國外交》一書這麼寫道。[571]「帶來了一場又一場的災難。這些戰爭不僅讓該國人民因此深陷戰火，發起爭端的國家〔美國〕同時也因為巨大的軍事花費而背負金融赤字。」[572]

這些中共的軍隊教材把華府的出發點講得邪惡不已。書中甚至還把白宮和五角大廈的文件秀出來，以證明美國是對世界和平的威脅。「二〇一七年十二月八日，美國出台了《國家安全戰略》（*National Security Strategy*）；二〇一八年一月，又出台了《國防戰略》（*National Defense Strategy*）。美國這麼做，是為了在相對戰略實力上充份取得優勢。」該書又說，「過去，恐怖份子是美國頭號戰略對象，現在其主要戰略對象已經換成中國和俄國。這樣的變化將會直接加深全球國際戰略競賽，是對和平的直接威脅。」[573]

該書告訴解放軍軍官，中國是一個愛好和平的國家，是復興中的國家，其重新獲得的力量，能夠用來讓世界更好、更公平、更正義。中國目前面臨了重重險阻，還不夠力量戰勝美國和其盟友，以達成革命的目的。但中國正在成長，「中國是和平的力量，能夠阻止戰爭的力量。如今中國的發展，讓它遏止戰爭、維護和平的實力大幅成長。」[574]

數位暴政

那遇到一個這麼好鬥兇狠，會從外部圍堵，並從內部侵蝕其敵人，凡走過之處只留下斷垣殘壁的外敵，中國要怎麼保護自己呢？中共的答案就是要將網際網路與中國人生活的每一個環節緊緊繫在一起，讓數位世界與真實世界纏繞在一起、密不可分。中共政權將要讓所有人民，如果不用手機上的軟體如微信等購物，就無法在它新建立的無現金社會中消費，這樣它才好讓政治警察監督，追蹤每一位公民用戶的每個舉動，牢牢掌控他們生活的每個環節。

這等於是將每個在中國的用戶和每個海外旅遊的中國遊客，都交給了行動監控小組監控一樣。要是納粹的蓋世太保，蘇聯的格別烏秘密警察，或是東德秘密警察看到今天中國的國家安全架構，肯定會覺得自己是小巫見大巫。中共官員只要輕輕按下按鍵，就可以刪除任何用戶的銀行帳戶，封鎖他們的電子郵件和社群媒體帳號，凍結他們的數位錢包，讓他們連想吃頓飯或搭乘大眾交通工具都傷透腦筋（甚至可能完全沒辦法）。[575]

這可是共產主義的中國進階版，是特別為了能夠這麼無孔不入、又不放過任何人的高科技社會改造工程。有了上線的功能，中共作為人類共同體的領導人，就能夠同時出現在所有地方。透過使用人工智慧工具代勞，能夠在數據的汪洋中精確篩選，搞不好有一天它的人工智慧還因此強大到連勞改營都用不著了。因為每個人都逃不開自己隨身攜帶的數位牢籠，而且這些牢籠還是依每個囚犯的癖性、弱點和恐懼所量身打造的。

在中國，每個人身上的特性和自主性都被政府武裝化，用來對付他們、奴役他們。就是為了這個目的，中國政府才會願意投資那麼龐大的金額、動員所有的頂尖科技公司，只求能夠在未來資訊和通訊科技戰場拔得頭籌。中共已經在自家打造了滴水不漏的數位暴政高牆，並不斷加以改善進化，同時也正在將這套系統輸出到全世界，想要將各地的政府和社會都納入其中。在中共的教材中，中國軍官就接到以下指示：

> 我們必須加強建造我軍智慧系統的能力。在大型且強大專業智慧能力的基礎上，我們

必須建立具有大型智慧系統的概念。為了這個目的，我們必須加強中國海外公司、智庫、公民組織，以及和中國社會有往來的批評人士的智能搜集，因此我們必須增強智能分析和決策的能力。我們必須形成一套智能系統，當中涵蓋了專業和公民，全都緊緊交融在一起，以達資訊共享的目的。[576]

中國政府正在建造一個人工智慧推動的騙局宇宙，一個五光十色的迷宮，目的是要讓裡頭的人把真實訊息當成假的、把假訊息當成真的。終極目的就是為了要讓西方世界受到誘騙、暈頭轉向，受到癱瘓、弱化，最後被征服。[577]中共似乎是認為，如果讓目標能夠參與自己遭受侵害的過程，貢獻其時間、金錢和能力的話，對於其攻佔世界的過程最有效率。段數低的人逼人上絞刑台，場面難看。中段的，是讓你自己去上吊，再賺你上吊繩子的費用。最高段的則是不只要讓你投資他製造繩子，還要當老鼠會上線去拉人入會，最後再看著你們一起全部迫不及待地上吊，一點也不覺得自己上當。中共對自由和開放世界守護者的計劃就差不多像這樣，而且在許多方面都已經讓它如願以償了。[578]

明智的政治籌碼

下次如果你家辦晚餐派對，你可以用下面這個冷知識來考考賓客，活絡活絡氣氛。冷知識的題目是：建造英國兩艘最新完成的航空母艦（威爾斯親王號 HMS *Price of Wales* 和伊莉莎白女王號 HMS *Queen Elizabeth*）所使用的智慧型起重機（smart "Goliath" crane），和中國南海軍事基地之間有何相同之處？答案是：兩者都是由中國政府所設立的工程公司建造。

這也太不合理，但卻是事實。這座英國皇家海軍用來建造其最重要主力航艦的超級起重機，是由上海振華重工公司（ZPMC）所提供，這家公司是中國國營企業，也是中國交通建設公司（中交建 CCCC）旗下的企業。[579] 二〇二〇年，美國國防部將中國交通建設公司列入黑名單，因為該公司為中共在南海建造了數千畝的人造島礁，還將之轉為軍事前哨的功能。[580]

該公司與中國軍事部門的淵源甚深，中共作戰演習時一貫都使用該公司的器材。中交建和振華重工被視為中國重要的軍民合作資產，而其起重機拖運船則會和解放軍合作操演，演練未來攻打台灣時兩棲登陸作戰的行動。[581] 但儘管有著軍方的底子，中交建和其旗下公司卻還是持續在全球各地承接建造、維修和運作重要基礎設施的工作。這家國營企業的市場佔有率實在太高了，所以即使被列入黑名單，一再被點名和解放軍的關係，也被制裁，卻一點沒有損及其營運腳步。就連美國政府也還是允許該公司在美國市場提供重要的基礎設施。[582]

中交建在美國的生意從東岸包到西岸，一點也沒少過。該公司的自動化橋式起重機幾乎是美國每個貨櫃碼頭都會看到的設備。而在您讀著本書時，由其生產、中國政府所提供的智慧型起重機，就正在洛杉磯、長灘、奧克蘭、塔科馬（Tacoma）、西雅圖、費城、威明頓、查爾斯頓（Charleston）、傑克孫維（Jacksonville）、格爾夫波特（Gulfport）、坦帕灣（Tampa Bay）、邁阿密，還有伊莉莎白（紐澤西州）等許許多多的港口為船隻裝卸貨物。[583]中交建在樸茨茅斯（Portsmouth，維吉尼亞州）和洛杉磯還有大型的補給庫房。這樣的配置讓這樣一間中國國營企業的員工可以進入美國主權所在的商港用地，進行他們的工作，並提供其他製造商使用中交建零件所造起重機。[584]

「中交建在美國有七間這樣的辦公室，並且對全美各港口出口橋式起重機……在美國戰略要地製造了遭外人入侵的破綻，」美國戰略情報公司 Pointe Bello 的一份報告如此指出。[585]根據 Pointe Bello 公司的裴瑞茲（Ceci Joy Perez）所述，「美國港口所用的中交建起重機，存在著對關鍵後勤運輸轉運站的監視風險。這些起重機越來越能夠操縱、運用各港口的數位環境以圖利自己公司。」[586]

中交建透過其獨資成立的約翰哈蘭公司（John Holland），為澳洲政府建造了該國戒備最森嚴的監獄。這些營造工程中包含了警鈴、安全監視網路系統、門禁控制以及其他自動化「安全設備」。[587]同一間公司，也承攬了澳洲地下鐵系統、鐵道線路、電網、數據中心、海港設備、自來水管線，以及各式重要基礎建設。[588]中交建也幫墨西哥的四大港韋拉克魯茲（Veracruz）、曼札尼洛（Manzanillo）、恩森納達（Ensenada），還有在拉札洛卡登納斯（Lazaro Cardenas）進行港口擴建和更新的工程，這四大港的所有權都歸長江和記實業（CK Hutchison）所有，長江和記是從中國起家的商業集團，巴拿馬運河也在他們手中。[589]

中國公司在全球經濟中一向是超凡的參與

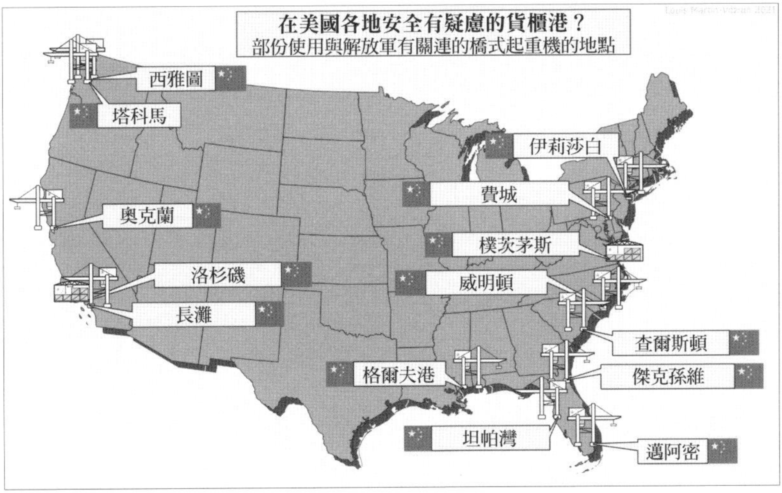

有安全疑慮的貨櫃港？（圖 Louis Martin-Vézian）

者。為了贏過競爭者，他們從中國龐大的資金和人力來源獲得支援，在國際標案中則獲得中國外交部門、政府銀行、情報單位鼎力配合，這讓他們進軍西半球的業務獲得極大進展。像中交建到二〇二〇年時，就已經至少在拉丁美洲和加勒比海至少十九國，承攬了超過五十個大型工程建案。[590] 承攬這些重要的基礎建設，讓北京當局得以獲得龐大的數據，影響他國經濟體質，也讓它拿到了政治談判的籌碼。[591]

一本中國軍隊教材是這麼形容共產黨這種家天下、共同體式的治國方式：

> 中共統治了政府、軍隊、人民、學校。從東到西、由北到南、黨無所不在、無所不管……真實世界的經驗一再證明，在中國只要黨有心想要辦到的，就能夠凝聚全國意志，取得大幅進展，獲得成功。[592]

中國無線通訊企業如華為、中興通訊雖然在美國因為國安因素受到限制，卻還是有很高的能見度（在全球也一樣）。二〇一七年，西班牙電信巨頭（Telefónica）選擇華為作為其在十三個國家興建大規模 4G LTE 無線通信網路，分別是：巴西、阿根廷、烏拉圭、墨西哥、哥倫比亞、秘魯、巴拿馬、哥斯達黎加、尼加拉瓜、薩爾瓦多、瓜地馬拉、德國和西班牙。[593]西班牙電信也選擇中興通訊為其在拉丁美洲建造大規模虛擬網路基礎設施，地點涵蓋巴拿馬、哥斯達黎加、尼加拉瓜、薩爾瓦多、瓜地馬拉和烏拉圭。[594]這些生意儘管為這些國家的用戶帶來低廉的數位通信服務，另一方面卻讓政府和企業一些敏感的通訊內容輕易被中共監控設備所獲取。[595]從挪威到南非，巴拿馬到印度，全都搭上這班列車。其他中興通訊合作的企業還包括沃達豐集團（Vodafone）、Airtel 非洲集團、德國電信（Deutsche Telekom）、挪威電信（Telenor）。[596]

中國電網

二〇一九年十一月，菲律賓國會議員黎莎・韓提沃羅斯（Risa Hontiveros）在得知中國政府掌控菲律賓全國電網的四成之後，開始感到不對勁。事後她發現，菲律賓政府將其電路基礎設施全都發包給一家私營企業，但這家企業所用的器材卻是來自華為，而且該企業所招聘的員工又是中國國家電網有限公司的中國籍員工，中國國家電網是中國國營企業。菲律賓人天天要使用這麼敏感的電力網路運作，竟然是由中國官方壟斷操作和承包。[597]據韓提沃羅斯議員的證詞，「中國負責我們國家電網的基礎，完全掌控其運作和維修工作。」她說，「該公司的董事長是中國人，幾乎所有承包商都是中國人，系統所用軟體是中國製，員工訓練也是在中國進行。請問這裡頭有哪些是由菲律賓人來控制的？」[598]

韓提沃羅斯議員率領馬尼拉政府的國會議員，要求召開緊急國家安全審查評估。調查文件很快就揭露，菲律賓全國的電力系統中最重要的部份，都只有中國籍員工才能掌握。這表示菲律賓全國的電力理論上只要北京當局一聲令下，就可以從那邊遙控。「只要按一個開關，我們的家庭、企業，甚至任何軍事單位，就再也無電可用了。」菲律賓國會能源委員會的主席這麼說。[599]但兩年後，這個情形依然沒有改善。二〇二一年十二月，一份菲律賓國家電網公司（NGCP）的評估報告——這是負責菲律賓全國電網的私人企業——就指出，其董事會中依然以中國政府雇員佔多數。[600]

依賴中共提供電力的國家可不只菲律賓一國，中國國家電網是全世界最大的公共設施供應商。它在巴西、葡萄牙、澳洲、義大利，還有非洲至少二十一個國家，[601]都負責重要的基礎設施建造以及公共設施的營運工作。中國國家電網公司是一家國營壟斷企業，與解放軍有非常深厚的關係。中國國家電網公司和解放軍的軍事研究計劃、軍事太空計劃，以及武器買賣生意都有合作關係。[602]不過，該公司要讓各國高層把建造和營運電網這種重責大任交給他們顯然一點困難也沒有。中國在海外這些重要基礎建設的控制，讓各承包國曝露在高度受到威逼的風險之下。中國共產黨掌握了這些電網的運作，完全可以用關閉電網作威脅，來逼迫這些國家就範，而且很多國家還連瓦斯、自來水、電話、網際網路，當然還有他們的貨櫃港的智慧型起重機也都交付給中國來處理。[603]中國要讓這些國家就範的手段，事實上還不只這些。

Pointe Bello 這家戰略情報公司的一份報告，就舉出中國海外基礎建設一些實質的威脅所在，它警示：「因為這些設備所裝設的例如，後門軟體，讓中國共產黨現在有能力去削弱一些和各種不同功能遙控系統有連接系統的功能。」[604]該報告舉出下列可能的情形：

- 透過內建介面，人員可以從遠端操控，讓原本在船隻從海外進港時該升起的橋不能升起，造成船隻撞擊橋面，進而造成河海交通或港埠交通停止運作，釀成重大損失。
- 遙控可以造成電廠的主機超速、過熱、導致發電功能受損，連帶醫院、工廠、儲存設備、伺服器農場、辦公室，以及社區都出現重要災害。

- 交通號誌燈號、隧道和橋樑、機場，以及水壩等系統，恐會引發潛在的致命災難。[605]

全球代理人

中共稱它在全球承包工程和收購重要基礎設施的行動，是將其工業和貿易的大幅進展與世界分享。但西方一些比較審慎的觀察家則不這麼認為，他們覺得中共這種看似利他的行為，不過是利用行銷的伎倆包裝中共精明、工於為一己金錢私利盤算的真面貌。對他們而言，中國出於公益心態投資這種說詞，簡直讓人笑掉大牙。而我們也發現，那些觀察家的懷疑不是沒有道理。但他們所沒有料到的是，對於中國而言，政治永遠比經濟來得重要，而以經濟和政治為出發點對於當事人影響的差距之大，那可是失之毫釐差之千里。

真正要密切審視的，就是中國這些在國際作為背後的意識形態來源。[606]中共透過控制這些國家的基礎建設和數位基礎設備，試圖強化全球對於中國政府的依賴。這裡面有金錢上的利益可圖嗎？當然有一點，但這要回收可能要很久以後，而且對中共而言也不是最重要的事。中國一些外國計劃都是有去無回的大手筆投資。對那些投入其中的中國國營企業而言，短期在帳面上是不會好看，但這些巨型計劃卻能夠讓這些看似受惠的國家陷入巨債之中，為中共帶來帳面上看不到的好處。這些巨債的貸款銀行都是來自中國的銀行，而這些銀行則都是中國政府在財務方面的分身。一旦這些國家無法為興建基礎設施貸款還債時，就必須在政治方面作出退讓（這情形還滿常發生的，因為很多北京支持的計劃本身就存在政治利益）。

簡單來說，中共這樣的投資是為了要擴大它的影響力。對它而言，輸出意識形態和政治體制本身，是跟輸出其勞工和工業能力一樣重要的事。但要是能讓被滲透國自己出錢，還賣掉自己的政治資本，拜託中國去滲透、輸入中國意識形態和政治體制，不是更好嗎？這就跟蘇聯統治者在一九八〇年代所學會的一樣，它們發現要是一直送錢出去在其帝國邊陲支持那些小國的代理政府，這樣代理政府不可能持久。北京當局可不想重蹈蘇聯的覆轍。

中共希望它這些海外代理國自己主動付錢，並主動將獨立性和國家主權交到中共手上，還搶著這樣做，視其為一種少數國家才享有的特權。至於有多少國家日後願意繼續當這種冤大頭，那就要看其高層的人有多誠實，而且在中共不斷想要引誘其墮落，並從其國內搶取豪奪的惡意手法時，他們的政府能不能挺得住。有著制約與平衡健全體制的開放社會，在這種時候就有卓越的優勢可以抵抗。即使如此，和中國有著緊密商業連結的國家總是充滿了各式風險。與中國的連結越是緊密，就冒著讓越多的數據、資本、人才和技術流失到中國的危險，而他們的國安也就越難在他們自己的掌控之內。[607]

認知失敗

美國和盟邦的任期制政府，缺乏政策一致性，也因此讓他們無法站在中共的立場揣摩其心態。他們都不願承認中共在政治上抱持某種意識形態，而總是假裝沒有這回事。美國和盟邦不願面對事實，認清北京政府有著一脈相傳而特立獨行的過去，這讓中共保有其不受外界影響的思想和行為。美國等一干國家和北京的應對，總是假設中國沒在用詭計或是耍點小手段，以為它跟一般國際社會成員一樣單純守法。

「政治並非全部，但地球上除了北韓以外，沒有一個國家讓政治這麼無所不在。也沒有任何國家的政治體制，是這麼向意識形態靠攏的。」這是高西安的觀察，他引領西方情報單位的對抗中共行動。[608]

缺乏從中共角度去擬定戰略，讓美國和其合作緊密的盟邦在對抗中國時走上了錯誤的道路。他們因此忽視了那些提醒他們提防中國的警告，驅走反對他們過於信賴中國的人士，更對中國卸下了心防。西方政府被嚴重滲透的一個最顯著的例子就是高西安曾說，他和他的政策建議團隊曾在情報簡報時被迫刪去意識形態方面的內容、並將中國共產黨政權當作一般國家來處理。對於時間有限的這些國家高層而言，憑經驗得來的證據不好吸收、難以消化，而中國議題又顯然極端敏感。任何總統級官員這類任期制公僕，為了不被情報單位以及外國政策制定高層看扁，總是很小心不想被人貼上「反中」的標籤。

高西安寫道：「將『共產黨』三字與『中國』分開，可以讓談話有建設性，避免觸及雙方敏感神經而導致無法溝通的情形……但若不談意識形態，那就沒辦法建立對話的正確框架，框架具有預期對方舉動的價值，也有助說明，但若不提意識形態這些價值就喪失了。」[609]這種欠缺對共黨認識的結果，就是民主化政府在面對中共時，全都成了叫不醒的夢遊者，而他們的夢全是惡夢，而且是活生生真實世界裡發生的惡夢，而大家到現在才開始感受到那個真實性。如果中國大幅擴增軍事實力是敲醒惡夢的警鐘的話，那這個惡夢恐怕不久就要到來，而且會讓人想躲都躲不掉。

一本給解放軍軍官閱讀的教材就這麼寫道：「習近平強調我們國家的意識形態和社會體制，基本上與西方國家不相容。習說過：『這（不相同的情形）決定了一切。我們與西方之間的權力鬥爭和競賽不可能獲得緩解。它無可避免一定會發展成漫長、複雜且時而非常尖銳的鬥爭。』」[610]

我們已經將你團團包圍！（圖 Louis Martin-Vézian）

同一份文獻則點出未來可能的情形，「發動戰爭以保護我們國家的利益與和平發展並不抵觸。事實上，這正是馬克思戰略的展現。」[611]

第十二章　世界帝國

黨的兩個目標就是要征服地表的一切，並一舉消滅任何獨立思想的可能。[612]

——喬治・歐威爾

我們不清楚，中共政治局是何時決定要下這重手的。我們也不清楚事情是怎麼發生的，是哪些事情陰錯陽差交會在一起，讓討論朝這個方向發展。但我們也要坦承，說這政策有經過討論也不過是我們的猜想，到底有沒有經過討論，誰知道？或許那些想法早就是中國共產黨高層主流的態度，到了投票時，才會獲得那麼高的共識。又或許這事情本來就是那麼水到渠成，沒有別的選擇，只差要何時端出來，又要以什麼速度進行而已。搞不好本來就已經萬事俱備，只欠東風，等著足夠的資金到位，以及機會之窗的開啟。

或許中共內部根本連討論都沒有。是某天一早習近平一覺醒來，一腳踏進中南海會議中心，搖著手中鋸短了的霰彈槍，逼著那些高層同志不得不同意他的要求。這個可能性當然極低，但誰知道？中國政策決策過程這麼的不透明，就算出現再誇張的事，我們外人也不會得知，裡頭出再大的事我們外界也不會知道。

雖然這決策過程諱莫如深，但很清楚大約在二〇一三年時，中國官員就同意要發動一場平靜、長期的運動，幹一件過去從沒幹過的大事，而且是一件過去他們始終信誓旦旦不會做的事。在過去他們可能猶豫過幾次，也試探過一下，但這次是真的放膽去做了。一開始好像沒有太明顯、相當有限、毫無成果，但忽然就大張旗鼓幹了起來。

北京特意挑中了阿根廷巴塔哥尼亞沙漠偏遠無人的地帶進行。二〇一三年，中國科學家在這個原該是國際合作的科學計劃中有了突破性的進展。到了二〇一五年時，這個計劃演變成解放軍接管的太空基地，外人禁止進入。這棟建築外表看似是在追蹤、監視外太空物體，作為中國太空計劃的一部份。直到今天這個計劃的真實目的外界也只能猜測，因為實在極度缺乏透明度。阿根廷政府並沒有派駐任何員工來這裡，而不知什麼原因卻同意中國軍隊在其國土上完全不受其監管地自由運作。當地政府的官方代表團還要事先安排參訪行程、經中國當局安排後才能進入。[613]

解放軍接著來到吉布地共和國（Djibouti）的沙漠。吉布地是非洲人口最少的國家，但卻位居戰略要衝，位於世上最繁忙航道之上，同時也是轉運和燃料補給的重要港口。吉布地連接印度洋到紅海，也因此是到地中海和進入歐洲的要津。許多國家都有軍隊駐守吉布地，包括美、法、日等國，中國海軍艦艇也常造訪此港。多年來他們會護送船隻來此，並在索馬利亞海岸進行反海盜任務。也因為這樣，二〇一七年中國在這裡開建第一個海外海軍基地時，似乎也沒什麼說不過去的地方。

當時很少人預見解放軍心裡在打什麼算盤，也不知道它建這座海軍基地要做什麼用途。衛星空照圖顯示該基地的建築包括了大型海軍和特種部隊軍營，許多的地下通道和地下設施，還有一條供直升機和無人機使用的長停機坪。[614]二〇一八年，該基地的工作人員開始朝著飛入吉布地的美國軍用機發射軍事級雷射，這對美軍飛行員造成視覺傷害，更發展成外交事件。[615]中國軍隊隨後又擴張緊鄰中國所持有的商用港口旁的基地，結果就變成他的航空母艦和核動力潛艦也可以停進的商用港。[616]

接下來的幾年間，中國政府又想在格陵蘭（Greenland）和亞速群島（Azores）等地購買軍用機場用地，但被美國政府透過外交途徑反制，因此功敗垂成。[617]北京當局接著又想在波斯灣和非洲大西洋沿岸設置海軍基地。但因為被美國情報單位揭露而延宕，但可能無法拖延多久。[618]中國軍方代表似乎突然之間無處不在，急著到一些極偏遠但具戰略價值地區的機場和海港談軍用基地的租賃合約。

美方官員在發現中國公司已經在全世界各地租下將近一百個海港後，當然是非常不滿。這些海港讓北京有了可以施力的據點，一旦當地政府裝聾作啞，那這些原本是商用的民間後勤補給據點只要稍微改裝，就可以成為解放軍的軍事基地。這些中共新取得的基地，將可以成為中國軍方投射軍力對付美國的據點。而且，美國部隊也會受到威脅，因為這些地區，如南美洲和非洲原本是被五角大廈視為安全無虞地區，如今卻落入中共解放軍之手。[619]

二〇二一年，五角大廈提交一份關於中國軍力成長的報告到美國國會，這份報告不同以往美國國防部的輕描淡寫，罕見坦誠地提及中共軍力提升所帶來的威脅。

> 除了吉布地基地外，中國還尋求了其他軍事設施以支援其海軍、空軍、地面部隊、網路，以及太空軍事力量的投射。中國納入考量的國家包括了柬埔寨、緬甸、泰國、新加坡、印尼、巴基斯坦、斯里蘭卡、阿拉伯聯合大公國、肯亞、塞錫爾群島（Seychelles）、坦尚尼亞、安哥拉（Angola）、塔吉克（Tajikistan）等地，預備作為解放軍安置設施的地點。隨著中國全球軍事目標逐漸演變，解放軍的全球後勤網絡和設施可能會干擾美軍的行動，也可能會支持那些對美國發動攻擊的行動。[620]

這份公開的報告向國會示警，指出解放軍基地可能很快就可以落成運作，到時候就可以用來對美國本土發動攻擊。「對中國戰爭中一個機率較低的想定是，首發攻擊是從貨櫃箱中發射的飛彈。」一位不願具名的國防部官員這麼說，他還指出中國的全球商港設施網絡中，可能就藏有長程巡弋飛彈，但卻偽裝成貨櫃的樣子。[621]

二〇一九年，中共宣傳部出版一本習思想手冊，旨在指導官員如何內化習思想，並希望官員在向國內外人民解釋中國政策時，可以引用此書。該手冊（或依中共用語稱為「學習綱要」）中有下列字句：「在中國人民的血液中，沒有侵略他人、成為世界霸權的基因。」[622]言下之意是中國政府的官員，對於中共的全球野心要輕描淡寫，切勿吐實。中國官媒依言行事，紛紛堅稱中國和美國不一樣，中國「在歷史上從未侵入他國，未來也不會這樣做。」[623]從解放軍外流的內部文獻中，對於北京未來大計的描述卻全然不是如此。

放眼天下

「要是國家想強化其國際戰略和行動，為自己創造良好的國際環境，關鍵會是在戰略能力，尤其是軍事實力上。我們對軍事實力在影響並形塑國際體系的戰略角色要更加重視，」解放軍所發行的《實現中華民族偉大復興的戰略支援》一書中這麼說。[624]

這本中國軍方教材告誡解放軍軍官，中國的地位繫於中國與其他國家相對實力的差距。該書主張，一個國家真正的實力來自於國家作戰潛力和動用武力的能力。該書直陳，「國家在國際體系中位階的高低和角色，基本上來自於該國的實力，也就是國家是大是小、是強是弱。」[625]該書下一頁更強調軍事實力對中國未來的重要性。

> 每個國家都會追求自己的國家利益。這本來就是國家的目的。在外交上，國家會使用政治和軍事實力作為主要解決國與國衝突的方式，這也是國家獲得利益的方式。回顧歷史，一說到國際體系的變動，毫無例外，一定都是使用武力和戰爭所造成的……每當國際情勢有所變動，主要都是靠軍事實力的運用……最近一次的例子就是冷戰時期美蘇之間的對抗，當中軍事實力也扮演了關鍵角色。[626]

該書指出：「大國競賽中不能輕忽軍事實力的運用……軍事實力一向就是衡量雙邊實力的重要指標。這是在戰爭中獲勝且獲取優勢國際地位的保證。」[627]

這份文獻向閱讀的中國軍官提供了一個簡單評估國家實力的方式，其作法透露出非常強烈的侵略主義色彩。

從中國軍隊的觀點，任何來自對手的挑釁行為，不論大小，都應該被視為我方軍力未及國家安全要求的證據。在實現偉大中國復興中國夢的發展過程中，遭遇到這類複雜的衝突和嚴重挑戰時，使用強大軍力有效回應，是避免不了的選擇。[628]

二〇一八年，中國國防大學又出版了一本教材，解釋軍民融合作法，以及這個作法和中共整體戰略或「格局」的關係。《形成軍民融合深度發展格局》一書是解放軍內部一系列關於教導習思想的書籍之一。[629]該書由一群軍事專家撰寫，書中集結並分析了習近平公開和非公開演講、寫作的內容。[630]該書既然宣稱取得機密資料，又對中共意圖和計劃難得的坦率，因此值得在此長篇幅節錄。

我們的軍隊要「出走」到世界上，與全球經濟系統性地結合在一起。作為海外戰略的一部份，我們正穩健地形成軍民融合共同體，由民間海外活動為軍事的海外活動提供掩飾。軍隊跟著民間團體在海外擴散的腳步走到海外，然後再由軍隊在當地提供民間團體保護。隨著「一帶一路」建設步伐和我們軍隊向外邁出速度的加快，我們國內軍民融合戰略踏出國門的速度也正在加快……[631]

「我們會」將我們外國經濟發展與我們戰略與國防發展融合，讓它們結為一體、密不可分。這包括正在規劃和興建中的國外港口、碼頭，以及其他基礎建設項目。透過運用如「以民間掩飾軍隊」以及「建造民間〔基礎設施〕供軍方使用」等戰術，我們將會儲備或預先放置軍方戰力。

而儲備或預先放置的地點對中國相當重要，我們會利用海外中國人以及從國際交通事業的中國公司來協助解放軍的聯合軍事操演、海上航道巡邏、國際維和，以及其他海外軍事行動。

「我們會」利用每個結點和每項計劃。我們會使用所有方式穩健地建造一套環環相扣的骨幹軍事基地、廣佈的補給基地，以及燃料與後勤補給站網絡來支援。這將會涵蓋中國主要資源補給領域和戰略通道，往外輻射到全球形成一個我們國家海外利益所在的補給節點系統。[632]

該書非常明白地指稱，中共正在使用商業投資來為一系列的海外軍事基地鋪路。中國政府心裡盤算著要用這些解放軍的掩護代理基地、情搜單位，以及作戰資產在全世界鋪天蓋地建設下去。中國政府正這樣一磚一瓦默默地在建立據點，好讓它有朝一日可以突然對美國發動攻擊，並且從中獲得持續作戰行動的補給，中共已經為中國成為世界霸主的地位鋪好了路。要是上述五角大廈對國會的報告，以及解放軍內部文獻可以作為指標的話，那中國的海外軍事基地應該就在未來短短幾年間會快速增加。北京有著放眼全球的野心，也打算在地圖上每個地方都獲取興建基地的權力。

擴張

《形成軍民融合深度發展格局》一書中，有幾個章節談到一帶一路對於中國全球軍事戰略的重要性。該書指出中國政府意圖透過使用民間船隻、一般平民、商港，及其他基礎設施來擴張中國海軍在全世界的實力。[633]該書指出中國有兩千艘以上的貨船，可以進行全球運輸任務，另外還有六十五萬名商船船員。該書指出，中國龐大的船運企業一共有超過一千家的附屬機構遍佈全球各地，而中共手上則握有超過一百座外國港口的控制和營運權。[634]

該書告訴解放軍軍官要使用商業交易和當地媒體代理人，以取得對外國政治領導人的掌控。該書還用非常明確的口吻指出，北京計劃要和美國以及其民主盟邦競爭，以獲取全世界各地的關鍵區域。

> 只要時候對了、風向對了、勝算高了，〔我們會〕在競賽中和美國及西方國家武力交鋒，以求取得並建立戰略支點。在這方面基本的想法是，我們要保護中國廣大經濟所涉足範圍的安全。而方法就是要涵蓋我們主要的據點，那些深植在對我們深具戰略意義的國家的據點。
>
> 〔我們要〕專注在「取其上者得其中」，即要藉由鼓勵我們的企業投資外國經濟，以掌握外國政府高層和商業精英。我們同時要善於包裝和維持企業形象，我們也要用宣傳帶領當地輿論風向。最後，我們要秉持「中庸之道」，要藉由擅於經營外國的中產階級，讓他們喜歡並理解中國……[635]
>
> 向外擴張時，我們要使用各種戰術，同時從正面、側面和直接、間接推進，軟硬兼施、以求在「一帶一路」各國中實現完整的安全傘。例如，我們要有像是戰略智庫和公民團體等非政府組織「出走」到世界上，向「一帶一路」佈建提供軟性支援。我們要強化和

目標國家關鍵人士以及他們的草根（當地社會）的友善人脈。這樣我們就能夠有效地抵銷西方敵人陣營對我們的扭曲和暗中對我們的破壞。[636]

我們要透過持續增強我們的海軍和空軍，增加我們長程軍力投射的能力，增加前沿軍隊部署實力，並增加我們海外危機反應能力，以強化對我們戰略實力投射能力的增強。然後我們要增強我們緊急打擊能力。（我們）要增強中國軍隊反恐、維穩、人道協助和災難應變，以及傳染病控制上的能力和周全性。[637]

該書顯示了北京當局意圖利用建設計劃來改善解放軍在全球投射軍力的實力，從海陸空三方面著手。[638]該書亦指出中國在海外鐵路、機場，以及海港的建設計劃應該要「盡其可能」符合軍事使用的需求。[639]該書同時也指出，北京當局在武器銷售、軍事援助，以及國防

人民解放軍教材（圖 Grace Young）

企業合作等方面都已獲得長足的進展。

> 近年來，隨著「一帶一路」的施行，對我國與一帶一路沿路各國的軍事科技交流和合作之推進大有助益，我們在海外軍民融合方面的成就也相當可觀。例如，中國兵器工業集團（NORINCO）就利用武器銷售事業有效取得海外石油開發、礦業資源開發，以及海外工程合約。我們正使用販售武器作為推動「一帶一路」建設的重要手段。[640]

該書揭露了北京政府計劃要取得更大的國際市場通路，以推動其武器銷售和取得工程合約。同時它也企圖取得外國先進軍事科技，以將之消化作為再創新的用途，助其在太空和核武領域的發展。[641]解放軍軍官在書中被指示要與外國夥伴合作執行軍工企業計劃，並拓展海外軍備製造事業。「推動國內產業參與國際市場，並與國際製造商發展合作，」該書這麼指示他們。「這樣我們才能增加高端器材的出口，並增加國際工程合約，大幅改善我國軍事產業高科技器材在全球的支援服務。」[642]

為了滿足其全球戰略需要，中國正將大筆金錢和人力投入於史上最快速且持久的建軍計劃中。由五角大廈出資的顧問公司長期戰略集團（The Long Term Strategy Group）進行了一項為期多年但不為人知的研究計劃，想瞭解中國過去和未來在國防上的經費預算。二〇二一年該集團的主席賈桂琳．狄爾博士（Jacqueline Deal，同時也是美國戰略教育學院 American Academy of Strategy Education 共同創辦人），就公開其重要發現，並示警道：「解放軍每年採購金額到二〇二四年時將會超越美國……到二〇三〇年時美國就再也不會是在整體軍備價值上全世界最先進的戰力了。」[643]狄爾博士進一步指出：「要是中國能夠製造高度先進的武器，那還以為他們不會依特殊需求和組織文化使用這些武器那就太愚蠢了。」[644]

美國退役海軍上校情報官詹姆斯．法奈爾（James Fanell）在「美國眾議院情報委員會」（Permanent Select Committee on Intelligence）的國會證詞中，就示警道：「到了二〇三〇年時，據估計解放軍海軍將會擁有五百五十艘軍艦：其中四百五十艘是水面艦，九十九艘是潛艦。目前眾院和五角大廈正在就此事爭論不休，但事實是，到二〇三〇年時，美國海軍連能不能達到總數三百五十五艘水面艦和潛艦的數量都還是個問題。」[645]法奈爾這麼總結中國快速建軍背後動機：「中國共產黨正在進行全面、長期的戰略，企圖取得區域和全球最高霸權。」[646]

可能的想定

中國軍隊超級軍力與其海外各國代理政府的暗中勾結有什麼影響，而這些中國海外軍事據點所形成的實質網絡和數位網絡這樣毫無受限地自由運作又會產生什麼影響？中國透過商業行動掩護軍事行動，對美國國家安全和國防計劃又有什麼衝擊？而從巴拿馬運河到土耳其海峽、從荷姆茲海峽到麻六甲海峽等軍事戰略據點，都有穿便服的解放軍駐守又有何影響？要是載有巡弋飛彈和突擊隊的中國貨櫃商船停泊在墨西哥或甚至洛杉磯又會發生什麼事？我們現在是否正站在二十一世紀軍事作戰模式改變的風尖浪口上？

過去，講到美中未來爆發衝突時，第一個映入腦海的畫面往往都是中國對台灣海峽這類地區發射長程飛彈之類的事。飛彈在造成破壞的同時，雙方的艦艇、潛艦和戰鬥機則會在廣袤的太平洋上激烈交戰。我們設想中美戰事其他交鋒的領域還有電腦駭客和無人機的操作單位端坐在舒適有冷氣的指揮中心裡發動網上攻擊。對在美國本土的美國人而言，這些爭端衝突都好遙遠，而英雄也往往都只會是那些身穿制服的勇敢男女軍人。

我們的設想中，很少把美中交戰的場景搬到美國大後方的本土，在城市裡、住家門前上演。過去我們美國人很少假設美中戰事的前線會是自家大門口。但或許現在開始不能再這樣了。中共發展出無數的方法，要在無聲無息、不用發射一發飛彈的情形下，就能讓美國打從根本亂了陣腳。理論上中國軍隊有辦法在美國本土發動隱形的飽和攻擊，殺得美國人措手不及。

想像一下這個場景，二〇二九年八月二十三日深夜，滿月高掛天上，在內布拉斯加州奧馬哈市（Omaha）附近戒備森嚴的監獄裡，所有電子監控的牢房忽然同步打開會發生什麼事？要是同樣的情形，同步在美國各監獄上演，數十萬暴力重刑犯手刃手足無措的獄警後，湧入鄰近社區那會怎麼樣？要是同時這些地區警方所使用的數位無線電網路又剛好斷線，那會多糟糕？要是剛好又發生區域性網路中斷和停電，讓聯邦調查局幹員和國民兵都因此無法及時動員，那會發生什麼事？

如果全美各大連鎖藥局在隔天一早開門營業時，發現他們的固定訂單全都被無限期延後或取消，那又會發生什麼事？要是因為運送從血液抗凝劑到靜脈注射點滴袋、從胰島素到拋棄式針筒的船班全都因不知名原因延誤，而其他供應商也都無法交付緊急醫療訂單，讓全美各醫療院所面臨緊急救命的藥物和設備都只能限量配給的話，那又會怎樣？

要是美國參謀長聯席會議主席和男人有不倫戀；或美國眾議院議長的好朋友私下分享了有種族歧視色彩的笑話給他，而他在笑話上按了讚；又或是中情局局長正在接受創傷後症候群心理治療等等，這一類事情的錄影畫面或是訊息內容被人取得並外流到《華盛頓郵報》或是《紐約時報》，那會怎樣？

要是一輛運送有毒化學物質的聯結車因為自動駕駛系統出現機率極低的故障，而撞上了護送美國總統的車隊，那會發生什麼事？要是美國最大物流公司使用的三旋翼送貨無人機完全不受控制，紛紛朝向各航空公司客機的噴射引擎撞去，那會發生什麼事？要是全美各大港口用來為貨櫃船裝卸貨櫃用的智慧型橋式起重機突然間全都不受控制了呢？或者更糟的，要是這些起重機全都將貨櫃堆放到錯誤地點，導致貨櫃船一一翻覆，進而讓商港船隻進出交通大亂怎麼辦？

要是有人用深偽換臉科技偽造美國太空總署（NASA）發佈假消息，將之散佈到墨西哥社群媒體，宣稱將有一顆彗星脫離航道落到維拉克魯茲港，那會怎樣？要是在這幾可亂真的假消息之後又緊接著有偽造的「聯邦政府」簡訊通知，要所有人前往德州、新墨西哥州和亞歷桑納州等地的避難地點避難，那會怎樣？要是因為這樣造成了大眾恐慌，導致數以百萬墨西哥人湧入美國邊境那又會怎樣？

要是鄰近美國軍事基地的住家中連接物聯網的烤箱、烘衣機等家電全都過熱，並造成爆炸，那又會怎樣？要是在北美一團混亂、暴力事件不斷，大家全都要炸鍋了的同時，中國特種部隊突然暗殺了台灣總統，解放軍開始大舉攻佔台北那怎麼辦？美國大眾信心全都瓦解，華府也一團混亂，那大家覺得五角大廈這時還有辦法集結美國後備軍人，動員軍力橫跨半個世界前去阻止中共入侵台灣嗎？

美國式生活

這種中國政府以突襲方式攻擊美國本土的情形似乎不太可能，因為對北京當局而言，這後果太嚴重了。美國在國際上對於侵犯者向來以有仇必報聞名，而且還是加倍奉還的作法。但是兩國一旦交戰，會發生什麼事都說不準。如果中共能夠滲透到美國社會每個角落，那它攻擊的選項就很多了。我們必須承認，理論上中國是可以做到不戰而屈人之兵的。我們先來簡單的看一下，美國社會現在受到北京牽制的程度已經有多嚴重。

首先，先假設以下可能性。今天在美國出生的小孩，可能很快就會接觸到中共控制機構所生產的東西。一呱呱落地孩子第一眼看到的就是醫生、護士或是接生婆，戴著醫療用口罩、手套、手術服，這些全都是中國製的。要是孩子的媽媽產前還要服用維他命、止痛藥，或者懷孕期間很多產婦要服用抗生素，那許多在中國混合生產的複雜化學物質早在嬰兒出生前，就已經透過母親的血液進入胎兒血液中。[647]

分娩過程中，醫護問提及嬰兒和健康方面的資料，會透過電腦被錄下來傳送到中國去，這許多電腦都是聯想製造的。嬰兒自豪的爸媽使用智慧型手機為孩子拍照，接著也會有線上會議通話。嬰兒個人和私密資料同時也會立刻流入中國政府所控制的伺服器農場。[648]等到可以離開醫院育嬰室後，寶寶也會固定放在塑膠製的泡澡缸、嬰兒搖籃、遊戲嬰兒床、嬰兒安全座椅，這些也全都是中國製品。

許多美國的新生兒爸媽都對嬰兒保護過度，這不盡然對孩子是好的。他們會架設中國公司製的嬰兒監看器，成天透過監視器觀察嬰兒動靜，這些高解析度的攝影機會透過軟體將嬰兒影像傳到移動設備上。但裝設這些監視器的爸媽都不太清楚，這些監視器中的軟體可能會洩漏他們家中的資料，裝設和保有數位影音頻道本身就有風險。

嬰兒用的奶瓶、蒸奶瓶機、奶嘴很可能也是中國製的。隨著孩子慢慢長大，長牙齒磨牙用的玩具、手上抱的娃娃、積木、洋娃娃等也是中國製品。密西根大學科學家一份研究就發現，平均每個美國嬰兒房中會有一百一十磅的塑膠製品，讓他們曝露在超過一百件來自中國化學物的風險中。[649]

接著還有人道主義上的問題潛藏在這些中國製品中。美國小朋友穿的睡衣、睡覺時抱的填充動物，還有他們靠的絲絨枕頭，往往是用新疆的血汗棉花製成，這些棉花是從集中營工廠裡生產的。新疆生產的棉花佔中國總生產量的八成五，美國聯邦政府雖以人權考量禁止新疆棉進口，但中國只要先把這些棉花出口到世界各地第三國的成衣和家用品生產中心，然後再由那些中心銷回美國市場，就可以規避這項聯邦禁令。[650]

多數美國小朋友的牙刷也都是中共營運的工廠所生產，另外還有這些小朋友爸媽用來治療小朋友跌跌撞撞的刮傷、瘀青、發燒等所用的急救包、基本醫療藥物，還有爸媽睡前給小朋友念的繪本故事書——小朋友很愛這類書籍，甚至還會用嘴巴去啃、撕下書頁、睡在書旁邊。這些書也多半是在中國聽命於中央宣傳部的印刷廠廉價印製的。[651]據《出版者週刊》（*Publishers Weekly*）所載，販售兒童書籍的美國公司已經說得很清楚，他們的繪本印刷商中，中國廠商是最有效率的——有時候甚至也沒有別人承包。讓人想不透的是，就連美國人用的多數聖經和其他宗教書籍，也都是在中國印製。[652]

二〇一七年，兩家出版商施普林格．自然公司（Springer Nature）和劍橋大學出版社，被人發現針對其在中國出版的數百份論文和期刊進行審查。到了二〇二二年時，英國出版商也開始審查在西方銷售的書籍。《金融時報》（*Financial Times*）所做的一份調查則發現，將書籍印刷交付到中國去印製的西方出版商，都被中共逼著要在言論自由上有所限縮。[653]要是讓這情形繼續下去，那只要被北京視為政治上不許可的內容，美國的小朋友就讀不到了。而且除了書籍之外，幾乎美國小朋友一定會看到的牆上地圖、地球儀、地圖集都可能是在中國政治官員嚴格監督的工廠中所生產的。中國政府至少早從二〇一五年就開始針對這些產品進行審查。[654]

大部份小朋友第一部看的卡通都是中國製的。這些卡通本身的內容越來越多是中國本身出品，也都受到中國的審查。一部很受歡迎的卡通系列《超級飛俠》（*Super Wings*）有一集談到台灣就整集被刪，但在該卡通的南韓製作公司還沒被中國奧飛娛樂（Alpha Group）收購前，美國觀眾原本是可以看到這一集的。而據《環球時報》所載，該劇另一集，地圖上把台灣和西藏標示為非中國地區，《環球時報》指這地圖錯誤，但並未說明是出自哪一集。本文撰寫時，提及台灣那一集在亞馬遜 Prime 電視頻道上已經從清單上被移除，所以其他集的集數標號也做了重新調整。[655]

美國小朋友接收的中國製產品可不只卡通而已。有些家庭會為了宗教或健康因素而不食用豬肉製品，多數美國小朋友吃了很多的火腿肉、培根、熱狗、肉丸、煙薰香腸、豬排、熟食肉、漢堡肉等。而現在這些食品多數是由中國的萬洲國際（Wanzhou International）所生產。這家中國公司旗下擁有史密斯菲爾德（Smithfield）、Eckrich、Nathan's Famous、Farmland、

Armour、Farmer John、Kretschmar、John Morrell、Margherita 以及許多美國雜貨店受歡迎的大品牌。[656] 萬洲國際是全美、歐洲部份地區，以及中國最大豬肉製品供應商。[657]

另外，寶寶家長在家中所用的烤爐、廚房蔬果機、微波爐、爐座等，舉凡用來料理的廚具，以及善後用的洗碗機、洗衣機、烘碗機，也都是中國國營企業所生產。這些機器現在越來越多是和網路連接。在生日派對上、氣球、生日蛋糕、蠟燭，甚至是冰淇淋和杯子蛋糕上面的彩糖等等，往往也都是由中國廠商所生產。

照這樣下去，日後美國每位小朋友所看的暢銷電影和職業運動賽事，都必須符合中國政府喜好，並需先經過其審查。[658] 好萊塢現在已經非常依賴中國電影市場了，而北京也已經展現其對美國電影和運動娛樂產業的控制審查。[659] 許多美國職籃的員工過去都因為出言批評中共的人權低落而遭到球團開除。[660]

但就算這樣，書籍、地球儀、卡通、電影、運動賽事能有什麼作用呢？或許整體來說，這些都算不上多了不起的影響。形塑小朋友心靈世界的因素太多了，要是讓元宇宙（metaverse）繼續這樣發展下去，到了二〇三〇年代的青少年，花在這種受命於中國共產黨獨裁政權的公司所經營的沉浸式、即時虛擬世界中的時間，將佔據他們生活很大部份。[661]

而且，到時候每一家美國學校也都會因為和統一戰線組織，以及中國政府所管理的交換學生計劃的合作關係，而和北京政府有緊密的連結。[662]但不用緊張，這或許對孩子們反倒好。畢竟，要是全球經濟不改弦易轍的話，到二〇四〇年代和二〇五〇年代，這些孩子的頂頭上司將會都是中國獨佔企業，或是仰賴中共所控制的市場、投資客、物流網生存的美國小型公司，人人欲振乏力。這種情形其實現在已經在發生了。

歡迎來到「卡爾」的世界

現在我們講得深入一點，來談談這趨勢對下一代會有什麼壞處。想像一下，如果中國的全球戰略成功的話。那對美式民主會有什麼影響？對全人類又會有什麼影響？

這雖然看似不太可能發生，但它真的有可能到來：集權主義會透過一個由人工智慧推動的超級系統去運作，這個系統清楚數十億人的底細，遠比本人還瞭解。這會變成什麼樣呢？為了不要只是抽象、假設性的推論造成讀者無感，我們就設身處地把自己擺進去來推想。假設**你**是下一代人，未來中國政府的人工智慧技術領先全球，並取得主導地位，而你就出生在那個時代。

在這樣的世界裡，早在你張開眼睛之前，自動化系統就已經搜集好你的 DNA，以及你全家人的個人醫療資料，暫且稱這個系統是「中央自動化紀錄代理人系統」（Central Automated Records Litigator，簡稱卡爾CARL）。隨著你慢慢長大，卡爾將所有與你相關的資料，包括病歷乃至你對疫苗反應的血液分析都搜集起來。卡爾無時無刻不在你身邊，把你考試成績、就診記錄都保存在它的數位大海中。你寫的、講的每個字它也都保存起來。你在學校、線上、夏令營、渡假、車裡和臥房裡、廚房裡、虛擬實境面罩裡的一切都被它記錄下來。

你講的八卦和各種大小事讓卡爾越來越豐富。它知道你怎麼和人互動，也知道別人怎麼和你互動——有時你知道它在搜集你的動靜，有時則完全不為你所察覺。它還知道你身邊的人，私下提到你和寫到你的一切。還會透過成千上萬個小型監視器觀察你。它察覺得到你在看到某些畫面時，瞳孔會放大。它也知道你在某些情境下脈搏變快或變慢，血壓上升或下降的原因。

早在你知道自己是異性戀或同性戀（或都喜歡）之前，卡爾就早一步知道了。它也知道你所有的喜好品味：對食物、音樂、電影、運動、書籍、服飾、遊戲、幽默、政治等等。除此以外，它還會主動安排，依你的品味讓你接觸到讓你覺得很酷的東西，然後讓你不會接觸到那些它想讓你覺得不酷的東西。它瞭解你的慾望、幻想、恐懼、優點、限制，以及盲點。

它知道你的IQ、EQ、學力性向測驗成績，以及你的血壓，靜止時的平均脈搏數、膽固醇指數，以及所有你的健康評量。

卡爾也會在你身上不停地進行實驗。它會傳送影像給你，讓你處在各種情境之中，再觀察你的反應。它會搜集大量資訊，再進行判讀。很快的，它就會知道你在什麼情況下會興高采烈，什麼情況下會痛苦不堪，也知道要怎麼讓你感受到這種震撼。它能讓你笑，也能讓你哭，也能讓你氣到發抖。你睡著時帶給你夢魘，同時也能讓你無法沉睡，一直到它達成重要結果為止。

卡爾也很精於以賞罰來制約人類行為。它會訓練你，讓你做社會整體要你做的事。也會控制你的交友，要親近誰、遠離誰、厭惡誰，以及什麼時候要對周遭感到麻木和無視。隨著歲月增長，它的預測也越來越精準，知道怎麼影響你在特定情境下的想法。最後這個由中國政府所運作的人工智慧系統就掌握了你的心智、你的身體和你的靈魂。663

然後想像一下，你身邊年紀最小的小朋友。要是中共能夠超越美國，如其所願支配全世界，那個小朋友就會有機會認識卡爾這個人工智慧，終生感受到被它控制的恐怖生活。如果你的生命還有十年或二十年的時間，或許你也有機會見識到。但你和他們那一輩小朋友最大的差別在於：這些小朋友將不會意識到卡爾的存在。這就跟二〇〇〇年出生的小孩不知道世界沒有電腦和網際網路的那樣，下一代的小朋友也不會認識沒有卡爾人工智慧的世界。他們跟你不同，不會讀到這一頁這些字（還有你讀過的其他字）。所有被中共認為「不正確」的字將會被審查消失。他們會覺得卡爾人工智慧就是那麼天經地義的事，就像現在的你會覺得沒有被人工智慧推波助瀾的思想控制獨裁體制才是天經地義一樣。

如果你覺得這個假設純粹只是科幻情節，永遠不會在現實世界發生，其實跟你一樣的人還真不少，但你們可能都錯了。因為中共已經開發了卡爾人工智慧的早期原型（當然不會真的叫卡爾）。[664]而且，北京當局就算沒有人工智慧相助，也已經讓我們這個世界中的很多人失去理智，導致越來越多人分不清真相和客觀事實，盡聽些道聽塗說和謊言。就連美國政府本身也都被中共搞得沒辦法用邏輯去理解中國。像我們過去這段期間所看到的，華府在國安方面連最基本、一般常識的手段都不會，而且很多時候甚至還會搞砸。

我們現在所處的世界，中共就已經有辦法一邊全面性地針對中國的穆斯林進行種族滅絕的同時，另一邊卻還能贏得中東、北非和東南亞地區國家的穆斯林領袖讚美及合作。[665]光是現在，中國就已經膽敢公然把教堂鏟平、燒毀聖經、囚禁並虐待天主教徒，卻還能夠讓遠在羅馬的教宗默不作聲、視若無睹了。教宗方濟各甚至鼓勵中國天主教徒要遵守中國這個無神教政權所制定的法律，還為了表示對北京當局的尊重，至今甚至拒絕接見達賴喇嘛或台灣的總統。666

光是現在美國主要企業明知中國方面的同業在偷竊他們的商業機密，而且是有意擊垮他們、在全球市場上取而代之，但這些美國企業卻還是不願意退出中國市場、力圖自救。相反的，這些企業還經常到華府去為北京當局關說遊說。對他們而言，中國龐大消費市場的短期利益實在太難以抗拒了。許多這些企業的執行長很顯然就是深信，他們公司未來的獲利中，沒有中國就會帳面難看。美國企業已經對中國市場上癮、過於依賴了。絕大部份的這些企業顯然深信，為了活下去，一定不能觸怒習近平。667

光是現在的聯合國一遇到中國，就違背自己當初創立的宗旨，一而再、再而三地挺中國獨裁者，反而不挺西方民主國家。看看現在聯合國旗下幾個國際組織，全都在幫中國，將其大規模監視系統和壓迫人民的作風輸出到開發中國家。這些組織機構全都在濫用國際社會交付他們的信任，允許中國當局取得那些他們輕易不會給任何國家接觸的地區、人民和資料。這些國際組織給了北京當局籌碼，來對付那些意識形態上和北京不同的國家。而且它們還一再為虎作倀，轉述中國的觀點，幫助其審查反對中國的言論。668

看看現在連美國都違反其建國宗旨，竟然積極在反對台灣人民行使自決權力的意志。打從一九七九年起，華府就越走越錯，竟然否定了台灣作為中華民國擁有合法主權國家的事實，無視於台北政府早就獨立於中華人民共和國，而台灣更是一個自由民主的國家，享有由多數人投票所決定出來的政權。台灣還是世上排名前十大的民主國家，[669]但華府的外交官員和西方各國政府卻為了要表示對中共的尊重，盡一切可能地假裝沒看到台灣是一個主權國家的事實。

如果連當前都這樣了，那將來等中國國力繼續壯大下去，世界會變成什麼樣？國力尚弱的中國在變強時，都尚且沒有被美國或其他國家阻止了，將來等中國變得更強大時，還有誰能來阻止它？

中國就是未來！（圖 Louis Martin-Vézian）

外強中乾

據估計，中國每年外流超過數十億美金的金錢損失。[670]每一個中國官員都想在海外置產，並將子女送往海外學校念書，以防將來中共政權垮台，官員自己還能有個保險。但大家都沒想過中共靠著販賣仿冒品和盜版軟體賺了多少，外加它竊取已開發國家智慧財產以及商業機密所得的金額更是驚人。沒有人知道總數是多少，但聯邦調查局估計每年因為中國的竊取讓美國損失高達六千億美金的金額。[671]近年來聯邦調查局逮捕了數百名在美從事商業間諜工作的中國特務，他們竊取的事物從杜邦公司歐利歐（Oreo, Dupont）餅乾白色奶油夾心的秘密配方，到奇異航空（GE Aviation）的噴射引擎技術，還有從美國海軍無人機設計到美國超導體軟體控制風力發電機的原始碼等，無所不偷。[672]

如果其他先進國家也同樣遭到被中國竊取機密的命運的話，那加起來這些先進國家的損失就要超過一兆美金的數目。但事實上，其所造成的損失並不是每個國家都一樣。有些國家體質不如美國堅強，可承擔不起這種損失，次於美國的其他經濟體是日本、德國、印度、英國和法國。但中國的間諜案件（包括經濟和其他領域）卻幾乎沒在這些國家被報導過，或者也沒有間諜被起訴過。

相較於其他盟邦，美國政府一直在對中共經濟戰方面，下足功夫在防範。二〇二二年，聯邦調查局局長克里斯多福．雷伊就說，聯邦政府有超過兩千件反情報偵查案件正在進行，而且聯邦調查局幾乎是每十二個小時就會接獲一樁新的中國間諜案件。「他們的駭客行動規模之大，以及他們駭客所竊取的個人和企業資料數量之龐大，比所有其他被竊國家加起來都多……感覺就像冷戰時代，東德監控惡夢獲得矽谷科技撐腰一樣如虎添翼，」雷伊道。[673]

若美國政府承認自己每年都要損失〇．五兆美金，那其他本錢沒那麼豐厚，也沒有足夠政策對抗中國的民主國家狀況有多慘，就更難以想像了。要是任其自行其是，中國的經濟從根基上就不健全了嘛。中國政府違反基本經濟法則、扭曲市場，種種不守法的作風，還有房地產泡沫等情事也不是一天兩天的事了。

但中國的經濟卻一點也不像根基不穩的感覺。就算在疫情期間看似停頓，但經濟學家都相信中國會重新振作、再次成長。[674]中國並不是獨自運作的，而且他有辦法運用一切蠶食鯨吞的經濟手段，將檯面上別人的份都吃乾抹淨。中共正在組織全球貿易新體系，像是寄生蟲一樣，靠著將宿主掏空而壯大自己。這一路上我們已經看到它如何鎖定全球政界和商界精英，一路想辦法餵飽他們、影響他們、誘拐他們，最後再控制他們。一旦請君入甕後，這些精英就會幫著中國那些獨佔企業到國際上殺光對手，掏空這些對手所屬社會的財富。

現在要判斷北京的全球戰略能否成功還為時太早。但該戰略的確有成功的可能，而且目前看來也似乎正朝著習近平和其他中共戰略家預想的方向進行。雖然美國目前對中國的態度相當務實，也已經將之列為戰略競爭對手，並視之為具有敵意的貿易夥伴，美國政府面對這場生死存亡國安危機，卻只採取了一些暫時性的試探之舉。中國的實力正在增強，它有可能會超越美國。儘管蘇聯在冷戰中敗下陣來，並不保證中國不會在第二次冷戰中獲勝。

中國政府正在為散播其獨特的共產主義形態，建造一個世界帝國而執行一項複雜而大膽的計劃，中共想要構建一個規模無與倫比的全新集權秩序。上文中，我們檢視過有關中國全球戰略外流的中共軍方文獻，也以各種假設來探討其在未來所可能的影響。接下來就要來面對讓人不好受的部份了：評估現況。

第十三章　衡量勝率

若當年阿茲特克人和印加人，對於外在的世界多一點認識——而且瞭解西班牙入侵者過去在歐洲怎麼對待鄰居的——他們可能就能夠更有把握地成功抵抗西班牙的入侵了。675

——哈拉瑞（Yuval Noah Harari）

把時序從西班牙征服美洲移到現代，沿用同樣的思路。中美對抗——身為美國人要怎麼知道誰有勝算呢？要怎麼得知在這場全球超級強國競賽中，誰居於領先的地位？這是很傷情感的問題。要說起來，非常複雜、龐雜又沒有條理可循。當中要比較的許多領域又屬機密等級，所以不可能從公開資料中去評估。比如說，在量子運算、自主武器、防禦性生物技術，以及網路戰等領域，實在無法得知哪邊居於領先地位。我們也不知道華府和北京哪邊較擅於編碼和解碼。

我們也不知道在南美洲、東南亞和非洲等地，中情局是否有較強的秘密行動措施——以及是否擁有暗中影響高風險政治、經濟和軍事決策結果的能力——又或者是中國國家安全部比較強。我們也無從判斷，哪一國的情報單位在對方的政府和軍隊中安插了較多的臥底。這些都只能憑空猜想，或許解放軍的戰略支援部隊擁有較強的特洛伊木馬程式，又或者是美國國家安全局略勝一籌。我們也不知道哪個政府所研發、藏在電子產品裡的隱藏後門和數位暗樁比較厲害。是美國還是中國在硬體和軟體上安裝了更多的途徑，可以從遠端操控對方的重要基礎設施？這我們真的說不上來。

至於其他領域，目前也還沒有可以提供衡量的方法。有些關鍵的問題目前就是無法得知；想知道答案還得等一等。我們還不知道，長久下來，哪邊能把自己最出色、聰明的人才發揮到最好。是中國在才能方面擁有優勢嗎？還是美國？我們就是沒辦法往後看十年，然後知道哪一邊所投資的研究發展措施是走對了路——能在未來獲得經濟生產力和戰略優勢上的最大回報。

萬一雙方打起來了究竟誰會贏？哪邊的軍隊在短期激戰上會勝出？長期消耗戰又是哪邊會贏？哪邊的軍隊比較強悍、比較驍勇善戰、國民心理素質也比較強韌耐戰、能夠忍受資源和生活的匱乏，更願意為國犧牲，就算長期停電、食物靠配給，甚至遇到核彈引發的風暴性大火，也能夠撐下來？哪邊能撐到最後獲得勝利？[676]這問題連提都沒有人想提起，更希望永遠也沒有必要去問。

乍看之下，是有些很直接的衡量方法，但如果再往下細究，則會發現其實沒那麼簡單。例如經濟實力，以中國不管在宏觀或微觀經濟上都那麼不透明的情形下，要如何知道哪邊經濟實力較強？誰有把握說中國官方發佈的報告和稅後盈餘是否為宣傳假象？對於中國共產黨糾纏不清的債務、投資和空殼公司要如何抽絲剝繭？上一年度中國的經濟成長真的有到百分之八嗎？還是其實只有百分之二？又或者是百分之負十四？外國的經濟學者有哪一位真的看得懂的嗎？當世經濟學家中，沒有幾位願意挺身而出，或有能力去推翻中國政府的官方數據。

另一個例子則是其軍事支出，如果只是比較雙方官方公佈的國防預算是很容易的。二〇二一年，華府的國防預算約為七千五百億美元，北京則稱其預算為兩千五百億美元（但如果把其他相關部份加進來的話，應該是五千億美元）。[677]不能告人的暗中花費黑預算和預算外的軍事支出當然是無法估算，尤其是中國這方面，其省級政府，甚至私人企業都會被中央要求共同分攤，但難的還不是這部份。就算我們有神通魔法，魔杖一揮就可以獲得可信的中共內部數據得知其每年國防支出，也還是無法得知他們的錢（或者該說是數位人民幣）是花在哪方面，我們無從得知，因為就連中共自己也不知道。承平時期，是無從得知一國的作戰實力和損失兌換率的。

更進一步，得知中美國防開支後，還要作出有意義的比較，這實在很難。因為我們無從得知中國在訓練、動員，以及配備一個旅的傘兵部隊要花費多少錢，或者組建一個核動力攻擊潛艦艦隊又要花多少錢，我們也不知道中國中程彈道飛彈配備機動式反艦彈頭的現行價碼是多少。而我們也不知道中美雙方的國防估計成本有多少，因為美國這方面是沒有直接估計成本的。雙邊都有戰車、飛機、以及潛艦，但只有中國當前裝備有相關型號的飛彈（比如反艦彈道飛彈）。

而這中間貪腐又會影響多少？收賄對於國防開支的影響多大，又會讓公開的數字打多少折？因為中國的財會數字本身就充斥假帳目，所以什麼數字都無法確定。另外還有間諜的問題。比如說，中國空軍花了多少錢在無人隱形轟炸機計劃上，如果他所有的研究、發展、測試、評估工作都是在加州由美國人完成，而只在最後被中國情報單位偷去使用？

如果一名瑞典科學家，在不知情的情況下被中共中央委員會組織部招募，並研發出一項具有改變作戰形態的新態勢突破性軍備，會發生什麼事？要是新科技革命是一名由華為出資的教授，和他在多倫多大學實驗室率領的博士後團隊所開發的呢？中國的軍民融合戰略，擺明就是要朝海外研究人員的腦力下手，而從中獲得武器科技和其他戰略情資。

以中國工業執法不夠周延，任由資方任意剝削的環境，其軍工複合體通過強迫犯人在其軍火廠和稀土礦工作可以省下多少錢？解放軍對於環境保護規範的無視，隨意儲存有毒物質，造成大自然生態破壞又能替中國省下多少錢？中國政府不需受到國會監督，也沒有非政府利益組織、獨立型智庫，或是媒體監督組織。北京當局也不相信藍帶委員會這類獨立調查機構。

所以在這許多無法確定的狀況下，我們能做出什麼樣的比較？事實上，雖然有這麼多機密、難以判定，以及懸殊差異的存在，但可以得出明確結果的衡量還是有的。還有部份則可以依據明確可靠來源進一步推論得到答案。所以其實有很多是可以透過邏輯分析和常識爬梳出結果。把這些全都加總在一起後，依現有的資訊，我們可以得出相當有見地（儘管不算完整），但還是足以判斷誰會勝出的輪廓。

主要優勢

一開始先問一個首要問題：哪一邊對於未來有較清楚的輪廓，又比較知道如何實現那個未來？我們知道北京有明確的戰略目標和如何實現該目標的計劃，我們也知道華府這邊沒有。這一來美國就麻煩了。在美式足球賽事中，要是球員連哪邊才是達陣區都搞不清楚，那光組一支世界明星球隊也是白費，更不用說這些球員還不見得都願意進入球場。圍棋賽中，要是以為把所有自己棋子都擺在少數幾個區域就可以贏，那肯定會被對手包圍通吃。也就是說，我們可以確定，不管擬了什麼計劃，在這種高度競爭的環境中，都不可能一直管用。所以最好的方法或許是保持彈性，願意隨時快速改變。

與此相關的一個問題是：美中之間，誰對於這場競賽比較有生死存亡的危機感？雙邊都有這種輸了就會活不成的危機感嗎？對於兩國的高層，勝敗真的有到生死存亡的地步，還是只是不痛不癢，可有可無的事？可以確定的是，不管是中南海或是白宮，誰都不希望看到人民大規模死於戰禍——我們很確定。沒有什麼比一個自滿、猶疑不決、不能專心一致的決策單位，更能阻絕決策與削弱行動。對美國而言，將賭注下在各種的國安層面上以求降低風險是非常莽撞的賭注。

因此我們就不得不談談下一個問題。兩國國家的領導人對這場美中競賽有多用心、又有多專注？從先前提到的，我們知道中共的領導人往往是內心受創甚深、日後發展成事事刁難、心狠手辣又滿心惡毒，對於世界總是存著「不是你死就是我亡」這種偏激的想法。[678]這些中共領導人處理國際事務往往就是非贏不可，不能輸。美國高層則非常不一樣，有些美國官員視外交為商業合作的延續，目的是要讓收益極大化。其他高層則視外交為高尚的事務，是一群以上帝形象創造出來品格高尚的人與人之間的溝通，他們衷心希望為國家和地球謀得最佳利益。

對於整體兩邊狀態，有太多數據分析可以比較，所以並不容易得出一個有力的結論。但是，儘管很難斷定的說哪邊會勝出、哪邊會落敗，但針對一些根本問題的回答，能夠讓我們知道從不同領域的競爭上，哪一方佔有總體的優勢。這樣的比較當然應該要存非常保留的態度。畢竟依據數字得到的分析，在真實世界中可能幾乎沒有任何意義。比如說，以數字上來看，中國海軍共有三百五十艘艦艇，而美國則只有兩百二十艘，但這些數字並無法顯示艦艇的大小、船上人員、戰力，及其所具有的任務組合。

數量往往不具意義，重點在品質上。但關於質的判斷卻又往往是只憑直覺——當中很多都是來自臆測，也難免帶有主觀成份。但也不能因為有太多不確定因素和細節，就不聞不問，不採取動作，那就太不明智了。猜測如果不離譜，總比什麼都不做好。就算是做一個簡單的架構出來，即使有瑕疵，也會有用，因為可以拋磚引玉，讓人針對它不斷提出質疑、挑戰、測試、改善。就讓我們用這個態度來檢視下方這個表格，粗略地瞭解美中戰略競賽最主要層

戰略優勢的主要考量點

考量點	勝方
哪個政府在戰略目標和未來遠景上有一致共識，並且清楚要取得什麼樣的勝利？	中國
哪個的政府已在擬定勝利計劃方面取得了共識？	中國
哪邊政府視對手為你死我活的威脅，且相信只有勝利才有活下來的機會？	中國
哪個政府的國家領導人視世界、國家、人生為一場競爭？	中國
哪邊政府較能凝聚多數人共識，且其領導人對於自己的地位較有安全感？	美國
哪個政府在統治上較有周延安排（預防領導人遭暗殺、意外死亡造成元首缺位狀況）？	美國
哪個政府在同盟條約和國安合作盟國聯繫上較強？	美國
哪個政府的貿易夥伴網絡較強？	美國
哪個政府的經濟體規模較大？	美國
哪個政府的國防開支較高？	美國
哪個國家的教育和研究體系較好？	美國
哪個國家有批評並規律性替換不適任元首的法定機制？	美國
哪個政府在危急時刻有較透明且較願意分享重要資訊？	美國

整體評估：美國似乎超前，但中國正在趕上。

面上的演變。

另外四個考量點

觀察家還會從哪些方面來判斷美中競賽中美國有勝算呢？還有一些不是靠積分和主觀臆測可用的考量點。這方面的資訊可以幫我們衡量目前哪邊居先，而十年或二十年後又是哪邊超前，這裡頭有四個競爭領域尤其重要。從這四個領域讓我們得以用新的角度來看美國的民主和中國的獨裁之間的競爭狀態。

第一個考量點就是看美國重要的產業和關鍵主導人物是站在國家安全這邊，還是不站在國家安全這邊。華爾街證券交易所、好萊塢片商、矽谷新創育成公司、大眾媒體董事會，以及知名大學研究實驗室這六個方面尤其重要。這六方面如同我們自由社會的六根巨柱一樣，撐起美國民主的實驗，這個實驗能否繁榮發展、能否存活，就看這六根支柱是否還要仰賴中國資金、賺中國的錢、淪為獨裁政治的人質。

第二個考量點與第一個有關連，那就是攸關美國人生死存亡的重要產品，是否是由受中國政府和軍隊控制的供應商所提供。以目前而言，有大部份美國所使用的食品、電腦、汽車零件、智慧型電器用品、通訊網路、監視系統、藥品、重要基礎設施，以及醫療安全器材全都是來自中國公司。華府聽憑北京控制大量足以影響美國人民健康與民生的產品，這給了中共戰略上的優勢籌碼。美國能夠如何快速且聰明地從這個意識形態居上的敵人魔爪中脫鉤？

第三個考量點則是聯邦政府能否讓自己免於遭到崩解和顛覆。這與美國公民的思想有關。要是大部份美國人民會輕易受到自主言論審查、詞藻吸引人的簡訊、恐嚇性廣告所操弄，那他們就很容易站起來反抗美國的民主制度。在大數據的年代，加上精準投放和深偽等日益複雜的科技，還在使用智慧型電子裝置上的海外版抖音等等的軟體那就是自陷險境。一些容易受到敵對份子所影響的社群媒體的爆發式增長有著嚴重的後果。

第四個考量點則在於台灣（中華民國）的存廢興亡。這個國家的未來可能會決定中國能否成為明日的超級強國，還是美國依然會是世上軍事武力最強的大國。從這個角度來看，這個考量點可能會是四點中最重要，而且是明眼人都看得出來的一點。我們不知道中國是否有能力成功侵台，但以台灣海峽佈建軍力的情形來看，中國勝於美國、台灣、日本和其他所有盟國的**總合**，這是非常不好的預兆。這個地區出現嚴重軍力失衡，而且情況越來越嚴重，美方的軍力在許多重要競爭領域上都正在落後於解放軍。如果美方和其盟友只是苟且偷安，以為美中戰事至今未曾發生，那就是犯了大錯。過去平靜不代表未來也會平靜。

在治國和軍武競賽上有很多重要領域，美國全國上下經常在進行自我傷害的行為。美國的路線似乎一直朝著錯誤的方向走去。相較之下，中國儘管遇到疫情，其整體實力依然在持續上升。美國對中國依賴甚深，而中共的全球影響力則在持續擴張，這意味著美國正一步步失守。目前這個趨勢會否在未來十年間獲得扭轉，這問題目前仍難有定論。我們的確有樂觀的理由，但明明當前已經有那麼多不樂觀的情況在發生了，對未來還樂觀看待，那也不是明智之舉。

中國的弱點

習近平當然是想讓我們相信中國人民、中國政府、共產黨的意識形態不管在哪個方面都比別人卓越——讓全世界都應該效法，但事實和真實數字呈現出來的卻不是這樣。根據聯合國的資料，中國在聯合國的全球人類發展指數中排名第八十五。人類發展指數是計算每一個國家在衛生、教育以及生活水準等方面的成就。中國的人類發展指數還不及戰禍連天的烏克蘭、人口拐騙嚴重的墨西哥，以及輸出恐怖主義的伊朗。相較之下，美國在人類發展指數排名十七（居於加拿大、紐西蘭、北歐等國之後）。[679]

二〇二一年「無國界記者」（Reporters Without Borders）則將中國的新聞自由指數排在全世界第一百七十七位，等於是倒數第四（只比北韓和厄利垂亞〔Eritrea〕這兩個墊底國家好些）。「中國持續對網際網路進行言論審查、監視和內、外宣，程度之嚴重前所未見，這讓它成為排名中最落後的國家，」該報告這麼指出。[680]美國在新聞自由這部份則排名全球第五十四，落後於台灣和南韓。[681]無國界記者在二〇二一年的報導中，將習近平標為「新聞自由的掠食者」。[682]

「自由之家」（Freedom House）在全球各國自由度綜合評比中，給了中國九分，滿分是一百分。西藏在評比中則只得到一分，成為世上最獨裁的地區，比北韓還慘（北韓三分）。[683]相較之下加拿大是九十八分，台灣是九十四分，美國則是八十三分。[684]自由之家的聲明指出：「美國作為全球最具影響力的民主體制，對於全球自由的奮鬥……以及確保國際秩序能建立在人權和法治的基礎之上等方面扮演了重要的角色。」[685]

根據美國國務院二〇二〇年的中國人權報告，「中國的維安警力嚴重濫用權力，侵害自由。」國務院舉出包括種族滅絕和其他違反人道的罪行，指中共將超過一百萬公民關進集中營，並將另外兩百萬人進行日間洗腦（美稱為「再教育」）。[686]嚴重濫權和侵害自由的行為包括：「強制節育、強制墮胎……強暴；大規模對未審即監禁者進行酷刑；強制勞動；對於宗教或信仰自由、言論自由，以及行動自由都有嚴重的限制。」[687]國務院同時提醒中國其他嚴重侵犯人權的行為包括政府從事違法殺人、強制失蹤以及酷刑。國務院更對中共嚴重貪污、走私人口、強迫勞動和虐待兒童等事態表示嚴重關切。[688]

二〇二二年世界人權觀察報告（World Report, Human Rights Watch）指出，中國政府「在國內外加強打壓人民」。該組織並指出：「北京當局的資訊操弄已經無處不在了：政府的言論審查、對異議人士的懲罰、宣傳假訊息，以及對科技巨頭縮緊控制。一度意見多元的網際網路現在只剩下支持政府的聲音，還會有人舉報不夠忠貞愛國的用戶。」[689]

中國的社會沉痾則因其世界最糟的污染問題而加劇惡化。《刺胳針》期刊（*Lancet*）就估計，中國的空氣污染在二〇一七年造成一百二十萬人死亡。[690]根據《新科學人》雜誌（*New Scientist*）估計，過去二十年間，約有三千一百萬中國成年人死於空氣污染。[691]「中國自從二〇〇六年以來，每年在溫室氣體排放上都居世界之冠。中國境內能源相關的二氧化碳排放從二〇〇五年到二〇一九年間，總共增加了超過八成，」美國國務院在這份聲明中引用國際能源署（International Energy Agency）的數據指稱。[692]二〇二〇年八月，當時的美國國務卿龐佩歐（Michael Pompeo）則說：「中國共產黨的經濟有太多是建立在對於空氣、土地和水質的任意糟蹋之上。中國人民——以及全世界——不該受這種罪。」[693]

根據萊斯大學貝克公共政策研究所（Baker Institute, Rice University）所發表的一份研究指出：「中國官方在國外暢談綠能，但回國卻以燃煤為工業經濟供電，藉此鞏固其政治地位……也因為不斷地使用煤炭，中國是二〇二〇年唯一一個排放量上升的主要工業大國。」[694]中國水污染的問題更是非常嚴重，研究人員估計中國有九成地下水污染嚴重無法飲用，超過五成地下水則無法供農業和工業使用。」[695]

據《中國噩夢：一個搖搖欲墜政權的遠大野心》（*The China Nightmare: The Grand Ambitions of a Decaying State*，暫譯）一書作者卜大年（Dan Blumenthal）寫道：「習近平正在瓦解中國成長的動能……經濟和社會問題不僅阻礙了中國主導全球局勢的能力，同時也為中共在自家製造麻煩。」卜大年又寫道：「中國持續崛起並非必然之勢。」[696]有許多專家也持這論點。二〇二一年兩位聲譽卓著的中國研究專家高攻博（Gabriel Collins）和艾立信（Andrew Erickson）通過研究一系列人口、經濟和政治的數據，想預測中國未來的實力。他們主張中國的相對實力已經接近頂點，不久就會開始走下坡。他們預估，從二〇二〇年代後期到二〇三五年間，「中國將會走過最高點，之後在戰略上就再也無法挽回頹勢。」[697]

就很多方面來看，北京當局似乎是自己最大的絆腳石。許多美國戰略專家都認為，全球對中國的恐懼和不信任已經出現非常強烈的反感。「許多國家都不再那麼被中國市場所吸引，反倒更擔心其威逼脅迫的能力和侵略性的行為，」邁可・貝克利（Michael Beckley）和赫爾，布蘭茲（Hal Brands）寫道。「有數十個國家正在想辦法將中國踢出其供應鏈之外；反中聯盟……正在擴散。」[698]貝克利和布蘭茲觀察到這些戰略上的阻礙，對中國而言來得很不是時候。因為中國的經濟成長率、生產力、可工作年齡人口數全都在下降中——而其國債則日益加劇。[699]

解放軍內部資料顯示，中國政府對自己的未來發展其實並不像其大外宣或大內宣講的那樣信心滿滿。解放軍內部也承認「中國方案」遠遠不夠完美，需要太多的修補改造，他們也不相信中國已經趕上美國了。另一份文獻則指：「當前，美國在全世界擁有龐大的經濟實力、先進科技，以及一支陣容龐大且實力堅強的軍隊。若是要論整體實力，美國依然有著相對優勢。」該文的結論相當悲觀：「若想等到這個霸權的實力消退、成長受到抑制，還需要很長的歷史進程。」[700]這段文字說得夠清楚了，它指出中國的戰略家並不認為美國必然走上衰敗的道路。更且，北京也認為若中共想要達成目標，就必須積極侵蝕華府的實力。除非中國國力能夠持續成長，同時一邊暗中對美國進行破壞，否則美國始終還是會強過中國。

這段作者從不同資料節錄出來的描述完全不加粉飾，直白地說出中共內部的想法，不禁讓人懷疑中國統治者的心理狀態。會不會是習近平自己太不瞭解實際狀況？還是他聽那些阿諛奉承聽久了，導致跟現實脫節？這可憐的傢伙會不會是已經到了自大狂妄的地步？還是他懷有嚴重的自卑情結，因為自信極度低落，讓他那麼努力地在追求一個稱霸全球的野心，覺得非把別人踩下去不可？

習近平因素

對於習近平這個人，或者他的家人、朋友、親信或政敵，我們知道的都很少，這點很不可思議。中國是一個資訊控管很嚴格的國家，那裡沒有一些敢於挖掘政治內幕的新聞記者存在，不像美國，有像鮑伯·伍沃德（Bob Woodward）[*]或邁可·沃夫（Michael Wolff）[**]這類記者。在中國，撰寫這類調查式的政治新聞（或是獨立報導）是一種叛國行為。前中國官員和政府要員很少會對記者或學者吐露政界內幕。就算他們向記者說話，講的也是事先擬好稿、審查過的內容，都帶有政治目的，都是要為中共當局說好話。

中共認為輿論是可以被操弄、帶風向的，所以他們不做蓋洛普（Gallup）這類民調，也不認為輿論應該要靠激昂的演講或公關活動來形塑。中國也沒有政府應該講究透明這種概念，新聞不會揭露對公眾有益的壞事，也不會有政敵間互相洩漏一些惡毒、八卦的內幕給報紙去刊登。中國也沒有在野黨或敵對政黨的存在。沒有權力平衡、沒有公開選舉、沒有法治。「永恆的鬥爭」（極度粗暴的政治清算）是在政策方面出了嚴重大錯，或是領導人不能勝任時，唯一可以用來矯正和懲罰的機制。但這樣的鬥爭是由最高層的人帶動、下面人跟進，所以最高領導人作為所有重大決策的負責人，是不會遭到批鬥的。這也是為什麼歷史上很多獨裁政權後來都腐敗得很快的原因。因為集權國家慢慢都會走向衰敗，內部腐化的過程養成了因循苟且。習治得了中國表面的病症，卻治不了那內裡的沉痾，因為他**就是**那個沉痾。701

習近平崇拜本身並沒有什麼特別之處，這樣的事在全世界共產黨歷史上屢見不鮮，702 對領導人歌功頌德本來就是一黨專制體制的標準配備。習近平這人特別之處不在其野心或膽大妄為，而在其得以贏得國際愛戴，還在戰略上一再成功，這是其他共產國家領導人難以望其項背之處。

分析習近平的著作和言論，就看得出他的想法既無創新之處，也並不特別吸引人。從他這些數量龐大且還在增加的著作當中，我們看得出來，習近平對共產教條最大的貢獻在於他

* 譯註：水門事件的揭露者。
** 譯註：沃夫挖出很多川普和其家人的不堪內幕。

將中國民族主義，以及傳統漢民族的「智慧」和「文明」嫁接到傳統的共產主義上。但這明顯是對馬克思想的背叛，因為馬克思強調的是國際性，而非民族性。

　　但習近平也不是第一位提倡國家和民族優越感的共產領導人，他為達成目的而不擇手段，以此為自己違反馬克思教條說項。他的書中解釋自己的目的是要致力於達成完美的四海一家、國際主義體制。中國正努力創造馬克思（以及列寧，只是習較少提到他）無國界的人間天堂。為了這個目的，中國共產黨正盡力讓全人類——或至少每一個統治實體——可以彰顯自己的特色，藉此克服民族主義的問題。[703]用這種方式想解決種族問題，真是瘋狂的政治科學手段。

　　但一說到習近平，全球的領袖和精英卻只是一味的相信，從來不去求證。他們不斷歡迎中國製的電器產品進入他們家中和辦公室——明知其有後門和監控危險，卻還是接上網路去使用，甚至連學校和重要的基礎設施也在使用這些電器。他們也還是在投資中國，協助其商業和工業的成功。他們也持續在和中國電影界、國際賽事、科學計劃合作。在許多重要民生用品上也持續依賴中國：糧食、藥品、嬰兒監看器、書籍等。

　　西方觀察家所指出許多中國制度面的問題和缺點是正確的。但對其未來，他們卻一再提出錯誤的預測。過去二十多年來，中國觀察家一再預警中共政權將會出現急速頹勢或崩解，但他們的預言始終未曾實現。相反的，中共反而越來越壯大。

或許習近平真的是名出色的政治人物，而中國政府宣傳中對他的褒揚也有部份屬實。又或許反自由派的勢力正被「中國方案」和「人類命運共同體」這類的口號所集結，壯大其聲勢。又或許一個恐怖巨大的新世界秩序正在成形中。當然也有另一種可能，那就是中共將會步入蘇聯後塵，邁向瓦解——或許還可能更慘——習近平這三個字會成為中國人後代子孫所痛恨的名字。或許未來的歷史學家會像當今多數美國人一樣，對共產主義抱持不同的看法：討人厭、但更多的是荒謬可笑到不值一哂。

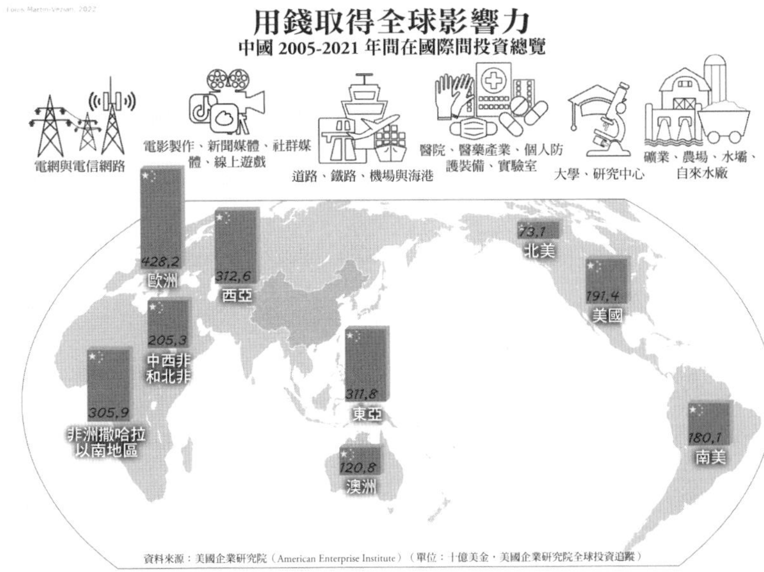

用錢取得全球影響力（圖 Louis Martin-Vézian）

不過，習近平的成就也是真的。在他的領導下，中國在國際舞台上的影響力和實力都不容忽視。在某些領域，中國的實力更是大到讓人感覺無法抗拒。中國共產黨當今所達到的權力和影響力，在歷史上無人能出其右。習近平之前的中國領導人對他今天所擁有的權力只能望而興歎。他們曾有過的夢想，在習近平手中實現了。問題在於：接下來會發生什麼事？

第十四章 預兆

自由，正義這些東西，是恆久的真理不隨社會狀態變遷的。然而共產主義卻是排斥那恆久的真理，排斥一切宗教，一切道德。704

——共產黨宣言

我們所認識的這個世界非常脆弱，只要幾個想法不同的人、科技，以及其所造成的巨大效果就可以造成改變。激進的政治轉變在人類歷史中並不罕見。亞歷山大、成吉思汗、拿破崙等人在世時，都沒人料到他們會將自己的帝國疆界推進到那麼廣大的幅員範圍。但不管再怎麼推進，他們終究還是受到地理和其他方面的限制。征服世界從來不容易，一直到近代。

二十世紀前半葉開始出現一黨獨裁政權，這些恐怖政權擁抱獨裁，堅持個人需屈居社會整體之下的意識形態掌控型式。某些野心勃勃的領導人夢想著擁有無限的權力，其中最知名的就是希特勒。為實現野心，他訴諸侵略和佔領歐洲、亞洲和非洲大範圍的領土。要這樣做必須為了戰爭、軍武工業，以及研發優越武器的科學動員所有人力。

要是當初第二次世界大戰走向另一個結局，納粹德國就可能釀成何等嚴重的人禍。比如，要是邱吉爾在第一次世界大戰被派往法國戰場從軍時，被砲火奪去了性命，或者日後死於暗殺、空難，或是交通意外（他先後遭遇過這些意外但都僥倖逃過一劫）；當初要不是邱吉爾的領導，大英帝國說不定在一九四〇年夏天就已經向納粹磕頭投降了，世界也就不是我們認識的這樣了。

歷史的軌跡有太多可能可以假設。但過去某個重要事件如果不同的結果，又會造成什麼樣的未來，則很難推斷。因為我們無從測試不存在的事，更別說去加以證明了，所以只能靠想像，這些純粹只是想像。理論上納粹是有可能在一九四〇年代拿下全世界，那今天我們就全都要說德語了，又或者根本就沒機會出生。我們的祖先可能早在那場全球大戰中喪生。

說到底，**真正**發生的事才是重點。第二次世界大戰是同盟國獲勝，他們打敗了納粹和大日本帝國，以及義大利法西斯所組成的軸心國。戰後美國和蘇聯取得了原子的威力，開發出一系列恐怖的原子武器。結果造成冷戰時期沒有任何一個國家膽敢張狂到夢想稱霸世界。因為大家都知道，如果這樣做結果就是造成世界毀滅，就連當時最囂張的獨裁領袖也對原子彈敬畏三分。這避免了強國之間發生戰爭——因為任何衝突必然快速演變為核彈世界末日——華府和莫斯科當局即以此為目標。

史達林和毛澤東儘管非常好戰，但那個時代還是奉和平自制為口號——儘管意識形態上戰得再激烈。歷史上頭一遭強國戰爭被認為沒有贏的機會，大家連提都不再提起。一九五〇和一九六〇年代，發展出一些非直接的戰鬥，像是間諜戰、準軍事行動、代理人戰等。在那段期間，嚇阻理論受到近乎崇拜的地位，也成為最頂級的戰略，是涉及生死存亡的政治、軍事藝術的化身。到了一九八〇年代初，冷戰來到了最高點，蘇聯有段時間似乎佔了上風。北約戰事策劃家都擔心蘇聯裝甲師會在無預警情況下，突破位於東西德交界的福達缺口（Fulda Gap），造成第三次世界大戰。沒幾個人料想得到，事態突然急轉直下。

一九八九年柏林圍牆倒塌，蘇聯接著在兩年後解體，美國順理成章接掌了世界的統治權。美國文化、科技，以及政治影響席捲全球，當時少有國家能夠置身這股全球化浪潮之外。因為冷戰的勝利來得太過突然，又花了極少的代價，美國人把這意外得來的勝利當作是注定要落到他們身上的好運，是上帝所賜。美國政府和軍隊將領因此志得意滿，將自己新得來的強國地位不當一回事。這種傲慢自大的心態瀰漫整個華府的權力走廊。[705]

這之後歷屆美國總統都陶醉在美國體制的優越感之中，更對自己提出的想法充滿自信，這讓他們採取的政策如今看來全都顯得不負責任又天真無知。美國政策制定在這之後的一系列外國戰事和本土經營上一再受到重挫，讓美國國力大傷，流失數兆美金。從二十一世紀初的勝利之巔到現在，短短的二十年間，美國與敵對國家間的相對國力大減之勢驚人。一度看似明智的大國，如今卻垂垂衰矣。

駭入全世界

在蘇聯解體以及美國獨大所領導的自由主義時代中，中國領導人以高明的作風讓自己順風起飛。中共攀著自己的意識形態和政治體制不放，但卻開放市場探尋新契機，趁機吸取別人的強項。北京面對美國要求其改革的呼聲始終不動如山，毫不受影響——卻還能贏得西方大筆資金的灌溉。

中共用各種巧計、狡猾地讓自己擺脫貧窮和疲弱。二〇〇一年中國進入世界貿易組織，獲得優惠待遇。靠著出口成長和長程工業計劃，中國政府追求自我強化，過程中必要時還靠著商業間諜補強。然後就開始進行影響全世界和大型建軍計劃，它還取得大量外國資金、經營手法，以及最新科技。

一九九〇年代，中共戰略家密切觀察美國的動態，以及各國權力的消長，這讓他們發現過去的那套規則現在已經不管用了，美國人將新規則引進了新時代，突然間美鈔和好萊塢電影比洋槍大砲還有力。美國戰略空軍司令部成了冷戰的孑遺，隨著冷戰過去也被裁撤。除了少數值得注意的例外（多數是失敗的），華府不再需要武力或經濟威逼來要求其他國家屈從其意志。美國政府光靠迪士尼世界和美國運動娛樂賽事的光鮮亮麗就夠了。它還可以仰賴華爾街股市和世界銀行，也有像耐吉、微軟、星巴克這些聲名遠播大公司助它一臂之力。

從中國戰略家的角度來看，美國正在創造一個全球化、整合為一體，而對其充滿威脅的世界。但他們也看出，這個被美國扭轉的世界，是人類史上第一次可以有機會讓人稱霸的世界。這樣的世界讓有野心的國家，可以不靠全面戰爭，以及大規模核武自殺的風險就能順利攫取掌控。既然有這樣的機會，中國沒有道理不能起而效尤。要是由美國領導的體制能夠透過秘密滲透加以破壞，中共就能把整個架構翻轉過來去對付這個架構的原始設計者：美國。

只要假以耐心和毅力，中國可以全面性地拿下所有美國的重要機構、大型公司、開發商，以及教育機構，讓它們被中共所掌控。中國可以拿錢買下任何一個外國電影巨星、導演，甚至還能夠主辦奧運。中國情報官員能夠讓美國企業挺身成為他們在美國國會的說客，中共能聘用西方一流政客的朋友和家人，讓他們成為為中共說項的代理人，變成像是被電腦病毒感染的隨身碟一樣，一插進系統管理員的電腦，駭客就能夠接管整部電腦。

中國政府不管在本土或是國外，持續地用細膩的方式醜化美國和其他民主國家。時間一長，它把全球訊息生態打造成讓美國富豪、長春藤教授，甚至職籃明星都不能表達對中國意見的環境（慢慢的連美國政壇也變成這樣），他們唯一能說的就是和北京政府一致的口吻。

這同時，美國和其他開放社會卻還對中國共產黨的聲音保持開放的態度。不管是各國總統或是總理，看到中國代理人和間諜在自己國家讓自己國民噤聲時，他們竟然也都不聞不問。明明中國政府成功暗中破壞他們的言論自由，出手干預其內政，還腐化其民主制度，他們卻還幫中國合理化它的理由。[706]這樣的情形要是再持續下去，誰也知道會發展成什麼樣。美國做為歷史上最強大的國家，怎麼會坐視這種事發生？

放空和不知所措

華府此前之所以無力發展出一套對中國的一致性戰略，至少有四個原因。[707]分別是：領袖的誤判、科技發展、外國影響，以及一連串的天災人禍。下面我們很快地分別講一下。

領袖的誤判。對美國高層而言，冷戰的結束既讓人震驚又讓人歡天喜地。一九九二年時，蘇聯突然瓦解，俄羅斯聯邦搖搖欲墜，再沒有超級強國為敵，核戰的惡夢威脅煙消雲散，也找不到任何理由擬定長期戰略。對許多外交政策專家而言，歷史到此結束了。西方文明贏了，美國實力看似可以無限成長下去。

當時普遍的心態總覺得再沒有國家可以和美國匹敵，中國之流的國家或許會在邊緣地帶挑戰美國秩序，但不久就被帶進了全球化的世界裡受到大家歡迎。所以大家都想當然耳地認為，美國會把中國打造成一個同舟共濟、負責任的國家，加速中國的政治改革。華府中多數人都以為只要他們待中國如友，北京當局就會回之以友誼，然後雙方的合作就會越來越好。這個假設日後當然一再被證明是錯的。

科技發展。一九九〇年代和二〇〇〇年代，運算能力的大幅躍升更進一步加深了美國高層不切實際的樂觀心態。網際網路被視作萬靈丹，推廣自由的神奇武器，具有顛覆壓迫人民政權的力量，並代之以民智大開的民主制度。當時大家以為只要讓中國上線了，中國的老百姓就能夠接觸到大量的訊息，讓他們獲得知識和力量，進而團結起來採取行動，尤其是社群媒體似乎將能夠瓦解中國的防火長城。

當時沒幾個美國人預料得到原來新的通訊科技竟然會被中共拿來當作宣傳、監視、散播惡意訊息、否定真相，以及竄改歷史的工具。套句高西安的話：「習近平讓大家看到網際網路顛覆政權的力量可以被反轉過來……在大數據科學和人工智慧的協助下，習近平讓網際網路從推動民主的工具轉變為隨時隨地知道你在做什麼的操控工具。」[708]

這一來網際網路不但不能成為推動自由民主的捍衛者，反倒還拉低了西方媒體和戰略分析的素質。華府的官員越來越常採用臉書和推特上的短文，而較少去看內容細膩深刻的報告和演講。追求社群媒體平台上所報導即時事件一時的快感，讓人失去了做長遠思考的能力。羅伯特·卡普蘭就指出，美國社會現在都太著迷於當前，少有專業人士有時間去想像或思考未來，也就更沒辦法發揮或表達他們對未來的遠見，並將之講得言之有物。可取得的數據太多，讓大家都被淹沒而沒了頭緒。科技影響美國學者、情報專家、軍官，尤其對政策決策者影響最大，讓他們在面對一些淺碟的資訊時，無法將之轉化為深刻的知識。[709]不斷湧入的通話、簡訊、推文、電子郵件，都是些細細碎碎、無關緊要的事，卻又好像很重要非要看一下不可，讓他們無法在面對中國崛起成為美國戰略對手時，專心思考其影響層面。

外國影響。全球化和科技發展下，隨之而來的就是敵對國家惡意影響行動的快速擴張。中共的經濟資源一路成長之下，連帶的也讓它更努力把資金流向網羅美國政客、政府官員和思想領袖的行動。[710]中國在這方面的情報戰和政治戰行動，在全世界都取得相當大的收穫。[711]而且因為這樣讓它在美國各大媒體、智庫、大學、承包政府大型標案的公司都有了施力的空間，而其作法多半是使用基金會或是半私人機構作掩護。[712]

在政壇和決策的世界裡，要完全理解中共這些行動產生多大的影響並不容易，也可能永遠無法摸清楚。但光是看中國官方有辦法在那麼多方面接觸到那麼多美國有力人士，讓他們得以對這些人進行誘拐哄騙、安撫、威逼，這本身就已經不能輕視了。我們不知道北京改變了多少美國政策的方向，又對美國的戰略發揮多大影響。但眼見那麼多四星上將、卸任國務卿、卸任政治人物那麼頻繁造訪中國，還在那邊有商業利益，卻以為他們不會因此做出有損道德良知的事，那就是太活在自己的幻想之中了。[713]

「問題很簡單……中國領導人勾勒出一個無邊無際的國家安全理念，已經擴張侵犯到思想的領域了。」孟沛德在他一份被視為中共影響行動研究里程碑的研究中這麼寫道。[714] 根據貝書穎（Bethany Allen-Ebrahimian）所言，中國政府已經「在美國建立了一支帶風向大軍」，而且過去已經成功地操控了許多美國政策決策者的想法。[715]

天災人禍。冷戰的結束並未能如預期為美國帶來安全感。在許多人心中，一個巨型敵國的瓦解，只是換來更多小國聚眾敵對。一九九〇年代，美國陷入了伊拉克、索馬利亞、海地、塞爾維亞等國的戰事。華府更只能坐視盧安達、剛果等國陷入慘絕人寰的內戰和大屠殺，恐怖份子更襲擊奧克拉荷馬市、紐約和東京等地。隨著中國建軍計劃開始引起外界注意的同時，九一一恐怖攻擊讓全美陷入了恐慌。打那時候起，美國長期戰略思考就被丟到了一邊，短期戰術行動取代了一切。

美國一腳陷進阿富汗和伊拉克的戰爭中，這兩國馬上就成了目無法紀的戰火泥淖，讓美國無法全身而退，也無法輕易脫身。這些膠著的外國戰事屋漏又逢連夜雨，遇上二〇〇四年的南亞海嘯這場史上死傷最慘重的自然天災。而在美國本土，卡翠娜颶風襲擊紐奧良、華爾街遭遇金融海嘯，共同造成了全美失業率居高不下，消費者信心持續低迷。另一邊，美國國會則因為這些事件的影響嚴重兩極化，推出了預算控制法（Budget Control Act），該法案發生一開始未能預見的漣漪效應。緊接而來的就是國防預算刪減、聯邦預算持續的不確定性。

二〇一〇到二〇一二年間，一連串的示威、遊行、推翻政府、暴動等革命浪潮席捲了阿拉伯世界，造成留下滿目瘡痍的內戰和失能的政府。敘利亞、伊拉克和葉門的戰火製造了恐怖主義和大批的難民潮。二〇一四年俄國入侵克里米亞和東烏克蘭，西非又爆發伊波拉病毒疫情，更引發史上該疾病最大型的擴散，連遠在美國都有人受到感染。

同一時間亞洲這邊，中國軍方則展開太空武器測試、網路攻擊、海軍擴張等計劃。北韓也不落人後，進行一系列核武測試並且試射飛彈，這些都造成該地區不時出現嚴重的緊張狀態。從二〇一五到二〇二〇年間，美國又遭遇聖博納迪諾和奧蘭多的恐怖攻擊，還出現了史上民意最兩極的總統大選，一度甚至差點與北韓開戰，又在新冠疫情期間喪失了數十萬人命。二〇二一年一月六日，一群為數八百人的暴徒因為不滿總統大選結果，衝進國會山莊，意圖推翻選舉結果。一年後俄國對烏克蘭發動全面入侵，打碎了歐洲這些民族國家之間長久以來的和平。

單一的危機無法癱瘓美國政府。但，要是一連串的傷害，就可能動搖國本。過去三十年來國內外同時遭到衝擊，似乎讓美國高層陷入了越來越無力，不穩定又被動的狀態。

反烏托邦的未來？

未來的人們可能在回顧我們所處的這一刻時會滿是羨慕。因為，即使有種種缺點，由美國所領導的世界秩序在這段時間算是相當平和而繁榮。柏林圍牆倒塌和蘇聯解體已經距離一段時間，甚至有人都已經不記得了。全球核武災難的陰影曾經困擾過美國人長達四十年，到現在也一併被人遺忘，和平的祝福深長圓滿。打從一九四五年同盟國接受日本帝國無條件投降後，世界就沒再出現過強國戰爭。

當今之世，人們受惠於戰後盛世甚多。更多的人過著比過去更長壽、健康、富有、飽食、自由和安全的生活。而且受的教育、吃的東西、住的環境，以及享受的娛樂也都更好。[716]核彈沒有爆炸，但科技和繁榮爆開了。這樣的盛世光景還能持續好上加好多久？或許沒有盡頭。當我們看向未知的未來時，似乎還有好多值得期待的事。但世界或許就在毀滅的邊緣，而且還不自知。

若是中國國力和影響力持續上揚，今天這道盛世的趨勢就會下跌。中共有意把美國和全世界改造成美國人無法接受的樣子。要是讓它如願了，那將來的日子絕對不會比現在好過，而且會糟上許多。但許多人不懂，因為太少人真的知道中國政權打算在世界上做的事。

習近平那句構建人類命運共同體的口頭禪究竟是什麼意思？據一份解放軍外流的文獻所載：「人類命運共同體是我們提供『中國方案』打造和諧世界的方式。」[717]什麼是中國方案？如前所述，中國方案就是馬克思—列寧意識形態和政治體制，是一黨獨裁。中國領導人所提供的模式是警察國家的模式，所有人被打成一個共同體，接受一群未經選舉、極少數的強人領導，這群人再接受一位他們稱之為主席，擁有絕對權力的領導人的領導。

中共所謂的和諧世界，意味著未來的世界秩序下，地球上所有人會被一個由各個政權所組成的網路所統治，而這些政權全都是依中共的模式所打造的。這個結合各國家所組成的全球體制，要受到北京的統治。這樣充滿著黑暗面的地獄，真相只會越來越少。這會是一個數位暴政統治、打壓個人的世界，打著天堂將會來到人間的招牌，卻始終只聞樓梯響的謊言。[718]

我們找不到跡象可以證明那些負責捍衛西方原則、價值、利益的關鍵人物，是否瞭解中共這套戰略威脅的嚴重性，但中國成為全球集權統治中心所帶來的危險卻已經迫在眼前了。要是這些西方關鍵人物的政權可以當作指標，顯示他們對於這個危險性的認識，那顯然在美國被選出的政治人物中，沒有幾個真的把中國官員的談話、計劃文獻，以及解放軍內部書籍所主張的反烏托邦將會到來當一回事——更別說他們有看到中國官員在自家和國外的行為的嚴重性了。

沒人能知道未來會變什麼樣，就連中國的統治者自己也不知道。但要是相信習近平一干人沒在打造一個屬於他們的未來世界，那就是大錯特錯。他們正在將歷史的軌跡導往他們想要的方向，而且到目前為止，還沒有多少有力的人在把這個軌跡往回拉。中共的野心是沒有上限的，但中共政權的恐懼、不安全感和疑神疑鬼心態也是沒有上限。這種瘋狂野心和不理性的恐懼結合起來，正是形成惡毒外國政策的最佳配方。

中國正在興起第二次冷戰，但美國和其盟邦卻似乎還沒有準備好要交戰，並打贏這場仗。這一代的美國人已經不記得，有任何敵對國家在許多領域方面與美國勢均力敵或超越美國的了。但我們對第一次冷戰記憶猶新，而如何戰勝一度強大的蘇聯的經驗也都記載得很好，且隨時可以查閱。只是蘇聯所犯的許多明顯的錯誤中國都沒有犯。

比如蘇聯採用了不健康的經濟政策，同時不管在科技、文化，尤其是意識形態上都居於弱勢。蘇聯的國力和國際威望非比尋常，有時甚至壓過美國。但莫斯科太過倚賴龐大的軍事組織所建立的基礎，其軍事組織足足撐了四十五年之久。蘇聯的科技和工業足夠運用在軍事上，但莫斯科的成就差不多就只限於追逐超級強國的軍武競賽單一項目上。

過於依賴單一實力工具顯然是個毀滅性的錯誤，蘇聯從國力巔峰墜落並不是必然之勢。但正如很多人說的，其崩解之快速，則是因為特定方面的耗盡，來自它好大喜功卻外強中乾的結果。蘇聯的滅亡源於其過度迷戀軍事武力的發展，乃至賠上了一切。

如今美國正在冒險想拿當年戰勝蘇聯的經驗，當作與中國戰略對抗的依據，卻不知這個經驗本身千瘡百孔、站不住腳，華府當務之急是避免將北京當作軍事對手。中國是一個遠比蘇聯或其他國家複雜且危險的對手。以歷史為鑑雖然能知興替，但所知也相當有限。美國的戰略家應謹慎理智地依實證推測，避免一些讓人安心的道聽塗說和做些不理性又沒有邏輯的想法，勝利並不一定站在美國這邊。第二次冷戰可不一定會像第一次那樣無痛結束，有可能會慘烈得很多。

未定之天

如果三十年後，中國各地樹立起紀念碑，悼念被前共產黨政權迫害死去的維吾爾族人、西藏人、法輪功成員，以及其他少數族群的話，那真的是太好的一件事。如果二〇五〇年代中國會像德、法、波蘭等國那樣，有自己的大屠殺紀念館，以及各種紀念場所，那該有多好。但歷史證明，世間沒有奇蹟，暴政的受害者並不必然就能獲得正義平反。

人們如果有選擇餘地，當然會希望凡事能由自己作主、政府由自己來選，但很多時候事情往往不能由他們作主。很多時候，是由一群又一群非常有權勢的人來決定大國、甚至全人類的命運。所有權力集中在少數幾個人的手中是很可怕的事，[719]科技正在加快讓集權政府的魔掌伸得更遠。二〇二一年十一月三十日，英國秘密情報局（軍情六處）局長李察・摩爾（Richard Moore）講了下面這段話：「根據部份評估，未來十年我們可能會有超越過去百年的科技進步，其推進的程度將如同當年的工業革命。英國社會還沒有將這件事及其對於全球地緣政治所造成的衝擊充份內化吸收。」[720]

又或許到了二十一世紀中葉時，中國各地會樹立紀念碑，向光榮出征侵略台灣、沖繩和菲律賓的將士致敬。或許還會有紀念碑悼念抵抗美國和日本時，死於核彈戰火和戰後大規模饑荒的軍民。但要知道：未來還沒有被決定。未來的一切目前都在未定之天，且繫於人類的決定。一切都還未知，也還沒被作出決定。

美國人面臨了空前的威脅，但少有人能夠想像這個威脅會成真。目前，沒有美國政治領袖願意犧牲一棋半子去對抗它。兩大超級大國現在走上的這條路，可能不只是延長版的冷戰這麼簡單，而是要凶險許多。這條路照這樣走下去，可能就是真正的開戰了。若是沒有拿出驚天動地的魄力去改變現狀，美中對抗只是發展成第二次冷戰的話，那還算是小事，而且可能大家要謝天謝地只是冷戰。[721]

當前美國對中政策是否反映出已經將一些不可避免的事實考慮進去了呢？所謂的事實，即中國共產黨內部著作和當前行動所透露的大膽意圖。他們是否或多或少考慮進去了呢？美中之間意識形態和地緣政治上的差異不管在規模或是重量上都太巨大、難以撼動了，所以就算是一點點小衝突，肯定會粉碎整個世界的根本。這裡面只要一個裂縫讓它持續延伸，或只是一個小缺口，就有可能造成天搖地動的結果。美中這兩大政治板塊之間本來就存在不少小縫隙、小摩擦。一旦引爆，後果不堪設想。

第十五章　新未來展望

經濟學家和政治學家的想法……遠比大家所以為的來得有力。事實上，世界是由少數那些人所統治。[722]

——凱恩斯（John Maynard Keynes）

目前美國暫時是在中國之前，而且也還在世上有相當的實力和影響力。美國的生活水準較高、科技較發達、軍力較強。美國的聯盟體制和人道主義意識形態也讓美國擁有相當的優勢。「北京是很強大，但其力量與凝聚的自由世界相比微不足道。」曾擔任美國國務院資深中國顧問的余茂春這麼寫道。[723]

但自由世界可能無法再這樣凝聚團結下去了。在某些領域，美國和其他民主國家完全不算團結，有些地方他們正快速地落後。中共在中國當地無所不管，它不只統領軍隊和維安警力、媒體、大學，娛樂事業也全都在他的掌控下。作家、音樂人、電影明星必須要忠於黨國才有機會生存。中共將文學、運動和藝術全視為政治工具，這些東西沒有其獨立存在的價值。[724]

中共這個集權政權共有九千多萬黨員，全都聽命於其最高領導人，也就是黨主席。他對黨、政府、社會握有全權的控制權。中國銀行和私人企業都是國家的分支，就連海外華人圈子和留學生也都被下令要服從北京的要求。中共政權不允許自由意志和真理的存在，它瞧不起普世價值，否認上帝還有包括愛情、法律和個人自由。它正想辦法要改造人類的靈魂。[725]

如前所述，中共的男男女女使用統一戰線的戰術，滲透並影響全球組織機構。他們致力於一個全人類、所有古今未來的文化全都同化的共同體。他們致力創造一個不同的世界，那是一個當全人類屈服於單一數位獨裁統治下才會實現的烏托邦，而這個數位獨裁統治則是由中共所設計，並透過國際各個由中共操控的傀儡政權來執行。

簡言之，中國政府所要的不過就是統治全世界，這是北京當局的最高戰略目標。它想要將大規模監視和思想控制對全球輸出，它想要讓每個國家、每個政府和每個人都牢牢綁在一起、互相牽制，交出自己的自由和主權。中共默默地在朝這些目標前進已經好多年了。

中國政府能夠召集大量資源並將之集中運用，北京當局有驚人的人力資源和物資可以運用。中國的領導階層知道如何把故事說得生動，他們更懂如何散播其思想和運作組織的方式。他們一邊賣槍砲、一邊撒大把鈔票、一邊推銷大規模監控系統給各國。如果這樣還不買單的人，則改用十億人龐大消費市場、廉價消費性產品，以及土地開發計劃等美麗神話誆騙。中國共產黨一心一意，而且覺得理直氣壯要讓世界每個角落充滿著它的存在。中國政府是美國國家安全長遠的威脅，而且是比此前所有國家都更加強大和複雜的威脅。納粹德國、大日本帝國、蘇聯，乃至普丁治下的俄國全都遠遠不及。

美國的決策者始終未能發展並實施一套足以對抗中共的戰略。這真的讓人遺憾，但卻也是可以理解，畢竟中國的未來走向目前還不明朗。過去四十年來，美國的主要政策就是對中國政府釋出友好和善意，並在盡可能的情況下讓中國領導人安心，解除他們的不安心態。這個政策如今看來，似乎是相當不智且不負責任。

要是華府有發展出好的情報系統，對未來採取比較務實的心態，且對中共政權該怎麼做就怎麼做，不寬容的話，那抱著樂觀心態相信美中之間會有好轉或許還說得過去。問題在於，明明事實擺在眼前，有許多證據證明應該對中國採取強硬政策了，卻還是沒有人當一回事，尤其是在天安門大屠殺，再加上蘇聯解體後，明明就該有所動作了，卻一直放任。這真的很說不過去。

一直怪罪政府過去的種種不當作為也不是好事，這會讓人忽略了當下的發展和未來的可能性。身在民主國家要質疑高官，並點出其過錯太容易了。身在民主國家的我們，總是會對高官的決策放馬後砲，後見之明去笑他們當初的誤判。當然，我們有權這樣做，也的確應該凡事抱持批評的角度。但重點是過去付出高昂代價學到的教訓，就該好好當作借鏡。

美國現在需要的是一張藍圖，用來配置並運用全國資源以自救並擊敗中國。一個空前的危機正在不遠處蓄勢待發，隨著中國國力增強，美國不管在自家或是國際間，正一步步踏入險境。中國正在追上美國，如果被追上了，賠進去的就是全世界的未來。

習近平在中共建國百年大會上的畫圖

（圖 Grace Young）

災難的解方

在中國帶著全球野心以敵對超級強國之姿崛起的同時，美國要怎麼保護自身的利益呢？以當前資源有限的情況下，有哪些可能？又有哪些是應當優先處理呢？哪些事應列為最重要，而又有哪些事華府可以放心不加以理會的呢？美國的主要戰略目標應該為何，又該怎麼維護它？美國的底線在哪？這些問題並不好回答，但有些事情卻是不點自明。

整個戰略競賽的目標應該是達成一個全面性的政策目標，並且防範超級強國大戰。國與國之間搞成發生戰爭，到頭來對任何一方的政府都會是失策。這是政策上、外交上、情報上，以及想像力多方的失策。任何高明的戰略家都會將止戰作為戰略首要核心。當然，這不表示要和敵人妥協或退讓。這只是表示要嚇阻敵人，讓他們不敢對你的主要利益發動攻擊。這也表示要對敵方強烈施壓，讓他們在危機時縮手。這表示要讓敵人懂得怕你，才不敢將衝突升高，以致傷害到你或你的友邦。這也表示要在危機時制敵機先，並且懲罰敵方任何的挑釁行為。

湯瑪斯・曼肯（Thomas Mahnken）針對長期競賽形成和實施戰略上提供了六大考量點。首先，戰略家要專注於實質的敵方要害，而非抽象空洞的要害。這包括考慮敵方的強、弱、計劃與傾向。第二點與第一點有關連，戰略家要先大量投資在情報搜集和分析上，這有助於發展對競爭對手的深度認識。第三，戰略家應利用對手資源受限的部份，讓對手不得不回防自己的弱點。第四，戰略家應瞭解並利用對手官僚體系的內部運作邏輯。第五，戰略家應將時間因素納入考量，拖延或是阻止對手在其可承受時間範圍內達成目的。最後，戰略家應掌握先發制人的敵我互動，將對手逼入不利的處境，並持續壓制直到對手放棄。[726]

因此，最重要的是要研究習近平和中共的看法，要瞭解他們的世界觀和行事背後動機。只有這樣才能夠進入他們的腦袋，找到先發制人的方法。也只有這樣才能避免用自己的想法去揣度他們，避免錯誤的猜測。這樣才有辦法確保和平、保護我們的生活方式，讓世界成為下一代更好的家園。

想達成這些目標必須要有新的組織來培養大批有才幹的年輕人。美國面臨了龐大的知識教育方面的問題，短期內無法解決。要有破釜沉舟的決心去培養並教育國家安全和民間社會等方面的專業人員，好為將來的長時間競賽做準備。

如前所述，北京有意同時以武力和非武力兩種方式達成統治世界的目的。這兩種方式已經被中國政府融合在一起，幾乎很難分辨何者為軍，何者為民了。所有中國的公司都被中共所掌控，而依其法律就必須為中共政權的利益服務。對中國而言，經濟安全是政權安全的一根支柱。但對中國的貿易夥伴而言，其所獲得的經濟安全卻與其自身國家安全成反比。要與中國做生意，經濟上與其盤根錯節的結果，就會觸動其國家安全的問題。美國和世上其他民主國家卻掉進了這個目的是要讓本身衰弱，並被中共摧毀的體制之中。他們都中了中共的毒癮，依賴成性了。

全球政府和企業在盲目追求短期經濟上獲利的同時，卻讓自己走進了一個超級掠食者的獵食範圍。美國的戰略分析專家過於專注於美中軍事方面的競爭中。因為這樣，讓他們沒能把腦力、時間，以及其他重要資源花在其他在競爭有效的領域上，也導致這些領域資金不足或甚至完全被忽略。最高政策決策層似乎沒有瞭解到這是一場生死存亡的競賽，也沒有意識到美國可能會輸掉這場競賽。

未來的公共政策研究，應該將其他競賽的領域也列入考量。美國高層應瞭解中國現在所握有的優勢，是當初蘇聯領導人所難望其項背的。在統治全球方面，北京的戰略和蘇聯根本上就不同，而且要更好。蘇聯對美國具有生死存亡的威脅，因為它在傳統軍力和核武上都有優勢。中國在未來對美國也同樣有生死存亡的威脅，但這不只因為其軍事力量，也因為它有辦法控制網路、國際組織，以及重要的供應鏈。中共可以掌握全球視聽、全球市場，以及所有大型產業。中共已經取得相當大的進展了。

全球化以及對中貿易，在美國二十一世紀的國家安全上捅了個大洞。而且，只要美國繼續再將一個進行種族滅絕的政權當成是一般的政府，那這個狀況還會持續惡化。我們現在所能希望的就是，日後世界分成貿易聯盟。現在華府天天在舉行會議，兵推演練不斷，一直在研究中國軍力，卻沒有人去探討和瞭解目前兩國政治競賽、意識形態競賽、經濟競賽、科技競賽的狀態——這些都是中共極力想要獲得勝利的重要領域，但所有人卻都沒注意這些方面，只是一直盯著軍事威脅。

孟沛德指出過，美國應想辦法培養一群同時擁有中國相關專業、政策制定知識，以及懂得發展和執行競賽戰略藝術的人才。[727]美國在這方面有很大的專業知識差距，而我們對於戰略競賽的理解，始終嚴重不足。

反制中國持續高漲的霸權，需要在公眾教育上大幅改善這方面的不足。麗莎．托賓（Liza Tobin）就說得很有說服力：「中國觀察家有機會讓教育政策決定者和公眾更瞭解北京當局全球野心的佈局。」[728]她主張政府和民間社會應投入「更多資源，用來追蹤和分析公開可取得關於北京當局的高層級文獻和權威媒體。對於中共說詞深層的理解，並善用資訊作為治國工具等方面，可以納入美國政制決定過程中。」[729]

北京當局的意圖和計劃應該受到美國更深入的檢視。要瞭解並判斷戰略競賽的狀態，也就是哪方優先、哪方落後的情形，那就要能夠從中共的角度去看全貌。從美中關係過往記錄顯示，過去美國情報和政策決定單位一再受北京的扭曲和混淆。太多美國政治人物、外交官、學者都直接和中國這方面的對口聯繫溝通，而往往他們都抱著不切實際的期待，以為自己有辦法從中爬梳出真相和觀點，不被狡猾的來源所矇騙。

在當前的狀況下，要理解中國最安全的作法，就是對中共本身所定義的利益有確切掌握。或許華府最該做的不是和中共核心幹部的正面交手、電話往來，以及領導階層峰會。現在華府最該做的是取得其權威性的文獻，而且更重要的是從這些文獻當中抽絲剝繭地找到重要的訊息，以讓華府看清中共主要的想法。想做到這一步，那就不要讓研究中國的專家一直無止境地忙於辯論專業術語和其他旁枝末節。

許多分析中國的專家在做研究時，易流於見樹不見林，被一些吸睛的資訊吸引而偏離了主軸。他們總是著眼於一些細節，忘了大方向。有時候研究到忘我之際，甚至忘了他著眼的地方不過是廣大森林中的一棵小樹。而這時可能已經起了森林大火，而且那火就要朝他這邊燒了過來，那再研究這單棵小樹又有何作用？

說白了，不應該只是為了研究中國而研究，也不該為了以維持和諧美中關係而研究。研究應該以提供美國政策制定者充份關於第二次冷戰的訊息為目的。吉原恆淑和畢安奇（Jack

Bianchi）主張：「美國戰略盟國當年為研究蘇聯維繫其全球政治、經濟、軍事影響所耗成本下了多少精神，如今就該以同樣的精神去分析中共。」他們指出：「這樣政策制定者才能夠使用他們的研究去評估如何增加中國的帝國成本，以拖慢或阻撓中國的擴張。」[730]

吉原恆淑和畢安奇指出，美國和其盟邦「必須評估中國在政治、經濟、科技、社會和其他層面上的弱點，並依此發展出足以在這些層面上牽制中國弱點的戰略。也就是說，一些非關軍事領域上的競賽可能才會具有關鍵決定性。」[731]想要在這方面成功，那就必須深謀遠慮，作長遠之計。至少要花十年的時間去建構新的美國研究機構，以填補這方面嚴重的空缺。華府一些老牌機構都已經染上惰性，會想要維持其現狀和既得利益。所以必須要獲得國會同意撥款，並且獲得來自民間社會的支持肯定，才能真正改變這情形，美國現在迫切需要有嶄新的中國研究計劃和機構，發展非傳統的教育和創新職涯，培養出具有拯救世界能力、具有創造力的人才。

美國和其他志同道合國家所選出的一眾領導人是否會一同響應這樣的改變呢？他們是否願意破釜沉舟痛下決定呢？還是他們只想便宜行事，走政治上的方便路，寧可冒險什麼都不做，等到為時已晚？我們的下一代和未來人類的命運，就看這些領導人是否願意看到問題、解決問題。

民間社會能做什麼？

在美國這樣的國家，政府的權力是受到限制和約束的。不管做什麼事，最重要的是取得大多數人的共識，而這也表示有相當多的美國戰略問題——以及解決這些問題的方法——必須仰賴對大眾的教育。好萊塢要開始製作不受中國電檢審查的電影，這對美國很重要。世上那些好政府和講究人道精神文明的命運，到頭來將取決於美國各地大型戲院和郊區家庭劇院中上映的電影。在由中國政府和其代理政權在網路上颳起的謊言颶風之中，容易受到影響的大眾心靈，是否能夠贊同、支持民主政權所標榜的自由、開放、包容，而不是唾棄、貶抑這些價值，有賴這些電影如何提倡鼓吹這些價值，而不是去踐踏作賤這些價值。

人類的大腦用圖像思考比用文字思考容易。透過圖像傳達的很容易就被人領會，但靠寫的，或說的則要慢得多，甚至可能完全不被理會。對人類自由的存在，再沒有比娛樂產業更具有威脅性的了，電影產業那些鬼才導演和亮眼巨星，如果為暴政效力的話，那自由存在的機會就很低了。美國式民主就算本土遭受核彈攻擊都不怕，只要倖存下來的國民心中高舉立國基本信念和原則的大纛。但要是連美國《獨立宣言》和《美國憲法》都不被人民所相信，那美國還能有什麼希望？

州和地方層級的機構在教育民眾上的角色尤其重要。美國整體社會應該多談論關於共產黨超級強國，在當代世界以及第二次冷戰對我們的影響和重要性。各地的政治辯論，從休士頓到愛荷華市、奧蘭多到波特蘭，都應該以如何適應和應對這兩個問題為核心議題。中國改變世界的速度之快，美國人完全跟不上，而且這個速度只會越來越快。

中國政府對所有在中國有組織的人民團體都執行嚴密的控制，不管是大企業還是那些在做文化和教育交流的小團體。對中國政府而言，在國家整體利益的前提下，個人和人權隨時可以犧牲。中共就是以這種態度在無情地施行其對人民、企業的掌控。既然這樣，美國大學裡的管理階層、教授、研究人員怎麼會前仆後繼紛紛為其效力呢？他們所創造的知識，又有什麼保護措施，可以防止、不被中國拿走以後，不被其所濫用、誤用呢？

同樣一筆錢，如果是來自納粹黨、毒品走私黑幫或是恐怖份子的話，美國大學絕不會收取。別忘了，他們收下與中共有關連的金錢時，他們就是在歡迎集權政權進入他們的課堂、他們的網路、他們的實驗室。他們全都在幫一個從骨子裡反美的政治集團推動其利益。這些為中共資助研究工作的美國人，他們每一個科技上的突破、每一個學術問題的解決、每一個費盡心力的知識成就，都是在助長一個致力於摧毀自由的政權。他們在協助北京逆轉文明的巨輪。

任何在美國大學的中國人，其所搜集的資訊，解放軍都有辦法取得。北京的軍民融合戰略已經將中國公司和其他民間企業那薄薄一層偽裝成私營企業，看似與官方無關連的面紗揭露無遺了。美國政府每一層級的政策制定者務必要防堵所有與中共有關的資金流入美國國家教育體系之中。如果放任目前與中國相關的協定繼續下去，對美國國家安全將會有嚴重的影響。今天中國軍事科學家完全不擔心自己無法創新，因為只要花錢，就可以買到具創新能力的美國軍事科學的發明。

民主國家聯盟

對美國和其他民主國家而言，贏得這場戰役的後果會是什麼情形呢？想像二〇三八年的世界，在這個未來的世界中，美國戰略家正把中國對手打得落荒而逃。要想達到這一步，美國、日本、英國、澳洲以及其他盟邦團結起來對抗中共。眾盟邦強化了國際組織的特性，並組成了民主國家聯盟（Concert of Democracies），這是只限執政績效良好、運轉效能強大的國家才能加入的聯盟。

這個新的國際組織是全球合作的黃金典範，透明、值得信賴、清廉。想像這是一個理想的聯合國（一個不會讓種族滅絕的獨裁者進入人權理事會，還讓奉行馬克思主義政權的國家內閣閣員掌管世界衛生組織）。所有國家都可以加入這個民主國家聯盟，但它有一個門檻，是由自由之家、人權觀察、無國界記者等獨立、非政府組織所定義的門檻，只有達到這個標準才能加入。

民主國家聯盟不只標榜道德，二〇二〇年代，該聯盟的會員國聯合起來，將供應鏈移出中國，創造了一個排除中共的自由開放貿易集團，讓中共那種掠奪性的貿易手法不再四處作亂。這個貿易集團獲利極佳又具吸引力，讓世界許多其他政府願意進行整體的政治改革，好加入這個集團。正因為這樣，讓民主得以散播，更提升了人權，甚至得以減輕貧苦負擔，促進永續綠色成長。美國和其盟邦建立了安全而且乾淨的數位17G基礎建設，保護個人隱私並讓網路用戶得以不受到精準投放和數位內容操控的侵害。

民主國家協定的會員國大筆投資研發，希望增進人類發展的主要項目。目前全球三十個最富裕國家，人類平均預期壽命預估是會上升到九十歲。但因為這個聯盟的科學突破和共享多語人工智慧科學技術推動下，有七十個國家人類平均預期壽命將上升到一百一十歲。高水準的大眾教育更帶來前所未見的社會效益。

同時美國和包括台灣，以及西藏流亡政府在內的盟邦也儲備充份資源，準備好要建立一道聯合防禦基礎防線，這個集體的安全組織確保中國再也無法進犯其鄰近區域，這些民主國家共同創造出戰略和行動上的優勢。這之後，儘管對峙的緊張態勢依舊，但整體情勢因為北京的戰爭計劃無法想出任何能成功的攻擊行動而維持穩定。

中國原本就已經停滯的經濟，這時面臨衰退。中共遭遇強大政治改革，受到要求其仿效成功的台灣模式的巨大壓力。又因為民主國家陣營排山倒海的壓力，讓北京不得不關閉所有集中營，同時也讓香港重返法治社會。北京停止對宗教團體和少數民族的嚴厲壓迫政策，還部份允許媒體自由，反對黨也如雨後春筍般崛起。

中國的共產社會這時走到了迎接正向改變的關口，開始出現朝向漸進式或革命式的改變方向。觀察家雖然一致認為很難預測接下來的情形，但理論上，這樣的演變會降低全球緊張程度，促成持續的合作政策，尤其是中國如果最終踏上自由民主制的話。

或許中國會步上蘇聯的後塵，瓦解成數個較不具威脅的獨立小國。但蘇聯解體後俄國從一九九一年至今的演變，卻是值得提防的殷鑑在前。因為，即使這時中國正在改革，或者已經變弱，但也有可能步上當今俄國的後塵，走上回頭路變成尚武的獨裁政權。不過，一般而言，一個從根本改革的中國——揚棄了中共政權——應該會比當前令全世界頭痛的中國要好上很多，這麼假設比較說得過去。

極端競賽、包容政治

有些人似乎堅信美國的民主體制不可能獲勝，中國的政府則是銳不可擋。這些人似乎覺得，美國注定是要在不久後生活在由中國共產黨所統領的世界中。這種認命的悲觀看法很危險，要是我們相信美國必定會被一個正在成長的不自由中國強權所征服，那我們就是上了自由和民主注定敗亡的當。這種態度會害我們自己和未來的子子孫孫落入一個沒有人性、沒有理智和沒有科學的世界——所有的古典自由價值全都付諸流水。到時我們就要歡迎一個嶄新黑暗時代的來臨。

歷史證明，自由社會並不用太過畏懼極端激進的煽動者、美國本土的恐怖主義者，以及陰謀論等等會推翻美國政府。只有在進行強烈政治迫害的社會中——如共產主義和法西斯主義——這類煽動言論、恐怖主義才有機會立足發展。一個國家的迫害程度越嚴重，其統治階級就越脆弱。極權主義的擴張和機會，來自於壓迫人民和不自由的政權。而奉行民主原則、給予人民自由、權利和包容的政府，最能讓極權主義窒息死亡。捍衛人類繁榮和社會進步唯一最有力的武器，應該就是美國式的民主啟蒙。只要美國與其志同道合盟邦始終忠於自己的理念和法治，對彼此坦誠，世界就會是下一代更安全的所在，永遠會比現在更好。

但只是等著被打是不智之舉。全美受影響的人們目前都曝露在敵國影響的行動之下，都有可能成為中國政府用來要脅的對象，他們到時候會被迫面對抉擇，決定是否要違背其道德良知、宗教信仰、操守原則。許多人已經落入中共手中任其擺佈了，美國與中國政權有太多方面都連結得過於緊密。美國社會上的民眾都依賴著中國買家和供應商，他們使用的中國製電器產品無處不在——會偷竊他們資料，然後這些資料則被中國拿來當作操弄、改變他們想法的利器。長此下去，中國當局將有辦法操控大批美國民眾，暗中破壞美國的主權，進而摧毀美國自由、民主和自治的原則。

美國高層在提防中國時應該小心謹慎。美國領袖所發展並執行的計劃，應該以下面所列目的為旨。首先，他們應該要斷絕中共影響的觸角，因為美國社會正被中共如八爪章魚般緊緊攫縛。其次，應盡一切可能孤立、包圍、防堵北京當局，讓中共不致拿下台灣，以及擴張到全世界。第三、應該加速中共在國際舞台的敗勢，讓推動中共的功能——也就是其經濟——變慢。要確保美國民主政權的存活與成功，就必須持續降低北京在全球的勢力、並防止戰爭。最後，必須由中國人民決定自己國家的未來樣貌。他們不應受到壓迫，也應該能夠決定政府的型態，但這可能要花上好幾十年才會有結果。

要是華府能夠採行激烈競賽政策的話，那會是什麼樣的政策呢？美國和其盟邦不應設法減輕中國領導人的恐懼和猜疑，而是要設法讓恐懼和猜疑具有效力。要怎樣才能做到這樣？那就是要搜集能夠瞭解北京領導階層的關鍵情報，並找到其弱點。美國的秘密行動也要想辦法在每個方面去反制中國政府。北京當局沒有選舉這回事，只有無止境的權力鬥爭和充份散播分化的機會。因為信任度很低，所以很容易就被離間。中國政治體系殘忍和壓迫的本質，讓其政權成為中國政治本身最大的敵人和絆腳石。北京人民大會堂那看似充滿秩序和冷靜的外表下，其實是勾心鬥角、明爭暗鬥的暗潮洶湧。

人類史上還有比追求完美政治化更糟糕的想法嗎？共產國際試圖創造人間天堂的想法就是一例。想想正統伊斯蘭教徒、基督徒，或印度教徒，他們都追求死後上天堂的理想。但共產國際用政治和極端主義者的意識形態，結合追求人間天堂的理想產生令人憎惡的政權。它不願意接受政權輪替演進與和平轉變，讓人類在社會的複雜性和純粹的幸福中慢慢成長，共產主義的完美主義沒有耐心、自私，進行大規模毀滅。他們想趁自己還在人世時就看到天堂（或者死後馬上就見到）。為達成這目的，他們讓所有獨立思想窒息死亡，硬要所有人活在他們的幻想中。他們所到之處無不是人間慘劇和一片混亂。這不是人間天堂，而是人間煉獄，而且是他們親手所打造。

權力還是應該交在自由社會的政府手上，這些政府願意接納人性的不完美，也滿足於帶著自己的國家朝向光明的未來緩步前進，讓子子孫孫得以沐浴在這光明之中。明智的領導人對於推動國家前進非常地謹慎且有耐性，一步一腳印地走著。北京所追求的「最後的鬥爭」意味著持續的革命和永遠的政治暴力。真正能夠決定世界未來的不是鬥爭，而是奮鬥，這樣的奮鬥應該是逐漸開放、溫和而寬容的政治型態。要是人類想享有永遠全面而普遍的和平與繁榮，後者這種奮鬥才是我們應該爭取的。

謝詞

要不是有許多人的幫助和一個美好的家庭供我寫作，本書是不可能完成的。我尤其要深深感謝2049計劃研究所和其主席薛瑞福給我機會，成為他一手創立的優秀團隊的一員。薛瑞福參與了書中多次訪談過程，為這些訪談做了深度的貢獻，還為本書寫了前言。

前副國務卿李察·阿米塔吉（Richard Armitage）催促我走出舒適圈，挑戰大型戰略分析的工作，並從這個計劃一開始就一路支持我。前副助卿兼2049計劃研究所所長蓋斯萊（John Gastright Jr.），在漫長疫情封鎖期間以毫不動搖的熱忱帶領我們這個智庫，讓整個團隊始終士氣高昂。石明凱是無窮智慧、靈感和樂趣的泉源，能與像他這樣具有先見之明的分析家，又獨排眾議的業師合作真是三生有幸。

我的同事兼好友柯比·費蘭德（Colby Ferland）和李艾睿（Eric Lee）很仔細地閱讀了本書手稿，幫我修正了許多錯誤，也給了我很多在書寫規則上的意見。洪婉鎮（Jennifer

Hong）仗義相助為本書初稿提出意見，並給了我在戰略溝通上的方向。蘇里亞・納拉亞南（Surya Narayanan）則在職務要求之外，額外幫我找出許多錯字。葛瑞絲・楊（Grace Young）則帶領了一群青年學者收集資訊，他們分別是瑪格莉特・波曼（Margaret Baughman）、約瑟夫・羅斯（Joseph Ross）、雪曼・泰洛夫斯基（Sherman Tylawsky）、張載（Jae Chang，音譯）、瑪莉安・劉（Maryanne Liu，音譯）。葛瑞絲還為了幫本書製作那些精美的圖表而特別加班。

路易斯・馬丁—魏齊安（Louis Martin-Vézian）為本書校對，並將數據繪為圖表，同時繪製地圖和各式量表，為本書提供了第一流的協助。他是我唯一認識每次都能以充裕時間在期限前完成任務的年輕分析師。在成功交付任務之餘，他還有餘裕可以去環遊世界，成功在時間和才能上獲得平衡，輕鬆完成艱鉅挑戰。

在本書研究的過程中，卜大年、沃禮斯・葛瑞森（Wallace Gregson）、保羅・賈拉（Paul Giarra）、安德魯・梅（Andrew May）、安德斯・柯爾（Anders Corr）、丹・托賓、范亞倫、簡內凡（Patrick Jenevein）、簡以榮（Ivan Kanapathy）、葛瑞・萊維斯克（Greg Levesque）、艾蜜莉・溫斯坦（Emily Weinstein）、西西・喬伊・裴瑞茲（Ceci Joy Pérez），以及艾蜜莉・大衛（Emily David）等人都提供本書所亟需的指導和回饋，並貢獻了他們專業的看法。詹姆斯・普勞德（James Proud）、余茂春以及查爾斯・莫里森（Charls Morrison）也都讀完本書，並出乎我意料地鼓勵我，慷慨提供我協助。

深深感謝賈桂琳・紐麥爾・狄爾、嘉寶・奧瓦拉多（Gabo Alvarado）、吉原恒淑、博明、丹・托賓、孟沛德等人分別提供了對本書各階段初稿的批評與想法，使最終成書得以獲得大幅改善。他們各自都有要事在身，但卻願意撥出時間來和我個別談話，並提供他們不同的觀點。

與Camphor Press／Eastbridge Books出版社的合作向來帶給我極大喜悅。這是我和他們合作的第二本書，約翰・葛蘭特・羅斯（John Grant Ross）這位睿智的總編輯用幽默和辯證方式，刺激我在最後總修改時，多出許多想法，並找出我假設的許多缺失，讓這過程非常盡興。麥可・堅寧斯（Michael Cannings）這位既熱愛語言和歷史，又極具市場眼光的出版人，為本書設計的封面，以及他規劃的長才，還有在整個出版過程的指導都讓我大為驚豔。馬克・史沃佛（Mark Swofford）為全書最後排版，以及從中文羅馬拼音到許多表達型式的技術規範上，都提供了專業的意見。

還有許多協助這本書的人希望不要提及他們的姓名。他們無私奉獻並傳播知識以造福美國大眾教育的努力，讓我衷心佩服。要是您喜歡這本書，那一切都該感謝上面列出和一些未列出的同仁。而本書若有您不能苟同之處或是謬誤不足，那都該歸罪於我，這其中包括書裡許多翻譯、分析和觀察，以及表達這些內容所使用的書寫型式等等在內。

London, UK: Virgin Books, 2014.

Ward, Jonathan D.T. *China's Vision of Victory*. Washington, DC: Atlas, 2019.

Wuthnow, Joel. *Chinese Diplomacy and the UN Security Council: Beyond the Veto*. New York: Routledge, 2013.

Wuthnow, Joel, Arthur S. Ding, Phillip C. Saunders, Andrew Scobell, and Andrew N.D. Yang. *The PLA Beyond Borders: Chinese Military Operations in Regional and Global Context*. Washington, DC: National Defense University Press, 2021.

Yoshihara, Toshi, and James R. Holmes. *Red Star Over the Pacific: China's Rise and the Challenge to U.S. Maritime Strategy*, Second Edition. Annapolis, MD: Naval Institute Press, 2018.

Operations to Defeat America. New York: Harper, 2019.

Service, Robert. *Comrades! A History of World Communism*. Cambridge, MA: Harvard University Press, 2007.

Shambaugh, David, ed. *China & the World*. New York: Oxford University Press, 2020.

Smith, Marion, and Murray Bessette, eds. *Truth, Memory, Justice: One Hundred Years After the Bolshevik Revolution*. Washington, DC: Academia Press, 2019.

Spalding, Robert. *Stealth War: How China Took Over While America's Elite Slept*. New York: Portfolio/Penguin Press, 2019.

Stokes, Mark A. *China's Strategic Modernization: Implications for the United States*. Carlisle, PA: Strategic Studies Institute, 1999.

Stone Fish, Isaac. *America Second: How America's Elites Are Making China Stronger*. New York: Alfred A. Knopf, 2022.

Swaine, Michael D., and Ashley J. Tellis. *Interpreting China's Grand Strategy: Past, Present, Future*. Washington, DC: RAND Corporation, 2000.

Taylor, M. Fravel. *Active Defense: China's Military Strategy since 1949*. Princeton, New Jersey: Princeton University Press, 2019.

Tellis, Ashley J., Alison Szalwinski, and Michael Wills. *Strategic Asia 2020: U.S.-China Competition for Global Influence*. Washington, DC: National Bureau of Asian Research, 2020.

Thiel, Peter. *Zero to One: Notes on Startups or How to Build the Future*.

New China. New York: Farrar, Straus and Giroux, 2014.

Pillsbury, Michael. *China Debates the Future Security Environment*. Washington, DC: National Defense University Press, 2000.

———. *The Hundred-Year Marathon: China's Secret Strategy to Replace America as the Global Superpower*. New York: Henry Holt, 2015.

Pinker, Steven. *Enlightenment Now: The Case for Reason, Science, Humanism, and Progress*. New York: Penguin, 2018.

Ringen, Stein. *The Perfect Dictatorship: China in the 21st Century*. Hong Kong: Hong Kong University Press, 2016.

Rogin, Josh. *Chaos Under Heaven: Trump, Xi, and the Battle for the 21st Century*. New York: HMH Books, 2021.

Rolland, Nadege. *China's Eurasian Century?: Political and Strategic Implications of the Belt and Road Initiative*. Washington, DC: National Bureau of Asian Research, 2017.

Ross, John Grant. *You Don't Know China: Twenty-two Enduring Myths Debunked*. Manchester, UK: Camphor Press, 2014.

Saunders, Phillip C., Arthur S. Ding, Andrew Scobell, Andrew N.D. Yang, and Joel Wuthnow. *Chairman Xi Remakes the PLA: Assessing Chinese Military Reforms*. Washington, DC: National Defense University Press, 2019.

Schweizer, Peter. *Red-Handed: How American Elites Get Rich Helping China Win*. New York: Harper, 2022.

Sciutto, Jim. *The Shadow War: Inside Russia's and China's Secret*

Mattis, Peter, and Matthew Brazil, *Chinese Communist Espionage: An Intelligence Primer*. Annapolis Maryland: Naval Institute Press, 2019.

McGregor, Richard. *The Party: The Secret World of China's Communist Rulers*. New York: Harper Perennial, 2010.

———. *Xi Jinping: The Backlash*. Sydney, Australia: Penguin Random House, 2019.

McReynolds, Joe, ed. *China's Evolving Military Strategy*. Washington, DC: Jamestown Foundation, 2017.

Minnick, Wendell, ed. *Chinese C4I/EW Vol. 1*. Middletown, DE: CreateSpace, 2022.

———, ed. *Chinese C4I/EW Vol. 2*. Middletown, DE: CreateSpace, 2022.

———. *Chinese Fixed-Wing Unmanned Aerial Vehicles*. Middletown, DE: CreateSpace, 2016.

———. *Chinese Space Vehicles and Programs*. Middletown, DE: CreateSpace, 2016.

———. *Directory of Foreign Aviation Companies in China*. Middletown, DE: CreateSpace, 2014.

Navarro, Peter. *Crouching Tiger: What China's Militarism Means for the World*. Amherst, NY: Prometheus Books, 2015.

Orwell, George. *1984*. New York: Signet Classics, 1950.

Osnos, Evan. *Age of Ambition: Chasing Fortune, Truth, and Faith in the*

Kennedy, Scott, ed. *Global Governance and China: The Dragon's Learning Curve*. New York: Routledge, 2018.

Kokas, Aynne. *Hollywood Made in China*. Oakland, CA: University of California Press, 2017.

Lam, Willy Wo-Lap. *Chinese Politics in the Era of Xi Jinping*. New York: Routledge, 2015.

———, ed. *Routledge Handbook of the Chinese Communist Party*. New York: Routledge, 2018.

Lee, Kai-Fu. *AI Superpowers: China, Silicon Valley and the New World Order*. New York: Houghton Mifflin Harcourt, 2018.

Li Xiaobing. *A History of the Modern Chinese Army*. Lexington, KY: University Press of Kentucky, 2007.

Lovell, Julia. *Maoism: A Global History*. New York: Vintage Books, 2020.

Mahnken, Thomas G., ed. *Competitive Strategies for the 21st Century: Theory, History, and Practice*. Stanford, CA: Stanford Security Studies, 2012.

———, ed. *Net Assessment and Military Strategy: Retrospective and Prospective Essays*. New York: Cambria, 2020.

Mann, James. *The China Fantasy: Why Capitalism Will Not Bring Democracy to China*. New York: Penguin, 2007.

Marx, Karl, and Frederick Engels. *The Communist Manifesto*. New York: International Publishers, 1848.

———. *Political Warfare: Strategies for Combating China's Plan to "Win without Fighting"*. Quantico, VA: Marine Corps University Press, 2020.

Gertz, Bill. *Deceiving the Sky: Inside Communist China's Drive for Global Supremacy*. New York: Encounter Books, 2019.

Gibson, Rosemary, and Janardan Prasad Singh. *China Rx: Exposing the Risks of America's Dependence on China for Medicine*. Amherst, New York: Prometheus Books, 2018.

Haddick, Robert. *Fire on the Water: China, America, and the Future of the Pacific*. Annapolis, MD: Naval Institute Press, 2014.

Hamilton, Clive. *Silent Invasion: China's Influence in Australia*. London: Hardie Grant Books, 2018.

Hamilton, Clive, and Maeike Ohlberg. *Hidden Hand: Exposing How the Chinese Communist Party is Reshaping the World*. Toronto, Canada: Optimum Publishing International, 2020.

Harari, Yuval Noah. *Sapiens: A Brief History of Humankind*. New York: Harper Perennial, 2015.

Hsu Szu-chien, and J. Michael Cole, eds. *Insidious Power: How China Undermines Global Democracy*. Manchester, UK: Camphor Press, 2020.

Kaplan, Robert D. *Hog Pilots, Blue Water Grunts: The American Military in the Air, at Sea, and on the Ground*. New York: Random House, 2007.

Engerman, David C. *Know Your Enemy: The Rise and Fall of America's Soviet Experts*. New York: Oxford University Press, 2009.

Erickson, Andrew S., ed. *Chinese Naval Shipbuilding: An Ambitious and Uncertain Course*. Annapolis, MD: Naval Institute Press, 2016.

Erickson, Andrew S., Lyle J. Goldstein, and Carnes Lord. *China Goes to Sea: Maritime Transformation in Comparative Historical Perspective*. Annapolis, MD: Naval Institute Press, 2009.

Erickson, Andrew S., and Lyle J. Goldstein, ed. *Chinese Aerospace Power: Evolving Maritime Roles*. Annapolis, MD: Naval Institute Press, 2011.

Erickson, Andrew S., and Ryan D. Martinson, eds. *China's Maritime Gray Zone Operations*. Annapolis, MD: Naval Institute Press, 2019.

Feigenbaum, Evan A. *China's Techno-Warriors: National Security and Strategic Competition from the Nuclear to the Information Age*. Stanford, CA: Stanford University Press, 2003.

Friedberg, Aaron L. *A Contest for Supremacy: China, America, and the Struggle for Mastery in Asia*. New York: W.W. Norton, 2011.

Gaddis, John Lewis. *The Cold War: A New History*. New York: Penguin, 2005.

Gershaneck, Kerry K. *Media Warfare: Taiwan's Battle for the Cognitive Domain*. Washington, DC, Center for Security Policy, 2021.

Tauris, 2016.

Carlin, Dan. *The End Is Always Near: Apocalyptic Moments from the Bronze Age Collapse to Nuclear Near Misses*. New York: Harper Collins, 2019.

Cliff, Roger. *China's Military Power: Assessing Current and Future Capabilities*. New York: Cambridge University Press, 2015.

Colby, Elbridge A. *The Strategy of Denial: American Defense in an Age of Great Power Conflict*. New Haven: Yale University Press, 2021.

Corr, Anders. *The Concentration of Power: Institutionalization, Hierarchy, and Hegemony*. Ottawa, Canada: Optimum Publishing, 2021.

Courtois, Stephane, Nicolas Werth, Jean-Louis Panne, Andrzej Paczkowski, Karel Bartosek, and Jean-Louis Margolin. *The Black Book of Communism: Crimes, Terror, Repression*. Cambridge, MA: Harvard University Press, 1999.

Doshi, Rush. *The Long Game: China's Grand Strategy to Displace American Order*. New York: Oxford University Press, 2021.

Economy, Elizabeth C. *The Third Revolution: Xi Jinping and the New Chinese State*. New York: Oxford University Press, 2018.

Economy, Elizabeth C. *The World According to China*. Medford, MA: Polity Press, 2022.

Eftimiades, Nicholas. *Chinese Intelligence Operations*. Lexington KY: CreateSpace, 1994.

網，2020 年 5 月 18 日。
習近平，「團結合作是國際社會戰勝疫情最有力武器」。《求是》，2020 年 4 月 15 日。
——。「共同構建人類命運共同體」。求是，2017 年 1 月 18 日。
——。「攜手抗疫共克時艱」。人民網，2020 年 3 月 27 日。
新華網評，「馬克思主義為什麼能永葆青春」。新華網，2018 年 5 月 4 日。
莊榮文，「網路強國建設的思想武器和行動指南」。新華網，2021 年 2 月 1 日。

英文書

Allison, Graham. *Destined for War: Can America and China Escape Thucydides's Trap?* New York: Houghton Mifflin Harcourt, 2017.
Blanchette, Jude D. *China's New Red Guards: The Return of Radicalism and the Rebirth of Mao Zedong*. New York: Oxford University Press, 2019.
Blumenthal, Dan. *The China Nightmare: The Grand Ambitions of a Decaying State*. Washington, DC: American Enterprise Institute Press, 2020.
Bougon, François. *Inside the Mind of Xi Jinping*. London, UK: Hurst, 2018.
Brown, Kerry. *CEO, China: The Rise of Xi Jinping*. New York: I.B.

2017-2020 年」。中關村科技園區管理委員會，2017 年 9 月 30 日。

白潔，「堅持和完善獨立自主的和平外交政策，為實現中華民族偉大復興、開創人類美好未來不懈努力——專訪外交部副部長樂玉成」。新華網，2020 年 1 月 6 日。

陳培永，「就這樣在世界閃耀——馬克思主義的深遠影響、當代價值與時代發展」。《中國紀檢監察報》，2018 年 5 月 3 日。

Li Zhengfen.「中關村核心區：探索軍民融合『海淀模式』」。中國高新網，2017 年 12 月 11 日。

馬曉偉，「深化抗擊疫情國際合作，共築人類衛生健康共同體」。《求是》，2020 年 4 月 16 日。

「王毅：以習近平外交思想為指引在全球抗疫合作中推動構建人類命運共同體」。《求是》，2020 年 4 月 15 日。

習近平，「決勝全面建成小康社會奪取新時代中國特色社會主義偉大勝利」。人民網，2017 年 10 月 18 日。

「習近平：為打贏疫情防控阻擊戰提供強大科技支撐」。《求是》，2020 年 3 月 15 日。

「堅持和完善中國特色社會主義制度推進國家治理體系和治理能力現代化」。《求是》，2020 年 1 月 1 日。

「在紀念馬克思誕辰 200 週年大會上的講話」。新華網，2018 年 5 月 4 日。

「團結合作戰勝疫情共同構建人類衛生健康共同體」。新華

部〔60〕，2016 年 12 月 19 日。

「1988 年 9 月 21 日鄧小平提議建立國際政治新秩序」。中華人民共和國中央人民政府網站，2007 年 9 月 6 日。

「中華人民共和國標準化法」。國家編準化管理委員會，2017 年 11 月 8 日。

「中華人民共和國國家情報法」。全國人民代表大會，2017 年 6 月 27 日。

「中華人民共和國國家情報法」。全國人民代表大會，2017 年 4 月 7 日。

「『十三五』國家科技創新規劃」。國務院，2016 年 7 月 28 日。

「今天，我們該如何保護『國防血液』？」。國防報，2015 年 1 月 22 日。

「『一帶一路』衛生合作暨『健康絲綢之路』北京公報今日發佈」。人民網，2017 年 8 月 18 日。

「心系祖國情牽香港——專訪全國政協常委陳馮富珍」。人民政協報，2019 年 7 月 12 日。

「國家互聯網資訊辦公室主任、世界互聯網大會組委會主席莊榮文就發佈《攜手構建網路空間命運共同體》概念文件接受書面採訪」。中央網路安全和資訊化委員會，2019 年 10 月 17 日。

「習近平就深化人才發展體系機制改革作出重要指示」。新華網，2018 年 5 月 6 日。

「中關村國家自主創新示範區人工智慧產業培育行動計畫

2018 年 3 月 17 日。
「中共中央關於堅持和完善中國特色社會主義制度推進國家治理體系和治理能力現代化若干重大問題的決定」。《中國共產黨新聞》，2019 年 11 月 6 日。
「深入貫徹落實總體國家安全觀大力健全國家安全法律制度體系」。新華網，2019 年 12 月 4 日。
「解讀：2020 年前軍隊人才發展規劃綱要」。《解放軍報》，2014 年 8 月 13 日。
「是什麼成就了稀土這張王牌」。2019 年 6 月 6 日。
「文化名家暨『四個一批』人才工程項目資助及經費管理暫行辦法」。中宣辦發〔2014〕17 號。
「引進海外高層次人才暫行辦法」。中國共產黨中央委員會組織部，中組發〔2008〕28 號。
「中華人民共和國網路安全法」。中央網路安全和資訊化委員會，2016 年 11 月 7 日。
「中國製造 2025」。國務院，2015 年 5 月 8 日。
「陳馮富珍任職清華高幹，譚德塞道賀也謝習主席領導」。自由亞洲電台，2020 年 4 月 3 日。
「中關村國家自主創新示範區發展建設規劃（2016-2020）」。中關村科技園區管理委員會，2016 年 8 月 18 日。
「國家中長期人才發展規劃綱要（2010-2020 年）發佈」。新華網，2010 年 6 月 6 日。
「國家引進海外高層次人才參考目錄」。中共中央委員會組織

習近平。《談治國理政》。北京：外文出版社，2014 年 10 月。
———。《談治國理政，第二卷》。北京：外文出版社，2017 年 10 月。
———。《談治國理政，第三卷》。北京：外文出版社，2020 年 4 月。
《習近平新時代中國特色社會主義思想學習問答》。北京：中共中央宣傳部，2021。
趙子聿、賢峰禮編，《中國特色大國外交》。北京：國防大學出版社，2018。

中文法律、文章及官方報告

「構建起強大的公共衛生體系為維護人民健康提供有力保障」。人民網，2020 年 6 月 3 日。
「中共中央辦公廳轉發『中央人才工作協調小組關於實施海外高層次人才引進計畫的意見』的通知」。中國共產黨新聞網，2012 年 6 月 20 日。
「抗擊新冠肺炎疫情的中國行動」。國務院新聞辦公室，2020 年 6 月 7 日。
「中共中央印發：『關於深化人才發展體制機制改革的意見』」。中華人民共和國科學技術部，2017 年 1 月 17 日。
「中華人民共和國反間諜法」。中華人民共和國國防部，2017 年 12 月 7 日。
「主席、中華人民共和國中央軍事委員會主席簡歷」。新華網，

精選參考書目

中文書

《習近平新時代中國特色社會主義思想基本問題》。北京：中共中央黨校出版社，2020 年。

《習近平新時代中國特色社會主義思想學習綱要》。北京：中共中央宣傳部，2019。

《習近平新時代中國特色社會主義思想學習問答》。北京：中國共產黨中央委員會宣傳部，2021。

中共中央黨史和文獻研究院編。《習近平關於中國特色大國外交論述摘編》。北京：中央文獻出版社，2019。

方昱鋼、劉繼忠編。《人民軍隊建軍之本強軍之魂》。北京：國防大學出版社，2018。

郭鳳海、李海濤編。《新時代我國社會主要矛盾》。北京：國防大學出版社，2018。

姜魯鳴、羅永光編。《形成軍民融合深度發展格局》。北京：國防大學出版社，2018。

任天佑、趙周賢編。《實現中華民族偉大復興的戰略支援》。北京：國防大學出版社，2018。

若您需要閱覽原文註釋，歡迎來信索取：sparkspublish@gmail.com

爭霸大業

中共掌控世界的戰略佈局

The Final Struggle: Inside China's Global Strategy

作者：易思安（Ian Easton）
譯者：顏涵銳
主編：區肇威（查理）
校對：魏秋綢
封面設計：倪旻鋒
內頁排版：宸遠彩藝

出版：燎原出版／遠足文化事業股份有限公司
發行：遠足文化事業股份有限公司（讀書共和國出版集團）
地址：新北市新店區民權路 108-2 號 9 樓
電話：02-22181417
信箱：sparkspub@gmail.com

讀者服務

法律顧問：華洋法律事務所／蘇文生律師
印刷：博客斯彩藝有限公司

出版：2023 年 6 月／初版一刷
　　　2023 年 9 月／初版二刷
　　　電子書 2023 年 6 月／初版
定價：480 元

ISBN 9786269720361（平裝）
　　　9786269720378（EPUB）
　　　9786269720385（PDF）

國家圖書館出版品預行編目 (CIP) 資料

爭霸大業：中共掌控世界的戰略佈局 / 易思安 (Ian Easton) 作；顏涵銳譯. -- 初版. -- 新北市：遠足文化事業股份有限公司燎原出版, 2023.06
368 面；14.8×21 公分
譯自：The final struggle : inside China's global strategy
ISBN 978-626-97203-6-1(平裝)

1. 中國政治制度　2. 中國大陸研究　3. 中國共產黨　4. 國際關係

574.1　　112007588